1

SUR LES CHEMINS

D'ALDEBARAN

2

Joseph Santa-Croce

TABLE

ALGERIE

LE GOUVERNEMENT FANTOCHE DE NASSER
1er octobre 1958

UBU CONTRE ISRAEL 16 mars 1960

KHROUCHTCHEV ET SON FANTOCHE DU CAIRE
2 juillet 1961

LE NASSÉRISME EN ÉCHEC 4 octobre 1961

NASSER L'HOMME MALADE 11 octobre 1961

LE SUICIDE POLITIQUE DE NASSER 13 décembre 1961

LES DERNIERS TOURS D'ABDEL NASSER 3 janvier 1962

LE TYRAN JUGÉ PAR UN DE SES PREMIERS COMPAGNONS
14 février 1962

UN BRUSQUE RETOURNEMENT DE SITUATION
11 avril 1962

QUAND NASSER CHERCHE DE L'ARGENT EUROPÉEN
30 mai 1962

LA PRIMAUTÉ DU FAIT NATIONAL 6 juin 1962

UN CRI D'ALARME 27 juin 1962

LA LIGUE ARABE CONTRE NASSER 5 septembre 1962

LES VISÉES COLONIALES DE NASSER 24 octobre 1962

UN CONDOMINIUM NASSÉRO-AMÉRICAIN AU YÉMEN
26 décembre 1962

CONTRE L'ÉGYPTE, LA RÉPUBLIQUE ARABE UNIE
27 mars 1963

NASSER ET LE « GOUVERNAIL DE LA SITUATION »
12 juin 1963

UN TERRITOIRE ET PAS UNE NATION 29 janvier 1964

NASSER PRÉPARE L'AGRESSION 15 avril 1964

ENTRETIEN AVEC LE ROI FOUAD II décembre 1977

UN ÉLOGE RAISONNÉ DU PRÉSIDENT SADATE
septembre 1980

LA GLOIRE VIVANTE DU PRÉSIDENT SADATE
10 octobre 1981

L'ÉGYPTE SOUVERAINE DU PRÉSIDENT MOUBARAK
7 avril 2005

MEHEMET ALI LE GRAND 19 janvier 2006

POUR L'INDÉPENDANCE DE LA NATION ÉGYPTIENNE
Automne 2006

IRAN

--

Quelques commentaires de l'actualité qui permettent
parfois de la dépasser.

« *L'éternité est amoureuse des ouvrages du temps* »
- William Blake

**

ALGÉRIE

UNE PATRIE JOUÉE DANS UNE FOIRE

13 février 1957

Voici des mois que l'on menace la France d'une condamnation de l'ONU. L'épouvantail se dresse à New York sous la forme d'une gigantesque outre de vent climatisée. On voit très bien ce que Maître François Rabelais aurait fait du « manager », ineffable M. H. Mais notre propos n'est pas ici de peser un juge politique – doté de deux poids et deux mesures, mais d'essayer de définir la portée des événements des Nations unies.

Après l'avoir envisagée comme on voudra, on peut considérer l'ONU comme un leurre destiné à égarer l'opinion française en la braquant contre péril oratoire pour lui cacher ce qui menace vraiment le pays. Quel que soit en effet la motion votée Elle n'aura pas d'incidence immédiate sur le problème algérien et si – ce qui semble bien probable – il ne se dégage pas de majorité pour affirmer l'incompétence de l'assemblée, toute autre motion, violente ou amortie, ne peut être tenue que pour une grave insulte à la souveraineté nationale. Il faudrait nous en tenir rigoureusement à ce principe. Tout autre comportement sous-entend une abdication. À ce propos, il faudrait une fois pour toutes que nous cessions de comparer des incomparables : la vieille nation hongroise avec des autonomistes bretons, corses, ou algériens : le Cachemire, Etat existant sans interruption depuis cinq siècles et occupé par M. Nehru il y a 10 ans au prix de fabuleux massacres, avec l'Algérie française depuis 120 ans.

Choisir ses ennemis et ses alliés

Il serait bien imprudent d'imaginer que M. Pineau se bonifie en vieillissant au pouvoir. Mais le temps et les déboires « aidant », si l'on peut dire, il redécouvre pour les appliquer petitement mais les appliquer quand même, les principes de « la négociation continuelle » que Richelieu formula dans son « Testament politique ».

Il y a en effet longtemps que nous n'avons préparé avec autant de minutie et d'anxiété une face diplomatique. *Combat* (lundi 11 février) parle plaisamment du travail des « tordeurs de bras ». Il paraît que nous y mettons le même acharnement qu'un Etat « afro asiatique » et il se pourrait fort que nous obtenions des résultats. Le premier d'entre eux sera de compter nos amis. Le second sera de choisir nos ennemis les plus commodes. Le dernier sera d'approcher les indécis et de tenter de les séduire. Il y a un temps excessif que la France décourage ses meilleurs amis étrangers en montrant « qu'elle ne s'aime pas elle-même ». Il nous a été donné de voir la tristesse d'un vétéran britannique de 1914 quand il apprit les accords désastreux signés pour la Sarre ! Il n'est pas mauvais que nous rassemblions aux heures de péril les sympathies que nous comptons dans le monde. Elles sont plus nombreuses qu'on ne le croit. Il serait enfin utile de pratiquer toutes les rétorsions possibles À l'endroit du gouvernement hindou et du gouvernement syrien, dire à M. Nehru que nous sommes solidaires du Pakistan, car nous trouvons M. Nehru malhonnête comme le voient les Pakistanais. D'une manière générale que l'on oublie pas le précepte de Richelieu : « la lumière naturelle enseigne à un chacun qu'il faut faire état de ses voisins par ce que leur voisinage leur donnant lieu de pouvoir nuire, il les met aussi en état de pouvoir servir. »

Combien coûte un revirement américain ?

Il ne serait pas mauvais de négocier avec les Etats-Unis. Si nous avions trouvé un tel programme dans *France observateur* nous l'aurions pris pour un journal français. Nous ignorons quel poids le Pentagone et le département d'État prêtent à la France et à ses possessions. Mais nous sommes persuadés que nous pouvons causer beaucoup de mal à l'Alliance atlantique – au moins autant que M. Foster Dulles en fit dans le Proche Orient à la France, à Israël et à la Grande-Bretagne. Aussi nos hommes politiques joueraient-ils leur rôle de Français en négociant le soutien inconditionnel de la politique algérienne de la France. Tout autre appui ne peut être que le déguisement plus ou moins habile de l'ennemi. Le comportement américain en face de l'Algérie française doit gouverner le comportement français au sein de l'OTAN.

Le statut de l'Algérie ne peut être qu'octroyé

Le soi-disant FLN et le prétendu M.N.A. se moquent de toute espèce de réforme, des plus importantes libéralités. Ils s'emploieraient aussitôt à paralyser les unes, à déconsidérer les autres. En fait, ils ne brament qu'après « l'entité algérienne » et autres joujoux d'un soir qui ne possèdent même pas d'existence littéraire. Aucune élection, aucun procédé – sinon l'assistanat – n'a pu donner à ces bandes une valeur représentative. Excepté le domaine de la sécurité, on ne peut donc que les ignorer. Les réformes nécessaires se feront à l'heure française, entre Français (Français musulmans, Français israélites, Français chrétiens) : la France est le seul dénominateur commun de toutes les populations d'Algérie. Toute autre solution tomberait sous le coup de l'excellente observation d'Oswald Spengler : « Le nécessaire doit être fait à temps, c'est à dire tant qu'il est encore un don destiné à assurer la confiance à l'autorité régnante et qui n'est pas un sacrifice forcé révélant une faiblesse et réveillant un dédain. »

L'horloge truquée de l'ONU ne désigne pas ce temps.

--

Le Capitole et ses oies

24 avril 1957

Il n'est à peu près personne aujourd'hui pour contester la part prépondérante de M. Dulles dans le déclenchement de l'affaire de Suez et son influence décisive dans l'arrêt de l'expédition d'Egypte. Après avoir abouti aux résultats brillants et exceptionnels que l'on sait, tout désignait les Etats-Unis pour négocier avec le petit dictateur Nasser, pour incliner leur puissance acéphale devant les exigences les plus bizarres et les plus catégoriques de l'illustre vaincu du Sinaï. D'excellentes personnes s'imaginaient, s'imaginent encore que les Américains arriveront à fléchir les prétentions du Caire à propos de

Suez. Malheureusement il ne saurait en être question : après avoir dépêché auprès du Bikbachi le diplomate international le plus douteux de l'époque (M. H., comme un agent double) M. Dulles a envoyé au Caire, avec ses compliments, un certain M. Hare dont le patronyme inquiétant signifie lièvre, mais il paraît inutile de faire de la patronymologie de fantaisie pour instruire le procès de la désastreuse conduite de M. Foster Dulles. Plus vite les politiques raisonnables des Etats-Unis et les nombreux amis clairvoyants que nous y comptons arrêteront le dangereux travail de M. Dulles, plus vite l'alliance atlantique dans son efficacité entière pourra se rétablir.

Un Dulles très satisfait de lui-même

Une biographie du secrétaire d'Etat Dulles a récemment mis en scène son personnage public et privé : cela nous met à l'aise pour parler du politicien américain le plus funeste depuis Roosevelt. En effet, M. Dulles ne constitue en aucune manière un homme candide et il ne songe point à alourdir le gouvernement de sa diplomatie avec des principes moraux puritains qu'il réserve décemment à l'usage interne. Voilà pourquoi il abandonne ses alliés au moment crucial. Que l'on n'aille surtout pas invoquer des thèmes pseudo-humanitaires. Cela ne sied qu'aux grands spectacles, à l'ONU. L'esprit misérable de M. Dulles conçoit positivement une influence accrue des Etats-Unis en Asie, en Afrique, au Proche et Moyen Orient. On a beaucoup dit de lui que c'était un gaffeur ; il a probablement encouragé cette réputation qui sert un grand diplomate. Mais le cas paraît sans remède : bien pis qu'un gaffeur, M. Dulles est de la légion des esprits faux. Ce qu'il pense, il veille à l'exécuter jusqu'au terme : comme il pense faux, le terme ne peut être autre que l'erreur et la mort. M. Dulles a parié, il a joué la disparition politique de l'Europe en cherchant à briser le cadre organique des patries d'Occident et en attaquant, de la manière la plus évidente qui soit, leurs positions d'Outre-mer.

Le sinistre héritage de Roosevelt

Nous n'avons pas ici de vue manichéiste de la politique universelle et encore moins de la diplomatie américaine. Nous doutons même si peu qu'il y a plusieurs politiques américaines, que nous affirmerons que chaque fois que l'on a pris le contre pied de Roosevelt, à Berlin, en Grèce, en Corée, on a pu maintenir un peuple à l'intérieur du monde libre ; et toute tentative de flatterie, d'encouragement de l'hystérie anticolonialiste s'est traduite par une défaite majeure pour les Alliés occidentaux (Indonésie, Indochine). A l'observer, on croirait parfois que M. Dulles comme Catoblépas dévore ses pattes pesantes : la politique moyen-orientale, qui oscille entre le soutien des pays du Pacte de Bagdad favorable à la paix internationale et l'encouragement des « nasséristes » qui ne rêvent que massacres de races entières (Israël) et d'empires militaires fondés sur des mares de sang, donne un assez bel exemple. Si les Etats-Unis veulent garder leurs alliances européennes, il leur faut répudier radicalement le système de Roosevelt.

Un grand européen

Ce n'est point, en vérité, M. Schumann ou M. Monet, mais bien Sir Winston Churchill. Le personnage comporte des parties d'ombres et de lumières, mais il n'est pas temps de le critiquer. Il s'agit bien plutôt du lui rendre hommage : seul il a défendu l'héritage de l'Europe contre les carnassiers continentaux – Roosevelt et Staline. Churchill nous donne ainsi une leçon fructueuse : les Etats-Unis doivent choisir une bonne fois leurs alliés. S'ils balancent à le faire, dans quelques mois ils auront bâti une Europe tout entière hostile aux Etats-Unis. Par le truchement de l'esprit épais et faux de M. Dulles, ils offriront aux Soviets le principal enjeu de la guerre froide.

Tel donne à pleines mains qui n'oblige personne

Le sort de Suez ne se joue plus en Egypte, il se joue désormais à Washington comme celui d'Alger à Paris. Il aurait été vain de sonder, de supputer les intentions d'Abdel Nasser. Le résultat viendra du Capitole. Plus les Etats-Unis seront conciliants, plus le petit dictateur exigera. Le Capitole de Washington est gardé, momentanément, par des oies. Elles ne sauveront rien car un jar buté leur commande : M. Dulles. S'il a choisi Nasser, les patries d'Europe réveillées, choisiront à leur tour. [1]

--

CONTREPOISON POUR LES BELLES AMES
12 juin 1957

Pour la première fois depuis le déclanchement de la rébellion, un essai publié en librairie[2] apporte, en même temps qu'une argumentation passionnée et juste, honnête et persuasive une vision neuve des problèmes de l'Algérie dont la pacification et ses suites commandent l'avenir français. L'ouvrage de M. Michel Massenet s'inscrit naturellement dans la suite des moralistes français : il ne triche jamais, son propos est d'un honnête homme ; on ne trouve chez lui aucun fait dénaturé, nulle vérité travestie.

M. Michel Massenet constate que « on nous fait la morale à propos de la question algérienne. On nous la fait à l'ONU, au Caire et à l'*Express* », mais « avec des photos truquées, des faux témoins. »

Dessinant une « carte morale de l'Algérie », l'auteur situe ses adversaires, les « ultras » et les idéologues. Pour lui, l'Algérie représente « le pain, la paix, et la liberté de 10 millions d'hommes : sujet qui ne souffre à nos yeux, ni l'exploitation publicitaire ni l'exploitation politique, sujet moral, sujet sacré. » Cela posé, il peut se tourner vers les ultras, les idéologues, les belles âmes, les technocrates pour leur crier à bon droit, la célèbre formule de Trotski : « votre morale n'est pas la nôtre ! »

---

[1] Rien ne remplacera la période de Bernanos avec son refrain : « Imbéciles ! que l'on veuille bien se reporter *La France contre les robots*-Laffont éditeur.
[2] Bernard Grasset éditeur.

« Leurs figures »

Les ultras fournissent la première cible. Monsieur Massenet montre bien que le camp des puissants de ce monde, celui des « Cadillacs », est loin d'être tout entier du côté de la France : « il est aussi à Alger de grosses voitures plus avisées, parquées autour du consulat des Etats-Unis… » Il ajoute : « les appétits n'ont pas de patrie. Je plains celui qui a vérifié le livre de recettes de Ben Bella. Sa vie sera courte. » Il voit en définitive les ultras « se recrutant dans les classes moyennes d'une population excédée par les angoisses perpétuelles auxquelles la condamnent les tactiques du terrorisme. » Il faut les distinguer cependant de la masse européenne dont l'extrémisme se réduit à ceci : elle ne veut pas céder sur la souveraineté française. L'auteur rappelle aussi que cette population « est autochtone, au même titre que les musulmans ; selon lui la tâche de l'Etat consiste à : « libérer les ultras, la représentation politique de la masse européenne », cette entreprise n'étant possible que si l'on fait « taire les Robert Barrat, qui manœuvrent tous les jours pour obtenir le résultat inverse : l'identification entre le peuple travailleur des Européens d'Algérie et les maîtres de quelques grandes propriétés. »

Les idéologues ne sont guère épargnés quand vient leur tour. Qui est accoutumé à la lecture de *France Observateur* ou de l'*Express* ne peut nier la stricte application par ces feuilles du mot d'ordre : « tout est permis qui va contre la France, tous les coups sont permis contre la France. » Avec véhémence, Michel Massenet reproche à Robert Barrat « sa trahison inconsciente, bien sûr, car le pire est encore l'imbécillité de ces hommes dont la patrie est une idée, et qui ne voient pas combien leurs écrits déjà sont imbibés de sang. »

Après avoir rendu un légitime hommage à l'écrivain, l'auteur s'en prend non moins justement aux véritables abus de confiance intellectuelle auxquels François Mauriac s'est livré dans son activité politique, sans y conserver de lucidité, d'application et – encore moins – de sérénité. Sans qu'ils soient nommés, on reconnaîtra, en outre, le portrait d'un « lieutenant en Algérie » qui vient de paraître sur une jaquette glacée à la vitrine des libraires, le regard fuyant ennemi de l'uniforme qu'il porte, et le portrait de M. Charles André Julien, professeur.

Les « belles âmes ne trahissent pas car elles n'agissent pas. » Cependant elles se scandalisent parce que en plus d'un siècle de colonisation nous n'avons pas transformé l'Algérie en paradis terrestre. Leur conclusion est étrange : « pour avoir fui dans le passé une part de nos responsabilités, fuyons les toutes dans le présent. » Plus grave encore certaines « stockent des bombes pour que le dimanche suivant, à la sortie de la messe, des femmes et des enfants aient les bras arrachés par une explosion. Il est vrai que de 1955 à 1957, la mort de centaines d'enfants musulmans sous les coups des fellagas n'a pas arraché un cri aux belles âmes. M. Massenet s'étonne de voir « les belles âmes » suspendre les droits de l'homme et remuer les commandements de Dieu en face d'un droit des peuples à disposer d'eux-mêmes », thème discutable en revanche, ils voient maintenant dans les fellagas non meurtriers « des frères qu'il nous faut ramener. »

Les technocrates ont leur belle part de réprimandes. Depuis la découverte du pétrole d'Assi Messaoud « les mêmes hommes qui répétaient, il y a quelques mois sur tous les tons de la gamme, devant les cadavres atrocement mutilés des colons égorgés dans leurs pauvres fermes : « ce sang était-il donc si pur ? » sont ravis de songer à la pureté de ce pétrole. Du coup, le Sahara jaillit lui-même comme le pétrole des cartons où se désespérait de le voir enfoui son génial inventeur, M. Belime, et l'on bat le rappel des capitaux. Il n'est pas impossible que moyennant une honnête participation au contrôle des sociétés d'exploitation accordée en temps voulu à nos amis américains, le caractère antidémocratique de la révolte algérienne ne commence à leur apparaître comme un fait inquiétant.

A l'égard des patriotes, M. Massenet montre une indulgence et une compréhension que certaines feuilles trouveront criminelles. Il apparaît à ces patriotes : « qu'aucun peuple n'a jamais consenti de sang froid à l'abandon de deux millions des siens sans encourir lui-même déshonneur et servitude. »

Je dis : « sauvons l'Algérie et je sais que c'est possible »

A la question : « existe-t-il un sentiment national algérien ? » l'auteur répond judicieusement « un sentiment national, quand il n'est pas le fruit longuement mûri d'une longue histoire est toujours suspect, et l'action étrangère perceptible en Algérie, a beaucoup fait pour transformer en crise de sécession ce qui était peut-être à l'origine un simple cri de conscience d'une originalité.

Si l'on ajoute : « pourquoi rester en Algérie ? » « C'est d'abord que le problème algérien n'est pas un problème classique de décolonisation. Si, pour être autochtone il faut être un million, nos compatriotes d'Algérie possèdent leurs lettres de noblesse. Si l'on compte en siècles, ils ont aussi leurs quatre quartiers. Il faut vraiment éprouver pour la vérité un dégoût irrésistible pour ne pas reconnaître que ces hommes pleins de défauts différents des nôtres mais qui ont fait l'Algérie moderne ont exactement autant de droits que les musulmans de ce pays.

De toute manière « la trahison agonise. Sa tentative cruciale a échoué. L'opinion, assiégée, s'est défendue. Des hommes se sont levés : ceux que l'on retrouve, anonymes, à l'aube de toute la grande histoire des peuples, des volontaires. D'où la conclusion de l'ennemi : « la France n'a été vaincue ni militairement ni diplomatiquement : elle sera abattue moralement. » Il n'est pas si facile d'atteindre ce but, car les patriotes savent que « loin de pouvoir être isolée, la question algérienne est une clé de voûte. Ils éclairent donc le problème algérien à la lumière du fait français… ils se résoudraient le cas échéant à sacrifier à la réalité de la nation française le mythe de la nation algérienne.

Si le peuple algérien nous haïssait ?

Ne serait-ce qu'un instant tout patriote s'est posé la terrible question : « si ceux d'en face étaient le maquis et si nous étions la gestapo ? » Les faits leur ont répondu : « les rebelles brûlaient les écoles, détruisaient les dispensaires, assassinaient dix de leurs coreligionnaires pour un Européen. En réalité, ils représentent – tout au moins les responsables – l'inverse d'une résistance : un noyau de fanatiques désireux d'établir par la terreur leur contrôle sur tout un peuple. »

De même : « la question algérienne est une question nationale : ceci nous suffit pour obéir. Mais la question algérienne est surtout une question morale posée par des hommes à d'autres hommes et voilà notre vraie raison d'agir. »

M. Massenet écrit encore : « si le peuple algérien nous haïssait, toutes les fermes, toutes les écoles auraient brûlé depuis longtemps, ce ne seraient pas les 400.000 hommes de M. Lacoste. Non, l'Algérie ne nous hait pas. La paix est possible. »

Une symbiose sociologique unique au monde

Germaine Tillon[3] citée par M. Massenet estime, parlant des émigrants algériens, que « cette émigration massive de plusieurs centaines de milliers d'hommes représente plusieurs centaines de milliers d'actes de courage et d'initiative, plusieurs centaines de milliers d'actes de dévouement à une famille affamée. »

Il n'est pas interdit de penser que ce phénomène économique important soit une des clés de l'unité française moderne. En effet, « 400.000 travailleurs algériens passent chaque année la Méditerranée : ils viennent en France pour faire vivre de loin par leurs économies acheminées dans les moindres villages où se dispersent de minuscules

---

[3] *L'Algérie en 1957*, brochure hors commerce éditée par les soins de l'Association nationale des anciennes déportées, boulevard St Germain.

bureaux de poste, des familles qui mourraient de faim sans leur héroïque aventure. Nous sommes enclins à penser qu'ils représentent la misère de l'Algérie, ils en présentent la vie et la fierté. Ils représentent en Kabylie une aristocratie qui rachète des terres, épargne, construit. Ils donnent à notre économie des ouvriers rudes et compétents. Croyez-vous que Citroën les embaucherait par philanthropie ? »

« Il est possible, il est nécessaire – c'est un devoir absolu – d'humaniser l'accueil fait sur notre sol à ces hommes, nos compatriotes… à une condition toutefois : c'est d'avoir en poche cette carte d'identité française dont les chefs de maquis ordonnent la destruction systématique. Ce pauvre lambeau de carton usé dans un portefeuille crasseux n'est pas un symbole : dès que le travailleur algérien en sera privé, les portes de la France métropolitaine se refermeront inexorablement devant lui. »

Ces dernières lignes suggèrent à quel point l'essai de M. Massenet comporte de vues généreuses et positives. Loin de posséder un esprit grippé, malthusien, un moral miné, il révèle les solutions vitales et constructives de l'Algérie nouvelle qui ne sera que plus française en s'épanouissant. Sa verve, sa combativité, son ironie, montrent brillamment qu'en Algérie le progressisme est le contraire du progrès.

--

La France va juger l'O.N.U.

11 septembre 1957

Pour aussi nécessaire qu'il ait été, le premier départ de la France de l'ONU n'avait pas recueilli une large adhésion de l'opinion française[4]. Depuis, l'ONU a donné ses preuves sinistres. Le

---

[4] Notre délégation était conduite par M. Pinay.

comportement lâche et pesant de cette assemblée au moment des massacres de Hongrie restera dans la mémoire des historiens comme le signe décisif de la partialité ou de l'inefficacité de cet organisme pléthorique international. Ce ne sont point les élégies onusiaques dont M. Henri Laugier[5] encombre périodiquement la *Tribune Libre* du *Monde* qui pousseraient l'opinion à se résigner. Aujourd'hui, la presse française et le Parlement ne laisseront pas passer sans réagir une motion qui ne serait pas à la fois, comme dans la « session » de 1956, relativement discrète et parfaitement modérée. Il faut rendre cette justice à M. Pineau de reconnaître qu'il pratique avec bonne volonté les règles du jeu onusiaque. On ne saurait lui reprocher d'aller plaider lui-même le dossier français de capitale en capitale. Dégradée par la démocratie, la diplomatie contemporaine ne se sert plus beaucoup des ambassadeurs ; la France n'a pas encore entrepris sa renaissance pour imposer un style différent : c'est pourquoi il faut se contenter de voir le successeur de Vergennes déambuler à travers les Amériques dans le rôle de Gaudissart.

Mais à propos de l'Algérie – M. André Chênebenoît l'a judicieusement et honnêtement montré dans *Le Monde*[6]- il ne s'agit pas « d'une parade à l'ONU ou d'une manœuvre au Parlement. » Le vrai problème consiste à rétablir la paix et à rendre l'espoir aux Français de toute origine dans nos départements d'outre-Méditerranée. Ce problème est « nôtre ». IL faut savoir une bonne fois ce que nous sommes décidés à faire triompher quel qu'en soit le prix. Cette décision prise, les problèmes onusiaques seront résolus par surcroît. Quittons les donc un temps afin de parler de l'Algérie.

Quand le spectre de la guerre civile se sera éloigné, il y aura de quoi sourire plus tard en comparant la confusion extraordinaire qui règne dans les états-majors rebelles avec celle qui préside le

---

[5] Ancien secrétaire général adjoint aux Nations Unies.
[6] 6 septembre 1957.

gouvernement de Paris. A l'évaluer dès aujourd'hui, il est possible d'en retirer quelques enseignements immédiats.

Les analyses de Jean Brune dans *La Nation Française* et ce que les dépêches d'agence laissent deviner montrent qu'il y a plusieurs centres rivaux de la rébellion. Ils correspondent aux politiques des différents pays arabes et aux convoitises opposées dont l'Afrique française est l'objet. En résumant, il y a ainsi une politique marocaine, une conception tunisienne et une direction égyptienne de la rébellion. Il y a également une spéculation américaine et des placements soviétiques. Il ne suffit pas que ces forces aient pour commun dénominateur leur hostilité contre la France pour que leurs tentatives se conjuguent nécessairement. Bien loin de là. Il leur arrive de se contredire, voire de s'annuler. Ce ne serait pas une des moindres tâches de la diplomatie française que de s'employer à guider ces contradictions. Il serait très utile, en effet, de neutraliser l'actuel roi du Maroc par le paranoïaque M. Bourguiba (qui ne supporte l'Afrique du Nord que sous la forme d'une entité « bourguibiste ») ; il serait plaisant d'équilibrer le « combattant suprême » de Tunis par le vaincu de Fallouja et du Sinaï, le président Nasser. Il ne serait pas enfin sans importance de faire valoir à nos amis américains et soviétiques combien une présence russe ou une prépondérance dans Etats-Unis en Afrique du Nord serait préjudiciable à l'équilibre des empires et à la paix mondiale. Mais ces suggestions ne vaudront même pas leur pesant de papier si à l'anarchie des rebelles et aux contradictions de leurs différents soutiens correspondent toujours les contradictions du gouvernement français.

Car les flottements et le manque d'autorité du gouvernement de Paris ont lassé jusqu'aux rebelles qui en sont positivement dégoûtés. N'a-t-on pas lu dans *El Moudjahid* du 5 août que cite l'*Observateur du Moyen Orient*, Saad Daklab déclarer que les rebelles sont prêts à négocier avec la France, mais : « les négociateurs français doivent être de vrais responsables de la politique française et non de simples fonctionnaires. Ils ne devront pas parler au nom de tel ou tel ministre, mais engager le gouvernement français tout entier… »

Les rebelles ont parfaitement raison en ce cas. Tant qu'il n'y aura pas de doctrine gouvernementale unique et uniformément appliquée, les dépenses d'armes, d'énergie et de troupes ne serviront de rien ; les succès militaires ne seront pas traduits politiquement. Si l'on permet l'usage profane d'une belle formule prise au *Sermon sur l'ambition* de Bossuet, pour triompher il est beaucoup plus nécessaire « d'avoir une volonté bien réglée que d'avoir une puissance bien étendue. »

Une volonté bien réglée, une volonté unique aurait donné bien plus de résultats à la tournée de M. Pineau en Amérique du Sud. Son apologie de l'action française en Algérie comporte d'excellents arguments, mais ces arguments sont formulés avec bien de la mollesse. Quant à M. Maurice Faure, il est à souhaiter que les Malais n'entendent guère notre langue et que les drogmans aient su modifier ses paroles : ses discours dans l'Asie du Sud-Est furent maladroits. Il a, d'ailleurs, strictement perdu son temps en séjournant à la Nouvelle-Dehli.

Mais la session s'ouvre bientôt. Si l'ONU rend d'aventure un arrêt de condamnation, il se peut fort bien que le gouvernement français, sous la pression de l'opinion nationale, se sente obligé de quitter définitivement cette foire. Un départ français en entraînerait une multitude d'autres. On a tout lieu de croire que le Pakistan, par exemple, finira par s'impatienter devant le renvoi d'une année à l'autre, d'un plébiscite libre au Cachemire ; on doute également que le peuple hongrois dans l'esclavage ait assez de loisirs pour plaider en faveur de l'ONU ; on dit aussi que les réfugiés arabes de Palestine n'auront pas beaucoup de larmes à verser pour regretter un organisme qui les a installés dans la misère…

Ne parlons pas du Royaume-Uni dont le scepticisme s'exprime de plus en plus à l'égard de ce club où tant de gens se tiennent mal. A tout prendre, l'ONU ne laisserait pas beaucoup de regrets à travers le monde. Si l'institution universellement décriée vient à disparaître, il serait assez beau que la province d'Algérie en soit le prétexte et que la France en soit le moyen.

--

LES EMPIRES ET
LA GRANDE TENTATION DES ARABES
18 septembre 1957

Il faut encore une fois rendre hommage à l'intuition politique de l'*Economist* qui fait traiter à la grande revue londonienne une des questions les plus délicates de ce temps, celle des relations que l'Occident entretient avec les Arabes. Mais les quatre colonnes consacrées aux Arabes dans la Guerre froide semblent malheureusement d'une psychologie un peu courte, relèvent de ce genre de réalisme qu'une semaine suffit à démoder ; pour montrer les limites de cette analyse, on risquerait volontiers une comparaison assez malveillante pour dire que ces colonnes-là ne pourraient servir à soutenir la sagesse fameuse d'un Lawrence d'Arabie.

La substance même de cette étude nous est donnée sous la forme d'une énigme qu'une Sphinge thébaine proposa aux Britanniques en 1954 et qu'elle propose aujourd'hui aux Américains : « Les Etats du Proche-Orient peuvent-ils être armés de manière sûre et utile contre la pénétration soviétique quand les buts nationalistes et les tendances sociales qui sont les leurs diffèrent si radicalement de ceux de l'Ouest ? [7] En fait, il est juste de retenir ces deux points parmi les préoccupations arabes. Le premier touche au souci arabe de se

---

[7] *Economist* du 14 septembre 1957.

« libérer » de l'orbite des puissances qui leur demandent des bases et des gages ; l'autre se rapporte au développement économique qui est vu comme un effort pour combler le fossé qui sépare les riches des pauvres. Ces éléments choisis on en déduit rapidement que les buts antirusses n'ont pas grand-chose à voir avec les intérêts arabes et que les Arabes pensent que : « l'Ouest est trop occupé par ses propres problèmes pour les traiter eux-mêmes autrement que comme des instruments dans leur lutte contre la Russie. »

L'éditorialiste tire cette conclusion assez pessimiste quant aux Arabes, assez lâche dans ses termes trop généraux pour garder une signification utile : « Il vaudrait mieux accepter la neutralité arabe et limiter la course aux armements. »

Les Soviétiques ont trouvé un moyen décisif de plaire à certains Arabes. Pour cela, ils se sont employés à flatter systématiquement tous leurs caprices, aussi extravagants qu'ils soient. Un exalté syrien parle-t-il d'exterminer tous les Juifs d'Israël ? L'Union soviétique donne aussitôt un visa marxiste au plus écoeurant projet de génocides hitlériens. On envoie à Damas inconditionnellement, des tanks et des avions. Le jour n'est peut-être pas très éloigné où pour satisfaire l'hystérie de la clique bizri-serraj, un Kisselièvre obséquieux remettra aux Syriens rouges des plans et du matériel de chambre à gaz. Dans ce domaine-là – autant le dire aussitôt aux meilleurs des Arabes – ils n'ont rien à attendre de nous. Ils comprennent très sûrement eux-mêmes ce que de telles menées ont de révoltant et de négatif.

Non moins négative est la Ligue arabe qui n'a pu compter jusqu'à ce jour à son actif aucune œuvre, aucun édifice, qui a échoué à tous les niveaux ; qui n'a pas su remédier à la condition des réfugiés arabes de Palestine ; qui n'a jamais résolu ou atténué l'antagonisme égypto-irakien et dont la production oratoire et les paroles empoisonnées n'ont trouvé d'équivalent que dans l'ampleur des échecs militaires. La guerre de Palestine, en 1948, est la preuve décisive que le panarabisme avait surtout une valeur verbale, un effet de stupéfiant. On se souvient que le 6 août de cette année, le roi Abdallah de Jordanie adressa à sa Légion une proclamation où il disait sans mâcher les mots : « Votre armée a sauvé Jérusalem la sainte. Nous sommes entrés dans cette lutte avec d'autres. Nous, nous sommes là. Où sont les autres ? Nous avons avancé en combattant, mais nous n'avons pas vu ces autres avancer. »[8]

Pourquoi les Arabes voudraient-ils nous faire grief de notre scepticisme dans la cause du panarabisme ?

Comment pourrions-nous y croire plus qu'eux-mêmes ? Nous croyons surtout à la réalité de plusieurs nations arabes dont les liens réciproques sont de même nature que ceux qui unissent les héritiers contemporains de la chrétienté médiévale. Ces nations arabes ont besoin d'une aide considérable. Qui a vu de près l'insondable misère égyptienne ne peut discuter le bien fondé de cette aide. Mais, aussitôt, qui a été déçu ou échaudé dans ses sympathies arabes se demande s'il n'est pas sage – ayant refusé de donner dans leurs caprices, dans leurs préjugés, dans leur haine – s'il ne conviendrait pas de les traiter en enfants mineurs, d'en disposer sans trop leur demander leur avis, de faire leur bien ou leur mal en dépit d'eux-mêmes, d'agir en quelque sorte comme l'URSS y invite la France, la Grande-Bretagne et les Etats-Unis « par-dessus la tête des leaders arabes ».[9] Beaucoup de politiciens occidentaux étourdis par la turbulence arabe s'accorderaient volontiers avec l'URSS pour une mise en tutelle des Etats du Proche-Orient.

Ce projet ne peut réussir. D'abord parce que l'URSS n'est de bonne foi en aucune manière. Elle tempête et menace maintenant qu'elle se tient sur la pointe des pieds en Orient ; ce sera bien pire quand elle y aura ses grandes et petites entrées. Son irruption en Syrie

---

[8] Cité par Edgar O'Ballante dans *La Guerre israélo-arabe*, aux Editions France Empire.
[9] *Al Hayat* s'en plaignait il y a dix jours.

n'a pas de gravité pour ce que la Syrie représente de territoire ou de forces militaires, mais pour ce qu'elle projette de contagion politique, de contamination vers ses voisins. Voilà en quoi l'analyse de l'*Economist* y voit l'origine du coup d'Etat damasquin dans le sauvetage de la Jordanie au printemps dernier paraît tout à fait aberrante. Si l'on autorisé un jeu d'hypothèses pondérées, on devrait dire que ce sauvetage a retardé la chute de la Syrie. La Syrie soviétisée se moque de la neutralité ou de son propre équipement économique ; elle vise à renverser les régimes des « Etats frères ». Par ailleurs, les Soviets ont largement montré que des bonnes paroles leur coûtaient moins que les prêts monétaires. Ils n'ont pas tenu le barrage du Sad El Ali pour une plaisanterie. Comme c'était une chose plus utile au peuple égyptien que des armes, ils les lui ont refusé ; quant aux armes, ils les ont fait payer assez cher. Ils ont bien de l'aplomb les politicailleurs syriens et nassériens qui vantent le désintéressement soviétique. A quels petits pauvres du Caire ou du souk de Damas oseront-ils l'affirmer ?

Ce projet n'a pas pour seul obstacle la mauvaise foi soviétique. Les Arabes sont assez justement las d'être considérés comme des mineurs. Pour s'accorder avec eux, il faut donc les traiter en hommes libres et non pas en enfants tyranniques, cruels ou incapables.

Pour parler aux Arabes il faut leur faire entendre, quand il s'agit de la France, que nous avons su et savons les aimer pour eux-mêmes et non pour des bases et du pétrole. Nous devrions savoir montrer quand il s'agit de l'Occident tout entier que nous voyons plus loin que le temps de crise actuelle et que nous appelons de nos vœux et de nos actes une renaissance arabe qui sera autre chose que l'imitation servile des Etats-Unis ou de l'URSS. Si l'on adopte cette façon de voir, il faut que l'Occident ait le courage de faire front contre Abdel Nasser. Ce misérable a prouvé qu'il ne pouvait rien de bon, non seulement pour les nations occidentales, mais qu'il n'était pas qualifié pour mener l'Egypte qu'il ruine et les Arabes qu'il trompe. Et si un jour les peuples arabes s'éprenaient d'un nationalisme intégral et harmonieux qui leur parle de leurs intérêts véritables, qui ne les contraigne à sacrifier leur religion à la puissance et à l'argent, ils auraient beaucoup à entendre d'un vieux maître qui s'appelait Maurras.

--

TRENTE MILLIONS DE MUSULMANS
QUI N'INTÉRESSENT PERSONNE

30 janvier 1958

Jamais pays n'auront été exploités au profit quasi exclusif d'un Etat étranger autant que le furent les territoires musulmans de l'Asie centrale où, avec le régime soviétique, le pouvoir de Moscou s'installa plus fortement que sous les Tsars par l'usage de la terreur systématique et du pillage rationalisé. L'opinion internationale ne s'émeut guère de ces problèmes. Cela tient d'abord à la complexité, à l'enchevêtrement des questions musulmanes en URSS qui ne permettent pas un aperçu clair au premier examen. Si l'on se rappelle que les communistes firent disparaître des peuplades entières, on peut en déduire aussi que le silence des cimetières est difficile à rompre. On ne s'étonnera pas de l'indifférence monstrueuse de deux gouvernements arabes, l'égyptien et le syrien, si l'on tient compte du nombre et de l'importance des gages qu'ils ont remis aux Soviets. Mais ce qui scandalise par dessus tout, ce n'est autre que le lâche, le servile acquiescement d'Etats « neutralistes » qui ne défendent pas une cause parce qu'elle est juste, mais vu sa rentabilité quand elle n'attire pas les coups de celui que l'on tient pour plus fort.

L'ouvrage que M. Vincent Monteil vient de consacrer à ces problèmes a pour principal mérite de les envisager.[10] Sous une forme décousue, hachée, voisine des notes d'étudiants, son exposé délivre les faits et les chiffres presque sans classement. Hormis un départ amusant et juste, le gros de l'ouvrage est sommaire, à la fois aride et léger. M. Monteil, qui le destinait « à l'honnête homme de notre

---

[10] *Les musulmans soviétiques*, aux Editions du Seuil.

temps » a pu traiter frivolement d'un sujet sérieux. Pourtant le style ne vaut pas celui de Montesquieu. Après cette tentative, les musulmans soviétiques manquent encore d'un ferme ouvrage de synthèse qui les définisse et qui dégage leur position historique. En présentant ce livre aux lecteurs de la *Nation française*, nous nous efforcerons d'esquisser les réalités musulmanes de l'URSS.

Colonisation par le vide et le bagne

En quelques mots, nous pouvons situer ces peuples et dire leur nombre :

« Ils sont peut-être trente millions de musulmans en URSS. Nous les avons connus toute notre vie. Ils étaient déjà musulmans s'ils n'étaient pas toujours soviétiques. » Montesquieu avait introduit Uzbek et Gobineau « la guerre des turcomans ». Le général Dourakine nous avait ouvert la vieille Russie et nous avions traversé les steppes kirghizes avec Michel Strogoff.

Dès le début du 18ème siècle, les contes des *Mille et un Jours* [11] traduits du persan en français, familiarisaient le public cultivé avec les noms de Khans de Boukhara, du Khorezm, des chefs de hordes mongoles. Trois villes célèbres formaient le théâtre de leurs aventures : Samarkande, Tachkent et Kazan. A leur propos, il s'agit de savoir ce qu'ils sont devenus après quarante ans « d'expérience » soviétique, s'ils sont bien restés des musulmans et s'ils sont ou non – en même temps – devenus des Soviétiques. Il n'est pas sans intérêt de dater.

Peu de temps avant la révolution de 1917, il n'existait pas de séparatisme parmi les musulmans. Il suffit pourtant des premiers mois de la révolution pour le voir naître :

« Les Bashkirs et les Kirghizes (qui resteront semi-nomades jusqu'en 1930) sont entraînés dans ce que les écrivains soviétiques

---

[11] Par François Petis de la Croix

appelleront une véritable « révolution coloniale » (Kolonyal'naya Revolyutnya). Leur combat pour reprendre leurs terres aux colons russes, dont 510.000 occupaient, en 1916, 530 lots dans les territoires kazhak- kirghizes, se termina par la grande révolte de 1916 : 2.500 Russes sont massacrés, mais 305.000 Kazhak-Kirghizes pourchassés dans les montagnes, se refugient au Sinkiang (Turkestan chinois) proche, d'où ils reviennent pendant l'été 1917, pour laisser 83.000 morts et 60% de leurs troupeaux et de leurs terres entre les mains des Russes.

Ailleurs, une floraison de gouvernements indépendants et provisoires : République fédérale de Transcaucasie, Azerbaïdjan, Arménie, Géorgie, Gouvernement autonome du Nord, Caucase. Loin de former des pays misérables et déshérités, les territoires musulmans de l'URSS fournissent à l'Etat communiste quelques-unes de ses principales ressources. Ils ne sont pas à la charge des autres républiques fédérées, bien au contraire :

« Les Républiques « musulmanes » de l'Union Soviétique renferment quelques-unes des principales richesses naturelles de l'URSS. On connaît l'importance de l'Azerbaïdjan pour le pétrole de Bakou, qui représentait, avant la dernière guerre, près de 40% de la production totale de l'Union. Les gisements pétrolifères de l'Emba sont situés au Kazakhstan occidental : ses réserves de gaz naturel seraient quasi illimitées. Le sous-sol de l'immense Kazakhstan (grand comme cinq fois la France – 3.000 kms de la Caspienne à la Chine et 1.500 kms de la Sibérie à la mer d'Aral) recèle plus de la moitié des réserves de l'URSS pour le cuivre, le plomb, le zinc et le chrome, d'importants gisements de fer, de la bauxite et de l'uranium. Son bassin houiller de Karaganda est le troisième de l'URSS, après le Donbass et le Kuznetsk. Sa position stratégique, au-delà de l'Oural, lui vaut d'épanouir une industrie florissante. D'autre part, ses pâturages pourraient « entretenir des troupeaux qui nourriraient probablement l'Europe entière ».

« Les économistes soviétiques estiment les pâturages naturels du Kazakhstan à 710 millions d'hectares, ses prés à 10 millions d'hectares, ses terres arables à 30 millions d'hectares. Ces vases étendues pourraient permettre de nourrir 100 millions de têtes de bétail (en unités ovines). On est loin du compte, puisque le cheptel kazakh de 1950 était évalué à 13 millions de têtes (essentiellement ovins et caprins) et que les prévisions du Plan (25 millions) dépassaient seulement le chiffre de 23 millions en… 1873 !

L'explication réside dans la chute verticale du cheptel, passé de 34 millions en 1927 à 4 millions de têtes en 1930, pour ne remonter lentement à 9 millions qu'en 1936. La cause de cette catastrophe : les mesures de collectivisation et de sédentarisation forcées dont les troupeaux ne sont pas seuls à être morts. »

On apprendra aussi que, dès 1914, le Turkestan couvrait plus de la moitié des besoins de la Russie en coton. Et les Turkmènes de dire : « On ne peut pas manger du coton ! »

Quatre sous-titres décrivent le détail de ce qui s'est passé sous l'étendard du marxisme : la dénomadisation, la guerre, les déportations, les purges. Le géographe Pierre George traite avec une certaine froideur les calamités subies par les nomades :

« Le nomadisme s'est longtemps présenté au Kazakhstan comme le mode normal d'exploitation. Seulement aujourd'hui, ce mode de vie fait figure d'anachronisme. L'équilibre vital des Kazakhs est complètement bouleversé et ce bouleversement se traduit par une chute sensible de population de la nationalité kazakhe, qui a perdu plus de 900.000 individus de 1926 à 1930 par émigration de nomades vers des centres industriels sibériens. »

L'épreuve de la guerre sera décisive pour mesurer l'attachement des musulmans au régime soviétique. Avant de l'aborder, notons qu'elle fut suivie de représailles très dures. Le 25 juin 1946, un décret du Soviet Suprême supprimait plusieurs formations territoriales autonomes du Caucase du Nord et de la Crimée, et annonçait que la population en avait été déportée. Certains peuples caucasiens – les Karatchays et les Kalmouks étaient « liquidés » dès fin 1943. Les Tchétchéno-Ingoushes en mars 1944 et les Bolkars le mois suivant.

Le parallèle impossible

Il vient tout naturellement à l'esprit de comparer les problèmes musulmans en France et en URSS. On s'aperçoit assez vite que l'analogie est illusoire. Tout au contraire de ce qui se passe dans les départements d'Algérie, aux premiers mois de la révolution bolchévique, on constate le phénomène suivant : « En 1918, les Russes vont faire, avec les Bolcheviks, front uni contre les musulmans. On comprendra, dès lors l'aide accordée par le P.C. aux rebelles : totalement intéressée, elle vise à détruire la puissance politique d'un Etat « capitaliste » de la France. Elle ignore les problèmes et les besoins des populations.

On n'exaltera jamais assez la fidélité des territoires musulmans de l'Afrique envers la France battue par l'Allemagne. C'est montrer que les musulmans ne sont pas des dévots de la force pure. En URSS l'invasion nazie réveille la haine que les procédés soviétiques avaient semée.

« Naturellement, prisonniers et déserteurs récupérés par la Wehrmacht (il y en eut, paraît-il, jusqu'à 100.000) étaient soumis à une vive et habile propagande, menée par le Comité musulman de Berlin et l'Agence politique de Veli Khayum Khan (mais les allemands attendirent 1945 pour proclamer « l'indépendance du Turkestan »).

Bien plus grave encore ::
« L'attitude des populations, en zone envahie par la Wehrmacht n'aurait pas toujours été très brillante. Le gouvernement soviétique les a accusés de « collaboration » avec les forces armées allemandes. On peut, en effet, admettre que les Tsars de Crimée, ou encore les

Karatchey et les Balkars du Caucase, qui avaient maintes raisons de haïr les Russes, aient vu dans la Wehrmacht une armée de libération et se soient soulevés contre les colons. Mais comment croire que les Tchétchènes, les Ingoushes et les Kalmouks aient pu « trahir » au profit des Allemands, alors que ceux-ci ne sont jamais arrivés jusqu'à eux ?

La guerre démentait l'échec de la colonisation soviétique.

Les frères aveugles et silencieux

L'expérience a montré que les alliances temporaires entre les musulmans et les Soviétiques étaient sans lendemain. Faut-il en rechercher une cause profonde chez les théoriciens marxistes ? Ainsi des académiciens proclament « l'essence réactionnaire du Ramadan ». Cyniquement « on lui reproche de ralentir l'activité des travailleurs (notamment pendant la récolte du coton) et une extrême pression, psychologique est exercée sur les fidèles, jouant des dénonciations collectives ou individuelles par voie de presse. »

On a souvent dit que l'Islam formait une barrière contre le communisme, puis, dans certains cas précis, on s'est aperçu qu'il n'opposait aucune résistance. Avec ses défauts et ses valeurs, l'Islam mérite mieux qu'un examen utilitaire : il résiste au marxisme quand il est vivant. La conscience musulmane est morte chez des personnages comme Bourguiba ou Abdel Nasser. De là proviennent leur comportement, leur lâche silence quand leurs frères sont persécutés pour ce qu'ils ont de plus précieux, leur foi.

--

LE F.L.N. ENTRE LE CAIRE ET TUNIS

22 octobre 1958

Ranimant une vieille querelle qui l'opposa à Abdel Nasser en mars dernier, le bon comédien Bourguiba a rompu avec Le Caire de façon éclatante. Peu importe le mobile profond qui l'aura guidé : nous voyons maintenant, au contraire de la fable, le « grelot attaché au coup de Robillard ». Et plusieurs pays arabes en tireront soulagements et profits. Mais cette rupture de Bourguiba reporte l'intérêt sur les oscillations du F.L.N. entre le Caire et Tunis.

Depuis son origine en effet, l'organisation rebelle en Algérie a balancé entre Tunis et Le Caire. La Tunisie sert d'auberge aux troupes du terrorisme : l'étape du Caire, centre du racisme pseudo-arabe, était utilisée pour répandre slogans, appels aux meurtres et permettait de nouer des intrigues dans tout l'Orient, en deçà et au-delà du rideau de fer. Selon que le fanion était planté près de Carthage ou sur les bord du Nil, les porte-parole du F.L.N. témoignaient de plus ou moins de violence. Un examen superficiel des choses pousse à croire à des variations fondamentales selon les latitudes. On en produirait volontiers une preuve en comparant les déclarations faites par Ferhat Abbas le 11 octobre et le 14 octobre dernier, à celle qu'il a publiées le 17 par le truchement de l'Agence du Moyen-Orient. Le chef du F.L.N. disait d'abord : « Nous n'avons posé aucune condition et nous n'avons pas demandé non plus la reconnaissance de l'indépendance » et se dédisait deux jours après : « La guerre d'Algérie ne s'arrêtera pas avant que l'indépendance complète ait été obtenue. » Il me semble que ces attitudes différentes procèdent d'un dessein constant : anéantir la résistance française par la violence ou par la douceur. Dans la mesure où il peut mieux s'y masquer, le F.L.N. nous paraît plus dangereux quand il s'abrite chez Bourguiba.

Il est bien évident que réduit à ses propres forces, à « n'être plus que ce qu'il est », le F.L.N. trahit aujourd'hui un effondrement assez général pour que *Le Monde,* peu suspect de sévérité à son endroit, puisse reconnaître « les pertes sensibles enregistrées par le F.L.N., tant dans les réseaux métropolitains que dans son ascendant sur les masses musulmanes » ; il ne saurait regagner de l'influence qu'en prenant un masque « occidental », en abandonnant pour quelque temps le terrorisme spectaculaire et barbare et en mettant l'accent sur une libération inconditionnelle de soldats français européens.

Nul Français, musulman ou non, ne pourra cependant oublier que Ferhat Abbas a entrepris contre son pays une guerre totale, qu'il a donné son aveu à l'assassinat de nos compatriotes de toutes races. D'autre part, à nos alliés anglo-saxons dont les réflexions ou l'inconscience marqueront dans l'histoire diplomatique, il n'est pas inutile de rappeler un texte et un fait.

Le texte nous est fourni par Ferhat Abbas lui-même : « En ce qui me concerne, il n'y a pas de blocs oriental et occidental. Ceux qui nous aident sont nos amis, ceux qui aident notre ennemi sont nos ennemis. » Voilà pour la doctrine ; voici l'application : on sait que le gouvernement fantoche du F.L.N. compte trois membres aux sympathies communistes notoires : Abdelhamid Mehri, chargé des affaires « nord-africaines », Youssef Ben Khedda et Abdel Hafid Boussouf respectivement affectés aux « affaires sociales » et aux « communications   ».

Pour l'intérieur, un éditorial de la *Nation française* soulignait naguère, qu'il ne suffit pas de détruire militairement le F.L.N. si on lui octroie d'un autre côté l'existence politique. Ce n'est que par sa disparition politique brutale, ou par un dépérissement plus lent, mais continu, que disparaîtra la principale hypothèque sur la paix. Ce point acquis, une immense œuvre commune permettra le développement harmonieux de la province d'Algérie et le bonheur de tous nos frères d'Outre-Méditerranée.

LE F.L.N. N'A PAS LIBÉRÉ DE FRANÇAIS MUSULMANS

29 octobre 1958

Après la libération de trois soldats français par le F.L.N., on voudrait s'abandonner à la même joie sans mélange des familles qui viennent de retrouver leurs enfants. Mais cette mesure appelle plusieurs réflexions : nous n'exposerons que celle qui nous paraît la plus importante. Elle peut ainsi se formuler : par l'intermédiaire de la Croix-Rouge à Genève, il serait juste et beau que le gouvernement français demande que soient également libérés des prisonniers français musulmans.

Par ce vœu, le gouvernement montrerait d'abord que, selon les règles mêmes de notre droit, nous revendiquons de la même manière et en même temps la libération de tous les citoyens français.

La portée de cette démarche dépasserait cependant le seul politique pour atteindre au niveau moral. Nous montrerions, en effet, ce que chaque Français se dit, aussi rigoureusement que Monchrétien dans une de ses tragédies :

« Il faut souffrir en leur souffrance ou bien être délivré avec ta délivrance ».

Ce serait témoigner que notre sensibilité est en éveil, et que, depuis le 13 mai, rien ne nous empêche plus de montrer au monde, au niveau de l'État, ce que nous éprouvions auparavant en notre for intérieur. Il s'agit simplement de notre solidarité totale et de notre fraternité inquiète à l'égard des compatriotes musulmans d'Alphonse Juin et d'Albert Camus.

--

DE TASSILI A ALGER,
UN ROMAN DE L'ENERGIE NATIONALE

27 novembre 1958

Le bourguignon Thibaudet se plut jadis à esquisser une géographie de nos lettres. Il signalerait aujourd'hui avec alacrité et gourmandise l'apport considérable de la province algérienne au domaine français. Après le *Jardin de Djemila*, de Maurice Clavel, voici *Les Silencieux* de Hubert Bassot.[12] Ce beau roman d'amour et d'aventures se lit d'une traite. Il passionne. L'histoire qu'il raconte exprime la nécessité profonde du 13 mai au sens où Joseph de Maistre écrivit : « Tout ce qui est nécessaire existe. » Dans son livre où les longues discussions abondent – Balzac utilisait ce procédé – l'auteur montre l'armée française s'acharnant à composer l'intelligence et la force pour servir la justice et l'amour. Cette tâche impliquait la destruction du régime : il ne pouvait survivre aux premiers signes du renouveau. On le comprend mieux à cette lecture. L'avenir donnera peut-être raison au personnage de ce roman qui déclare que l'Algérie va orienter un nouvel équilibre du monde.

Dès le premier chapitre, l'action s'engage par la poursuite d'une bande de tueurs. Le capitaine Lantenac arrive à les capturer. A ce moment il décide de leur sort selon le jugement rendu par la *djemaa* (assemblée des chefs de famille du village auquel les victimes appartenaient). Le jugement est exécuté sans retard. Très impressionnant, l'épisode dénote une psychologie fine et exacte des milieux arabes et berbères. On lit en effet : « Lantenac connaissait les traditions. Il savait qu'autant devaient être longues et floues les futiles conversations de bienvenue, autant devait être bref, clair et rapide, l'exposé des questions importantes. »

---

[12] Aux Editions Berger-Levrault.

On conçoit que les méthodes judiciaires du capitaine Lantenac irriteront profondément le personnage qui est une des figures les plus réussies de ce roman. Il s'agit de « Henri Riacman, président de l'Association *Pour la Défense des droits du citoyen.* »

Ce progressiste chrétien qui se prend lui-même très au sérieux, n'a aucun respect pour la personne réelle des musulmans qu'il approche. Il éprouve en revanche d'extraordinaires soucis quant à la validité des formes lorsqu'un assassin FLN est jugé. Ce Riacman promène ses préjugés, ses idées fausses et sa vanité à travers la vie algérienne. Des officiers français se le renvoient comme une balle et chacun de le rabrouer, de le chapitrer avec énergie ou avec ironie. La vérité qui choque ses préventions le laisse de glace. Le portrait de Riacman convaincra d'autant plus qu'il n'a rien d'outré ; que M. Hubert Bassot lui fait poser les questions les plus cruciales ; que les réponses ne sont pas esquivées. Il le présente sans truquage et sans haine de telle sorte que l'infériorité de la raison et du cœur chez Riacman apparaît comme une fidèle transposition de personnages authentiques et non l'effet de l'arbitraire romanesque. Une phrase comme « … sans être marxiste, je suis catholique et militant du M.R.P. Je dois reconnaître qu'il y a dans le marxisme des vérités - économiques, sociales, humaines – qui complètent et parfois modifient les vérités finales que défend la démocratie chrétienne… », synthèse de mille articles de revue ou de déclarations publiques, déclenche le rire quand elle est coupée par Saint-Gris : « Excusez-moi, M. Riacman, de vous interrompre, mais nous sommes arrivés. Voici Hobba. »

Hubert Bassot ne triche pas dans la présentation de l'immensité algérienne et sa douloureuse complexité. Sans complaisance naturaliste, il décrit cependant le supplice et l'agonie d'un de nos soldats éventré et mutilé par des hommes du FLN. Après ces scènes d'horreur, nous avons l'occasion d'entendre un chef rebelle s'expliquer : il n'a de goût ni pour la rébellion verbale des commis-voyageurs de New York et du Caire, ni pour les attentats dans les villes. Bien que chef d'ennemis, il n'est pas présenté sous un jour méprisable. On voit ici la loyauté et l'esprit chevaleresque de l'auteur dont le roman s'achève avec les fièvres et l'espoir du 13 mai.

Silencieux, ils l'étaient, les meilleurs des officiers de notre armée : ils parlèrent le 13 mai et on ne pourra plus les contraindre au silence Ceux des combattants rebelles qui mènent la guerre en hommes, le sont encore : « le jour s'approche où ils répondront à l'appel du général De Gaulle et où ils réintègreront la nation. Silencieuses enfin, les femmes musulmanes se sont manifestées pour la première fois : ce fut pour clamer leur volonté française.

Médiatrices naturelles, elles préparent la paix dans la patrie retrouvée et annoncent la civilisation fraternelle qui commande notre avenir. M. Hubert Bassot a très bien représenté ces trois groupes de « silencieux », situant leurs influences respectives. Si « l'art le plus innocent » comme disait Voltaire « tient de la perfidie », on pourrait reprocher à M. Bassot de ne pas être assez perfide. Mais si l'on recherche la vérité par-dessus tout, ce reproche ne vaut-il pas l'éloge le plus vif ?

--

LA PEINE ET L'ESPOIR
DE LA GRANDE KABYLIE

22 juin 1960

En ce moment où la rive africaine de la France connaît toujours une menace d'ordre politique, c'est un privilège que de se trouver en Algérie. Menacée par l'ennemi, la France y vit intensément. Les esprits les plus étroits sont contraints de prendre ce que Drieu la Rochelle appelait « la mesure de la France » : elle est plus grande qu'ils ne l'imaginaient. On peut voir en effet là-bas que la nation n'est pas affaire de peau.

Si nos concitoyens kabyles et arabes nourrissent entre eux une animosité soutenue, l'appartenance à une nation qui ne se réduit pas à une race fait taire leurs différends. Il est également remarquable de constater combien une certaine presse de métropole se trompe de bonne ou de mauvaise foi quand elle affirme l'inactualité de l'intégration en Algérie. Plus que le bien-être économique, plus encore que la sécurité des vies et des biens, nos compatriotes musulmans tiennent à la fraternité. Pour certains bateleurs du radicalisme éternel, ce n'était qu'une formule électorale. Pour les musulmans français, c'est la revendication essentielle. C'est bien le seul principe, très actuel et très vivant, auquel ils se réfèrent quand une crise quelconque se produit : « Alors, sommes-nous frères ou non ? Marchons-nous vraiment la main dans la main ? » Il semble qu'il faut porter ce témoignage : nos frères musulmans ont non seulement le goût, mais le génie de la fraternité. Ils en ont donné des preuves que nul sceptique racorni ne saurait récuser.

Si l'on y tient, on pourrait s'extasier sur le nombre de Kabyles blonds et sur leurs traits de caractère presque outrancièrement européens. On pourrait de même souligner la ressemblance qui va presque jusqu'à l'identité entre les paysages naturels et humains de Kabylie comparés à ceux de Corse ou de Provence. Ce qui compte vraiment chez eux comme chez les Arabes, c'est leur goût d'être Français : ce qu'il faut comprendre, c'est qu'il y a, et qu'il y aura dans leur manière d'être, autant de différences qu'il en existe entre celles du Lillois et du Marseillais.

Une preuve éclatante de cet état d'esprit, comment ne pas la trouver dans la proportion de l'effectif militaire national, qui, musulmane, est en lutte contre ceux qui se sont retranchés de la communauté nationale ? On en trouve une confirmation moins voyante, mais également significative : beaucoup de musulmans de quarante ans disent « Moi, je ne suis pas allé à l'école, mais mes enfants y vont. » Et quelle fierté de tendre la lettre du fils en priant qu'on la lise pour eux. Faut-il en prêter serment ? Qui ne s'est jamais parjuré garde son honneur en déclarant avoir entendu les petits enfants chanter par prédilection, pour leur propre plaisir, les comptines de France dans la montagne la plus reculée. Dieu sait que ce n'était pas dans des villages à la Potemkine, qu'il n'y avait pas d'officiels, de représentants du « beylik » en vue.

Mais il n'y a pas que cet espoir dans les provinces. Il y a la peine. Les peines physiques qui viennent de servitudes momentanées que les regroupements imposent, des exactions que les rebelles peuvent encore se permettre sur les frontières de la France avec ces deux pays étrangers qui n'ont pas le courage de se déclarer ennemis. La peine morale est plus grande encore. C'est une angoisse qui trouble la vue et le cœur. Angoisse de voir refuser l'intégration, non par je ne sais quel goût pervers de la trahison au sommet de l'Etat, non par la conviction en haut lieu qu'elle est impossible, mais par le sentiment qu'elle n'est pas souhaitable. Et cette conception s'appuie sur un racisme modéré, probablement inconscient et, manifestement, sur une mesure mesquine, étriquée, malthusienne, égoïste et anachronique de la nation.

-

UNE PAIX QUI NE SOIT PAS BETE

29 juin 1960

Ce désir de paix qui est au cœur de la plupart des Français, européens et musulmans de métropole ou d'Afrique, doit nous laisser clairvoyants. Il nous faut d'abord éviter une paix de capitulation. La stupeur qu'elle causerait chez nous permettrait à l'ennemi de rallumer une guerre plus sanglante que nous mènerions dans des conditions aggravées. Il convient, de même, d'éviter la paix du relâchement et du sommeil : la victoire militaire et politique ne signifie pas la fin des efforts, mais la garantie de leur fécondité. Au XVIIIème siècle, après une guerre longue, les fortes positions que nous gardions ne furent pas consacrées par les traités. L'opinion reprocha à l'Etat d'avoir travaillé pour le roi de Prusse. Dans le peuple de Paris, le sentiment d'avoir été dupé était si vif qu'une femme des halles dit, pour insulter sa commère : « Tu es bête comme la paix ! », on peut en dire autant du traité qui mit fin à la Première Guerre mondiale. Une paix qui marquerait un abandon de territoire ou la fin des efforts serait une paix bête. Elle n'aurait pour elle ni l'honneur ni la durée.

Afin d'obtenir que nous capitulions honteusement, le FLN a une manière ignoble de parler des garanties qu'il accorderait « aux intérêts français ». Il y a, en effet, en Algérie, intérêt légitime du Souverain français qui trouve sa gloire au mieux-être des citoyens. La France et son Etat n'étant pas l'expression d'une race, ni la propriété d'une religion, assurent la liberté et la justice parmi des communautés raciales et religieuses différentes. En revanche, que les journalistes qui se flattent d'écrire en français bannissent une bonne fois le mot de « nationalistes » pour désigner les partisans du FLN. Dans le meilleur des cas, le panarabisme nassérien est un impérialisme et, dans le pire, trop souvent apparent un racisme abject éloigné du génie des Arabes. Il y a une nation en Algérie, un bien commun qui rassemble, c'est la France. Toute paix qui ne tiendrait pas compte de cette réalité travaillerait pour le néant.

La souveraineté se moque si bien des intérêts à court terme, des intérêts uniquement matériels, qu'il importe pour elle que l'effort intense fourni par l'Armée, son long travail <u>désintéressé</u> ne cesse pas, ne se ralentit pas une fois la victoire obtenue.

Avec le retour de la paix, doit être donné le signal d'un nouveau départ pour les provinces africaines. La réforme agraire, telle que la propose Jean Servier, produirait un véritable miracle économique en pays kabyle. La scolarisation civile et militaire, dans le cadre du plan de

Constantine, et au-delà, doit être poursuivie sans halte. Nous avons déjà fait bien mieux que dans l'Egypte de Nasser où [13] : « sur une population totale de 24.500.000 habitants, 17 millions ne savent ni lire ni écrire » et où « parmi les hommes on compte 60% d'analphabètes, et parmi les femmes 83% ». Il ne faut pas interrompre les résultats déjà obtenus. Pour cela, il est utile de ne pas exiger de nos instituteurs, au cours d'une période transitoire, de nombreux titres académiques. Qu'ils puissent seulement entreprendre l'essentiel : apprendre à lire, écrire et compter.

Toutes ces actions poursuivies ou entreprises, la paix ne trouvera d'assiette solide que si l'on veille à répandre les informations véridiques dues dans les domaines civils et religieux.

La formation civique, à l'époque où nous vivons, est une nécessité fondamentale. Renoncer à la procurer aux populations musulmanes et européennes d'Algérie, c'est accepter de les livrer désarmés à l'impérialisme marxiste dont les attaques sont aussi bien d'ordre dialectique que terroriste. Les arguments massue des communistes restent sans effet sur les musulmans qui ont reçu une formation politique. Bien au contraire, ils savent prendre l'offensive et ridiculiser les arguments de l'ennemi.

En outre, une information objective sur les problèmes du monde musulman permettra à nos compatriotes de religion islamique, d'apprécier la place qui est faite à leur religion dans les différents pays du monde et chez eux, c'est-à-dire chez nous. Il n'est pas mauvais qu'ils sachent que l'islam est tenu en suspicion en Tunisie, qu'il est « scientifiquement » persécuté en Union soviétique et que, chez Abdel Nasser, on trouve que le pèlerinage qui a eu jusqu'à présent un intérêt « folklorique », doit donner désormais un rendement politique au service de l'impérialisme nassérien.

---

[13] D'après *L'Observateur du Moyen-Orient* du 24 juin 1960.

Pour clore cette suite de réflexions sur la paix, nous ajouterons pour notre part, que le souci de justice ne saurait disparaître avec la fin des combats. Un royaliste ne peut oublier que la « main de justice » est emblème royal. Après soixante ans d'incohérence, d'abus engendrés par le laisser faire, d'absence de l'exécutif, la justice est l'annonce de la royauté, le moyen et la fin de l'action nationale en Algérie.

--

UNE ORGANISATION TOUT A FAIT EXTÉRIEURE

21 septembre 1960

Jamais, au cours de l'histoire, mouvement séparatiste ne fut plus étranger que le FLN au territoire et aux peuples qu'il dit représenter. Il ne s'agit d'ailleurs pas d'un étranger quelconque : il est hostile et meurtrier. Il n'a d'influence que par les assassinats d'Arabes et de Kabyles que les journaux rapportent et qui lui obtiennent les primes des marchands de canons. S'il avait quelque rapport avec la nature, il aurait épargné les souffrances des hommes d'Algérie. Mais ses crimes seront d'autant plus odieux et absurdes qu'ils doivent soutenir une prétention insensée. Au-delà de la colère, le chef de l'Etat n'a-t-il pas trouvé, en nommant le FLN « organisation extérieure », l'expression d'un juste mépris ?

Allons-nous assister, dans les jours qui viennent, à une réédition du chantage à l'éloignement ? Cette opération s'adresse aux sots. A l'intention du baron Pié perpétuel, au sot qui se dit libéral, le FLN déclare : « Songez-y bien, je quitterai Tunis pour aller m'installer au Caire. » Et notre bon libéral éploré de s'écrier : « Capitulons vite, sinon les rebelles iront s'installer au Caire ! » Au sot des Etats-Unis, ignorant et boulimique, le FLN affirme : « Si vous continuez de respecter le traité d'alliance qui vous engage avec la France, nous irons demeurer à Pékin ! » Glacé d'horreur, notre libéral atlantique exigera dont l'installation du communisme à Alger afin d'éviter que le g.p.r.a.

ne déménage chez Mao. Ces deux conduites sont bien peu raisonnables : quel que soit le siège du gouvernement fantoche, l'influence soviétique sera égale. C'est pourquoi il est possible de répondre à ses émissaires : « Allez-y, et quand vous aurez épuisé votre chantage à la faiblesse mentale des gens, vous serez bien contraints d'habiter en Chine et, mieux encore, en Utopie, au pays de nulle part. Allez-y et restez-y. »

Le souverain français digne de ce nom ne peut rien dire ou faire qui perpétue la guerre civile. La tradition glorieuse d'Henri IV l'interdit. Il est donc dans le rôle du chef de l'Etat de laisser la porte ouverte au retour de Français égarés : mais ceux-là se sont exclus d'eux-mêmes. Nos gestes d'apaisement ne les intéressent pas.

Face à l'action de la France dans sa province souffrante, le FLN ne sait et ne peut que retarder le développement de l'Algérie. Il le peut, heureusement, de moins en moins. Ce doit être démoralisant pour les terroristes de voir réparé, dans les quelques heures qui suivent, les dégâts matériels qu'ils ont causés. Il n'y a d'irréparable, hélas, que les meurtres de Musulmans et d'Européens.

Au niveau des exécutants, il n'en existe pas de prise de conscience, mais le FLN agit néanmoins comme le manœuvre et le terrassier du communisme. Son succès signifierait une persécution de l'Islam analogue à celles qui se produisent en Union soviétique. Ne parlons pas de ce qui resterait de liberté, y a-t-il seulement une liberté en dehors du Parti ?

Il semble que le FLN ait accompli tout ce qu'il pouvait causer de bien, malgré lui. Ainsi la IVème République est tombée. La nation s'est ressaisie. Les énergies sont mobilisées pour la mise en valeur d'une province abandonnée après une carence quasi centenaire de l'exécutif. Rien ne sera donc plus fécond que de détruire cette organisation essentiellement négative. Il n'est pas mauvais d'en envisager tous les moyens à l'intérieur comme à l'étranger.

Tout se passe en Algérie comme si l'émancipation de la femme musulmane, bien commencée à partir du 16 mai, avait été ralentie à dessein par des gens qui voudraient laisser quelque chose à faire au FLN dans l'éventualité d'un désastre qu'ils souhaitent. Lutter contre ces serre-freins s'impose. En Kabylie, dans les autres départements de la province, il importe de libérer la femme musulmane et même, si on ne trouve pas l'expression trop audacieuse, de la créer. D'une certaine manière, l'avenir français – et donc heureux – de la province dépend plus de l'éducation des filles que de celles des garçons. Si rien n'est changé dans la condition de la femme, combien de petites filles d'aujourd'hui « pleines de vaillance » aurait dit Pourrat, seront des femmes fanées à vingt-cinq ans et à quarante ans, des vieilles flétries.

Que l'on songe à l'état de la métropole avant le XIIIème siècle et à l'attention prêtée pour la première fois à la douceur et au goût féminins. L'Islam français attend son XIIIème siècle. Le « jardin de Djemila » n'existe pas encore. Mais nos compatriotes l'attendent et le veulent avec nous.

Grâce à l'immense action de l'armée, le bonheur devient peu à peu une réalité accessible jusque dans le village le plus déshérité d'Algérie. Mais la destruction préalable de « l'organisation extérieure » est nécessaire à tous ces accomplissements.

Le FLN lasse le sort et les neutres : son émissaire Foroukh, parti pour la Chine, s'est tué en avion : la Suisse vient d'interdire l'impression d'*El Moudjahid* sur son territoire.

--

LE CARCAN DU PAUVRE SARTRE

30 novembre 1960

Dans la *Lettre de Sartre à ses juges*, il n'y a rien de plus profondément ancré qu'une haine inavouée de son propre pays.[14] L'habileté, ou l'essai d'habileté, consiste à masquer cette haine par un semblant d'analyse raisonnable à la manière des marxistes. Dire en somme : « Ma position et mes actes ne viennent pas d'un choix sentimental, mais de l'analyse pure et simple de la réalité. » En dehors du souci constant de la peur d'être traité d'idéaliste, Sartre a conscience que ce genre d'argumentation réussit assez bien avec un auditoire mal averti de ce procédé de rhétorique moderne : il pose comme acquis ce qui est problématique, comme évident ce qui reste douteux. Sa frénésie antinationale ne lui procure pas d'autre justification qu'une suite d'affirmations chimériques.

Une haine aussi dénaturée, une telle maladie de l'intelligence et du cœur a pour origine une plaie secrète que le temps aggrave. Une véritable concupiscence du pouvoir politique, d'une influence pratique sur la jeunesse et sur les masses, une hantise de l'efficacité communiste dévorent M. Sartre. Or, il faut bien constater en 1960 que tous ses essais politiques ont été voués à l'échec, notamment le *Rassemblement démocratique révolutionnaire (r.d.r.)* pour parler de sa tentative la plus cohérente et la plus ambitieuse. Non sans une cruelle finesse, Pierre Hervé parlant de la lettre de Sartre dit : « Il s'agit d'un infantilisme politique qui nourrit l'espoir – combien irréel ! – de tourner le Parti communiste par la gauche. »[15] Ce qui est stupéfiant dans le cas de Sartre c'est que l'échec politique, qui n'a rien en soi de déshonorant, l'a rendu presque fou de rage et de rancune. « Presque » est ici manière de parler : on peut trouver une bonne expression de son état dans le mot de « possédé » que Boutang proposait naguère. Cette « possession » et, partant, cette abdication totale de liberté

---

[14] Lettre rendue publique à la fin de septembre dernier.
[15] Cf. *La Nation française* dans le numéro d'octobre 1960.

52

personnelle a transformé Sartre en jouet de sa haine, en « objet » lamentable de sa lèpre. Eprouver à son endroit de la pitié tant que sa lèpre ne frappe que lui est un sentiment bien naturel aux âmes chrétiennes et françaises.

Mais quand Sartre ouvre un bureau de recrutement pour sa brigade de haine, le premier devoir de l'Etat consiste à dire d'abord que la haine civile n'est en aucun cas une « doctrine » honorable et que de toute manière elle ne peut avoir cours sur le territoire de la patrie, ni dans son aire intellectuelle et spirituelle. Ce serait, si l'on veut, une sorte de carcan moral.

Cette définition nécessaire, une fois posée, suivent un certain nombre de conséquences. Selon un premier mouvement de colère, bien légitime si l'on en croit le droit naturel, l'expérience, la sagesse et la loi des nations, Sartre mériterait les peines les plus graves. Or, pour l'heure, son sang n'est pas assez pur ni sa cause assez bonne pour lui mériter le martyre. Il nous semblerait mauvais de le priver de sa liberté physique et même de sa liberté de publier en France.

Parce que nous sommes monarchistes, nous tenons que la République des Lettres doit être affranchie de la terreur. A l'opposé de la République tout court. La République des Lettres qui vit très bien en monarchie – Thibaudet l'a montré – a besoin d'écrivains et de savants. Et nous estimons aussi qu'il faut laisser à Sartre le soin de dénouer son drame personnel.

Comment ne pas comprendre le besoin pathétique d'être pris au sérieux qu'il y a dans sa triste fanfaronnade : *Il (le juge d'instruction) ne peut faire autrement que de nous inculper tous les deux. S'il ne le faisait pas, nous solliciterions nous-mêmes respectueusement, mais fermement, cette inculpation.*

Eh bien ! Il serait salutaire au pays de frapper à son tour pour rendre justice et de condamner M. Sartre à l'indignité nationale. Il semble même que cette peine corresponde très exactement à son délit et que ce soit le meilleur moyen de rendre justice. Une seule conséquence fâcheuse : le directeur des *Temps Modernes* interdirait à M. Sartre d'écrire dans sa revue.

--

LE SACRIFICE D'ABRAHAM

25 janvier 1961

Soit par lassitude, soit par contresens, soit par conservatisme paresseux, soit encore dans un esprit de soumission proprement religieux au conseil du Prince, une part appréciable du corps électoral vient d'accorder sa confiance au chef de l'Etat. Et cette confiance est accordée dans la nuit. On a demandé aux Français le sacrifice de l'essentiel, d'un morceau de France, comme dans l'Ecriture sainte Dieu invite Abraham à conduire son propre fils au bûcher. Les patriotes qui ont consenti à voter « oui » l'ont fait en pensant que, par analogie à l'événement biblique, non seulement il n'y aurait pas immolation du fils, mais certitude d'une postérité innombrable. Bien que cela reste pour nous un vœu très cher, l'histoire de France des vingt dernières années, l'histoire du communisme depuis 1917 nous imposent la formulation simultanée de tout autres hypothèses La lettre du général De Gaulle au général Crépin, rendue publique une semaine après le référendum, montre que le mystère n'est pas total : il n'est que de détail. Quelle est cette solution que « tout commande dans l'univers d'aujourd'hui « ? Si elle est « nécessaire » et « clairvoyante », comment provoquera-t-elle du ressentiment « dans le cœur des soldats » ? Est-ce celle attendue par les votants du « oui » de capitulation ?

Ces derniers deviennent presque insolents. Selon eux, De Gaulle doit se faire le fourrier de la défaite à court terme. D'où, chez Sirius, des phrases que l'on pourrait lire sous la plume élégante de M. Fabre-Luce : « Un noble langage, de minutieuses mises en scène, un art savant de ce qu'on appelle aujourd'hui le suspense, tiennent lieu trop souvent d'actes efficaces, comme si le personnage historique y trouvait mieux son compte qu'à construire pierre à pierre dans la monotonie des jours. » Et, ailleurs, plus sèchement : « l'homme qui veut être tout pour tous risque de n'être un jour plus rien pour personne. »

S'il s'agit de la solution exigée par les frénétiques de l'abaissement national, alors la confiance des patriotes aura été abusée. Un tel abus aurait des suites politiques d'une certaine gravité. En France d'Afrique, nul, en conscience, ne manquera de préférer la dissidence résistante à la sécession des capitulards.[16] En France d'Europe, la brusque arrivée des Africains provoquerait le coup d'Etat fasciste cher à M. Duverger ou bien le dernier coup de boutoir soviétique au monde libre.

« Mais l'univers d'aujourd'hui ? » Il faut reconnaître que, semblable à celui d'hier, il est friand de réalités. Or les discours du 16 septembre 1959 et même du 4 novembre 1960 ne changent pas la réalité d'un territoire. Objectivement, à cause de l'immense travail de l'armée, nous sommes pus proches aujourd'hui de l'Algérie française et de l'intégration qu'au 13 mai 1958. Ce n'est pas en parlant f.l.n., en dressant le fantôme verbal de « république algérienne indépendante » que l'on supprime la rayonnante existence d'une province qui vit en symbiose avec le reste de la patrie.

La cause française en Algérie est bonne, très bonne même. Mais si cela ne se fait pas savoir et claironner à travers le monde, tout se passera comme si elle était mauvaise. L'avocat des causes nobles est rémunérable tout comme celui des assassins. La France d'aujourd'hui doit en prendre son parti et compter sur d'autres que sur la pléiade jamais très nombreuse des chevaliers désintéressés.

---

[16] Devant certaines indignités, l'exposition des enfants en est une, la loi peut déclarer la déchéance de la puissance paternelle.

Dans le monde d'avant-hier, Louis XIV faisait répandre en Orient une relation en langue arabe des hauts faits de son règne. Et l'Etat actuel ne serait même pas capable de plaider notre cause par des brochures en américain, en espagnol et en allemand !

Nous ignorons ici pourquoi le f.l.n. semble disposer en métropole de véritables places de sûreté, soit en quartiers dans les grandes villes où il peut assassiner impunément musulmans et européens. Cela fait-il partie d'un engrenage international secret ? Secret ou public, a-t-il la moindre valeur juridique ou morale pour que l'on se croie obligé de le tenir avec une pareille constance ?

Une victoire politique française s'ajoutant à la victoire des armes – et qui permettrait le bonheur de nos compatriotes musulmans et européens d'Algérie – mettrait le comble au désespoir d'une certaine gauche, probablement la pus ignoble gauche du monde.[17] Et le chef de l'Etat le sait : il en tient même un compte exagéré. Au prix d'une telle réussite humaine, nous ferions taire ce qu'il peut y avoir en nous-mêmes de sensiblerie. Nous nous moquerons de ce sale désespoir. Il faudra qu'elle prenne patience, qu'elle souffre le bien de la nation.

Que si nous prenions par la suite cet amour contre nature de la défaite de la patrie commune, du malheur de nos frères musulmans, israélites et chrétiens d'Algérie, sachons au moins que ces catastrophes sont tout à fait évitables en ce moment, que le salut est toujours à portée de notre main, que rien n'est définitivement compromis à l'heure qu'il est, et que nous ne pourrions nous perdre avec nos frères que si nous avions la criminelle folie de le vouloir.

--

---

[17] Ou la plus schizophrénique.

DES FRERES QUI NE PEUVENT ETRE ENNEMIS

8 mars 1961

Il était très opportun de montrer les liens de solidarité qui unissent les Français d'Europe aux Français d'Afrique. Mme Germaine Tillion vient de le faire dans son nouveau livre. L'octroi abusif de représentativité qu'elle fait au FLN la conduit cependant à intituler ces pages : *Les ennemis complémentaires*.[18] Puisqu'elle traite de nos rapports avec nos frères musulmans, que seul le FLN est ennemi, et que cet ennemi a bien plus large audience à New York ou au Caire qu'en Algérie, ce titre-là semble injustifié. Nous n'en serons que plus ravis, malgré l'obstacle, l'écran formé par le vocabulaire de la presse conformiste, de lui voir découvrir certaines vérités organiques de l'Algérie. La métropole et cette province sont tellement les membres d'un même corps que Mme Tillion peut écrire : « (…) De tout ce qu'ils souhaitent nous pouvons les priver tandis qu'ils peuvent nous gâcher très sérieusement tout ce que nous ambitionnons. » Le « nous » désigne les Français de métropole.

Plus loin, Mme Tillion montre très bien ce qui introduit l'Algérie dans le cycle de vie française : « Par l'école, et plus encore par les grandes vagues de l'émigration ouvrière, la France a pénétré brusquement. » Elle décrit avec justesse comment se forme chez un Kabyle ou un Arabe la décision de venir travailler en métropole : « Elle doit être d'abord imaginable, ensuite possible, enfin nécessaire. C'est le service militaire qui l'a rendue imaginable dans les milieux paysans. » C'est signaler une fois de plus le rôle privilégié et décisif de l'armée nationale en Algérie.

Quand Mme Tillion omet de penser, il lui arrive d'écrire des phrases aussi dénuées de sens que « les peuples d'Afrique vont désormais vers leur indépendance (…) irrésistiblement. » Ce qu'elle découvre, quand elle prend la peine d'observer et de réfléchir par elle-

---

[18] Aux Editions de Minuit

même, nous pousse à regretter de telles distractions. Comment ne pas approuver ses appréciations de nos compatriotes musulmans : « Hommes sûrs et fiers, généreux, courtois » ?

On pourrait faire à Mme Tillion un certain nombre de critiques de forme. Son ouvrage est composite, à la fois essai, reportage, récit et pamphlet. Elle file mal les métaphores et sombre trop souvent dans le style cheftaine...

En revanche, sa compréhension intuitive des choses et des situations, la conscience assurée qu'elle a d'une vérité qui n'est pas simple ni grossière mais souvent paradoxale font que son livre mérite d'être lu. Il témoigne à sa manière que nous sommes profondément et définitivement liés à la terre et aux hommes d'Algérie.

--

UN JURISTE ADJUGE LE SAHARA

7 juin 1961

M. Duverger expliquait naguère avec une belle contention d'esprit et une grande égalité d'humeur les législations antisémites du temps de l'occupation. A l'affût des malheurs et des hontes de la patrie, il les devance à présent et s'ingénie à fournir une argumentation pour la cause indéfendable de l'ennemi. Comment livrer le Sahara à l'organisation des tueurs ? Comment le brader d'une manière qui lui soit agréable ? Ce n'est pas tout de trahir, il y a des degrés dans la trahison et il convient de la commettre avec art. Il faut qu'elle lui soit à la fois plaisante et profitable. Il lui faut des traîtres musqués. Quelle autre explication pourrait-on trouver aux thèses de ce curieux professeur de droit ? [19]

---

[19] Cf *Le Monde* du 24 mai 1961, le texte intitulé : *Le Sahara africain.*

Le simple examen, la paraphrase de son court traité saharien sont riches d'enseignements. Le lecteur candide se voit immédiatement placé devant ce préambule important : tout ce qui est mal, désagréable, vient toujours d'une faute française. Ainsi, l'attachement opiniâtre du FLN pour le Sahara vient de la sottise des « ultras ». Ils ont tellement prêché le mythe de l'Eldorado saharien qu'ils ont réussi à persuader les rebelles. Plus rusés, les métropolitains ne marchent pas. Et comme disait à peu près M. de La Palice, c'est parce que le Sahara n'est pas déjà perdu qu'il reste encore à le prendre. M. Duverger craint aussi que les conversations d'Evian n'échouent dans ce désert.

Il ajoute qu'il est matériellement possible de garder le Sahara à la France : c'est pourquoi il ne faut pas le garder.

Maintenir le Sahara dans la souveraineté française permettrait une exploitation rationnelle et un accord entre les puissances souveraines. Il ne faut donc pas la maintenir.

Conserver le pétrole du Sahara est idiot puisqu'il y a du pétrole ailleurs. Nous le paierons sans doute en dollars et devises fortes, mais cela n'a pas d'importance. Le pétrole non saharien est d'ailleurs moins cher que le pétrole saharien. Et puis, « surtout » si nous avons la fantaisie de vouloir utiliser du pétrole saharien, nous pourrons en acheter « même si la terre dont il jaillit n'est plus sous notre souveraineté. » Tout juste si cet abandon de souveraineté ne facilite pas les choses. En effet, plus le pétrole acheté par la France sera éloigné, coûteux et précaire, mieux cela vaudra.

La position du FLN est faible quand il revendique le Sahara pour l'Algérie. La nôtre ne l'est pas tellement. C'est bien pourquoi il nous faut céder.

Former un « Sahara africain » aurait un sens économique et géographique. Mais, et Duverger à lui seul réunit un Bouvard et un

Pécuchet du droit quand il écrit sans sourciller : « deux solutions différentes : le partage entre riverains, chacun d'eux exerçant sa pleine souveraineté sur une portion de l'ensemble géographique saharien, ou la co-souveraineté des riverains jointe à une exploitation commune des richesses sur un pied d'égalité absolue. *Pratiquement ni l'une ni l'autre ne sont applicables.* (sic)

Ce sens remarquable de la trahison à n'importe quel prix, de la trahison inconditionnelle reparaît quand il écrit que si des Etats africains se sentent des droits sur le Sahara, ils n'ont qu'à les faire valoir auprès du FLN. Selon Duverger : « Nous n'avons pas à être plus royalistes que le roi. » Mais quelle volupté d'être plus FLN que Ferhat Abbas !

On a vu par cet exemple comment les articles de Duverger sont pour la plupart de longues chaînes d'idées fausses exprimées clairement. Autrefois, il y avait dans ses textes la faille d'argumentation qui détruisait l'ensemble. Aujourd'hui – est-ce parce que la trahison coule de partout à pleins bords ? – il ne prend plus de précautions. On éprouve une sorte de malaise devant son abondance de contre-vérités, ses maladresses dans l'expression de sophismes grossiers, son impudence comme lasse d'elle-même et blasée devant ses excès impunis.

Il est inutile de réfuter ce discours misérable : son auteur lui-même n'y croit pas. Mais il convient de dire notre colère et notre mépris au nom de tous les musulmans et de tous les Européens qui luttent et qui tombent pour la souveraineté français, pour un avenir et un bonheur français.

S'il advenait que Belkacem Krim soit fusillé par la justice de son pays, nous trouverions qu'il paye sa dette à la société qui est la sienne : la France. Mais nous n'aurions pour lui nul mépris. Il a pris ses risques avec une violence criminelle mais aussi avec courage. Tandis que si justice était faite pour M. Duverger, elle ne serait tout à fait juste que si l'Etat montrait par des marques éclatantes en même que son supplice, le rare niveau d'infamie auquel il est parvenu.

Que si on laissait sauve sa misérable vie, qu'elle demeure brûlée, comme les damnés que représente Agrippa d'Aubigné par : « la terrible soif de l'impossible mort ». Et quand il est écrit dans le Coran :

> « Leurs cœurs seront déchirés
> Lorsque cet édifice qu'ont
> Elevé leurs doutes croulera » [20]

n'est-il pas montré que le pire des châtiments qui puisse atteindre les gens de son espèce serait le triomphe et le bonheur de la patrie ?

--

LA RÉSISTANCE « VULGAIRE » ET LES ABANDONS « DISTINGUÉS »

28 juin 1961

L'intermède d'Evian – qu'il soit prolongé ou définitivement arrêté – aura montré avec éclat, même à cette part de l'opinion qui est aveugle, que l'on ne peut négocier avec les représentants du FLN ; qu'il ne saurait y avoir avec eux la moindre entente possible : que leur logique infernale ne laisse aucune place aux calculs pharamineux selon lesquels le Sahara serait gardé tandis que le reste du territoire serait abandonné aux rebelles. Enfin, qu'il n'y a pas de milieu entre la victoire totale du FLN et celle de la France. Ou nous détruirons l'organisation extérieure de la rébellion, ou l'Etat tout entier sera anéanti.

D'autre part, le refus du FLN d'accorder des garanties à la vie des différentes communautés [21] ferme la voie à toute variété

---

[20] *Le Coran*, sourate IX, verset III.
[21] Le FLN étant ce qu'il est, on peut s'étonner justement que M. Joxe

imaginable d'abandon distingué. Pas d'abandon à crédit : il est exigé comptant. Pas de capitulation en tranches sur le mode carthaginois ou marocain. Il la faut inconditionnelle et instantanée. Devant une position aussi catégorique, les assemblées de traîtres flanqués de juristes (colloque de Lille) voient reléguées toutes les horlogeries de mort lente qu'ils avaient prévues. Le coup est si rude qu'une certaine mauvaise humeur s'est manifestée à l'égard de ces ennemis. Par leur intransigeance exprimée, ils sabotent ce que la collaboration jurisprudente avait du plus joli à leur offrir. Ce qui est plus grave encore, ils vont peut-être réveiller le bon sens et l'esprit de résistance des Français d'Europe.

Il faut rester

Les abandons distingués devenus impossibles, il n'est plus d'autres solutions possibles que la « résistance vulgaire ». Ainsi, l'expérience commande que soit immédiatement arrêtée la trêve meurtrière et que l'armée nationale reprenne l'offensive. Mais la résistance vulgaire implique de devoirs pour toutes les communautés d'Algérie.

En premier lieu, il devient très important que les Français de souche européenne restent dans leurs villes, leurs fermes, leurs villages. Chaque départ est une sorte de trahison. Rester, c'est résister. Dans ce domaine, les familles les plus aisées doivent prêcher d'exemple.

Aussi commode qu'elle paraisse, la « solution » de partage est à rejeter obstinément. Le partage consacrerait l'état racial, ce qui serait une victoire idéologique pour le FLN raciste. D'autre part, la cession de zones territoriales aux rebelles donnerait aux puissances communistes le droit d'intervenir en fournitures d'armes et d'hommes pour reprendre le conflit.

---

n'ait pas demandé de garanties pour la vie des deux grandes communautés musulmanes : sunnites et kharidjites.

Il n'est pas assuré que les événements récents de Tunisie, les campagnes bourguibistes contre l'Eglise décillent les yeux d'un certain clergé. Pourtant, il devient urgent pour toutes les communautés religieuses d'Algérie de constater que les politiques de Bourguiba et du FLN ne sont pas musulmanes mais antireligieuses. Les Soviets se tiennent prêts à fournir à leurs cadres maghrébins des spécialistes en désislamisation dans l'hypothèse d'une capitulation de la France.

La guerre extérieure

Une dernière forme de la « résistance vulgaire » prend un caractère impératif. Le sens commun veut que nous commencions enfin la guerre, extérieure à l'Algérie, contre le FLN et ceux qui le soutiennent. De la manière la plus ordinaire, la plus banale, la plus efficace aussi, nous devons tenir un compte exact de tous ceux qui collaborent avec l'ennemi à l'intérieur de la métropole ou à l'étranger. Il y a une gamme très étendue de mesures de rétorsion à prendre.

Il serait peut-être temps d'aviser, il serait de même urgent de normaliser nos relations avec les Etats arabes. A tous ceux qui invoqueraient le problème algérien pour refuser de reprendre des relations diplomatiques, nous devrions répondre par une intervention active dans leurs affaires intérieures. Les procédés qu'il conviendrait d'adopter envers ceux de nos alliés qui sont hypocrites ou malveillants rempliraient à eux seuls la valeur d'un Livre jaune.

Il est encore temps pour organiser la « résistance vulgaire » qui permet de sauver la vie des familles de France, l'avenir et l'honneur d'une patrie aux races nombreuses. Mais si cette organisation n'était pas immédiate, nous entrerions dans un malheur sans remède et nous l'aurions voulu.

--

BOURGUIBA PERSÉCUTEUR

DE L'ISLAM ET DE LA CROIX

7 juillet 1961

Un plumitif aux gages du petit dictateur de Tunis vient de commencer une campagne grossière contre le christianisme en Tunisie. Il écrit en effet dans *Afrique Action* : « il arrivera un jour où quelqu'un s'étonnera de trouver une cathédrale sur l'avenue Bourguiba. » Pareille assertion n'est pas absurde : nul ne serait surpris de trouver une église établie dans une rue qui porte le nom d'un Calife glorieux de l'Islam. Mais chez le Scapin du 20ème siècle, même si elle est religieuse, l'Etat ne peut tolérer aucune liberté.

La cathédrale n'est pas seule à étonner le M. Homais tunisien. Il ajoute : « Que représentent aux yeux des musulmans ces gens en soutane, aux églises carillonnantes ? » Eh bien, il y a peut-être eu échec de St Augustin en Afrique, mais il s'agit là d'une tradition commune aux pays d'islam : « Les gens en soutane » y sont considérés avec une certaine sympathie et parfois avec respect.

Il est d'ailleurs très difficile d'affirmer que le faiseur de cet article est musulman. Car M. Bourguiba ne se contente pas d'expulser les petites Sœurs des Pauvres avec le courage superbe qu'il manifeste toujours contre ceux qui sont sans défense. Il pratique aussi une action antimusulmane systématique. Elle a connu récemment une ampleur assez tapageuse. M. Bourguiba s'est penché sur les problèmes économiques. Il en a conclu que le jeûne du Ramadan était préjudiciable au développement du pays. Faussement libéral, il affirme dans un discours de février dernier : « si on peut concilier les deux impératifs, celui du travail intensif et celui du jeûne, je n'y vois aucun inconvénient, mais j'ajoute que cela sera difficile. »

Ce genre d'affirmation a toujours étonné les musulmans dans le passé. Il les étonne encore aujourd'hui. Il leur arrive même de se vexer, quand au vu et au su des autorités bourguibiennes, des acteurs pris de boisson font pénétrer des chevaux dans la grande mosquée de

Kairouan. Ils vont aussi jusqu'à manifester quand M. Abder Rahman Khalif, imam de cette grande mosquée est muté.

Le 17 janvier dernier, un athée sectaire dans la confidence de Bourguiba n'a pas dû s'étonner de voir des milliers de musulmans défiler à Kairouan, avenue Bourguiba notamment, en criant : « Dieu est grand » et « Il ne partira pas ». La foule furieuse a saccagé la maison du gouverneur et la milice bourguibienne a tiré, faisant cinq morts et quinze blessés.

Commentant cette manifestation sanglante, M. Bourguiba est passé du sarcasme à la menace. Il traita d'abord les cheiks, qui sont les docteurs de l'islam en Tunisie de : « féodaux, bandits de grands chemins, charlatans ou hypocrites » et il ajouta cette réflexion étrange : « la religion authentique ne considère pas que le musulman n'a d'autre but en sa vie que de gagner le paradis et que pour le gagner il doit jeûner tel nombre de jours à croire qu'une comptabilité en est tenue dans l'au-delà. » Il conclut en ces termes : « Je n'ai aucun penchant sanguinaire (...) si je viens un jour à constater que l'Etat est en danger, je ne faiblirai pas, je serai impitoyable (...) »

La relation de cet événement permet de situer les attaques antichrétiennes dans leur ensemble antireligieux. Le maître actuel de Tunis dans son athéisme étroit et sectaire veut persécuter chez lui toutes les formes de vie religieuse, en particulier celles qui relèvent de l'islam

Ces procédés sont petits bourgeois et ils n'arrivent sans doute pas au même rendement de persécution « scientifique » que les Soviets. Qu'il en soit conscient ou non, il leur prépare le terrain.

--

TUERIES POUR BEN KHEDDA
6 septembre 1961

Malgré les brillantes hypothèses de nos progressistes, le ralentissement des attentats FLN provenait d'une impuissance et non d'un plan concerté. Les responsables de la Fédération de France des terroristes avaient constaté avec angoisse la lassitude des musulmans après l'échec des conversations de Lugrin, leur volonté de retrouver rapidement la paix ; dans la région parisienne en effet, la masse taillable et corvéable ne suivait plus avec la même docilité résignée qu'auparavant. La collecte devenait difficile. Les rentrées de l'impôt criminel maigrissaient. Il fallait donc frapper un grand coup à la fois pour essayer de reprendre en main les musulmans de Paris et pour montrer à Ben Khedda quelques exploits des cadres métropolitains de la terreur. Le nouveau chef du gang a obtenu ses victimes. Il y a eu de mardi à vendredi dernier six attentats commis à Paris et en banlieue. Deux morts et six blessés parmi les policiers, les gendarmes et la f.p.a., tel est le sombre bilan d'une semaine de tueries.

L'expérience de cette semaine sanglante montre une fois de plus combien la police parisienne ordinaire reste inadaptée et vulnérable devant ces terroristes. On voit qu'elle est vulnérable au nombre de ses victimes : les autres formes de criminalité et les accidents ne constituent qu'un très faible pourcentage de ses pertes. Quant à son inadaptation, elle se révèle dérisoire et tragique. Sa façon sommaire de réprimer après coup et sans discernement au lieu de prévenir, le principe de la « rafle monstre » cher à la presse du meurtre – et donc à *France Soir* – entrent tout à fait dans le plan de guerre de la rébellion. Nous reprendrons plus loin les problèmes que posent aussi bien ces maladresses que cette impréparation. Dès maintenant toutefois, nous dénoncerons deux appuis qui ne se sont pas manifestés avec constance aux bandes d'assassins : il s'agit, pour une part, du rôle des élus communistes, et pour le reste, du rôle abject d'une certaine presse qui s'emploie à anesthésier l'opinion.

Il est devenu très difficile de s'étonner de l'impudence effarante que pratiquent les communistes. Nul n'ignore que cette attitude fait partie de la tradition la plus ancienne et la plus authentique du parti. Mais il convient de s'indigner avec véhémence devant le procédé qui consiste à faire l'éloge de l'assassin et à accabler la mémoire de la victime que l'on ose insulter. Cette campagne de mensonge éhonté réussit si bien d'ordinaire que l'on entend les meilleurs esprits déclarer gravement : « C'est la guerre ! » ou avec une drôlerie macabre : « Que voulez-vous, ce sont des « nationalistes ». C'est dans leurs « idées », et chacun ses idées, n'est-ce pas ? »

D'autre part, les élus communistes essaient systématiquement de protéger les tueurs, de favoriser leurs agissements, de les aider par des interventions orales ou écrites. Ils trahissent ainsi par système, et tout d'abord les intérêts de leurs élus. Ils livrent des groupes entiers d'habitations musulmanes au contrôle du FLN. Ils paralysent, par tous les moyens, l'entreprise de protection et de la population. Toutefois, et il y a là une grande habileté, ils ne vont pas jusqu'à fournir au FLN une aide armée. Ce faisant, ils sont en règle avec les directives générales du parti communiste : ne pas accorder au FLN une aide décisive, mais garder ouverte en permanence la plaie du terrorisme urbain. Si les minoritaires des conseils municipaux et si tous les conseillers municipaux non communistes pouvaient apercevoir cette odieuse machination, ils pourraient réagir et l'on assassinerait moins dans Paris et dans sa banlieue.

Le monopole de l'appui moral accordé aux meurtriers n'est pas détenu par les communistes. Il s'en faut de beaucoup. Les progressistes tiennent leur large part, dans ce triste bilan. Plus généralement, chaque fois que par volonté de provocation ou par racisme inconscient et ignorance, la presse souligne par exemple l'origine algérienne des victimes ou des auteurs d'attentats, leur qualité de musulman, leur état de « coreligionnaire », elle collabore à la besogne infâme qui consiste à diviser la patrie. (Personne ne songe, à propos d'un hold-up ou d'un fait divers crapuleux, à mentionner la province et la religion d'un malfaiteur européen.)

Si l'on veut un exemple notable et récent de la presse de « soutien », que l'on se reporte au *Monde* du 31 août 1961. On peut y lire : « Sans doute les attentats commis par des musulmans (tantôt FLN, tantôt m.n.s.) contre des coreligionnaires ne se sont-ils jamais ralentis – bien au contraire – mais (…) »

Notons au passage ce « mais » immonde qui marque l'effort de division de la patrie : d'une part les musulmans qui sont promis au couteau et aux balles, de l'autre les autres Français et la police qui n'ont rien à voir au drame. Le « mais » situé justement, on comprendra mieux ce qui est écrit ensuite : « (…) on constatait qu'aucune action n'était systématiquement entreprise contre des membres de la police. »

Il y a plus grave encore puisque si l'on collationne tout ce qui a pu être dit au cours de six ans de guerre par différentes autorités de police et de gendarmerie, un s'aperçoit avec stupeur que jamais la guerre totale n'a été menée contre le FLN de métropole. Pour certains donc, il faut faire exister le FLN car l'existence de ce fantôme leur permet entre autres de faire avancer la cause du communisme mondial. Cette obligation infernale entraîne la souffrance corporelle, morale, sentimentale, la permanence du bagne et la menace continuelle du supplice pour des centaines de milliers de travailleurs. Mais le communisme s'en moque, il n'est pas accessible à la compassion chrétienne ou islamique.

Pourtant, de plus en plus d'Européens se sentent solidaires de leurs compatriotes musulmans. Qu'ils le sachent : un seul moyen parfaitement efficace existe pour garantir, dans les faits, le droit de vivre à nos frères kabyles et arabes. Il consiste à détruire systématiquement le FLN. Cette destruction n'est pas hors de portée, loin de là ! Elle est très réellement possible si elle est confiée à la f.p.a. (force de police auxiliaire), la Harka de Paris, qui fait reculer les porteurs de mort, et qui par conséquent est détestée par les assassins, leurs thuriféraires et leurs valets.

--

LA NOSTALGIE DE L'INTÉGRATION
27 septembre 1961

Si l'intégration était une forme politique morte, si elle ne représentait qu'illusion et mirage, si son principe et son application ne pouvaient venir que d'une imposture manœuvrière, elle n'aurait jamais laissé cette trace indélébile, cette nostalgie poignante chez des Français tel que M. Amar Naroun. Son essai intitulé *Ferhat Abbas ou les chemins de la souveraineté* [22] le montre. Il relate en effet comment cette souveraineté, après avoir cherché sa voie organique par la France et dans l'unité française s'éloigne de sa première direction par la faute d'une légion d'imbéciles à courte vue, les politicards des trois dernières républiques.

A ce nouveau livre, nous souhaitons de nombreux lecteurs métropolitains. D'abord parce que notre compatriote musulman juge avec humour plusieurs des grands personnages du radicalisme et du monde parlementaire. Il le fait avec verve, dans un style alerte. Il introduit dans son essai plusieurs citations heureusement venues qui témoignent d'un esprit cultivé. Nous lui reprocherons pourtant de rendre des sentences définitives sur tel ou tel en ne se fondant que sur les positions algériennes des intéressés. Il reste que ce *Feraht Abbas* rassemble pour la première fois des textes très importants. Il présente explicitement la thèse funeste et folle de « l'indépendance » algérienne, à laquelle il se rallie en désespoir de cause, comme le résultat de l'incompréhension de Paris. Laissons donc la parole à Amar Naroun dont nous présenterons quelques passages :

« A un moment donné, prenant acte de l'attachement furieux aux biens de ce monde d'une plèbe européenne sur-vitaminée et despotique (…), voyant en revanche le sort de parias réservé aux

---

[22] Aux Editions Denoël

69

autochtones dans leur propre pays, Feraht Abbas, curieusement tenta de se rallier aux directives séduisantes de l'*Action française*. Il croyait, avec un romantisme juvénile, que le roi de France, par vocation, était le protecteur des petits et des faibles, oubliant que le dernier en date, *Louis Philippe*, était surtout l'homme d'apparat de la finance cosmopolite, qu'il avait hissé sur le trône pour achever la conquête de l'Algérie. Il se disait que les disciples de *Charles Maurras*, farouchement dressés contre les « métèques » parvenus au stade de citoyens privilégiés, feraient en Algérie les épurations nécessaires sous l'égide d'un roi porteur des attributs symboliques de la main de justice et du glaive. Il ne voyait pas que *Charles Maurras* et son école se souciaient peu des musulmans et n'agitaient la question des « Archontes » que dans les limites de l'hexagone français. En ce qui concernait l'Afrique du Nord, ils tenaient que pour la « latinité » (…) Nous répondrons à M. Naroun qu'il aurait tort de confondre Maurras avec la collectivité de ses disciples. Le vieux maître a parlé effectivement « d'Islam fraternel » et exalté les « nobles races » de l'Afrique du Nord. D'autre part, il y a deux ans que Pierre Boutang a dénoncé la spéculation menée par le sénateur usurier Roth au détriment d'une famille musulmane.

Cette parenthèse refermée, nous citerons un autre passage. Il donnera peut-être à l'historien de l'avenir la cause secrète du refus odieux de l'intégration que le chef de l'Etat a opposé à l'enthousiasme d'un grand peuple réconcilié :

« Je rencontrai plusieurs fois Abbas au cours de mes rares séjours en Algérie, de l'armistice à septembre 1942. Il ne croyait pas à la victoire finale de l'hitlérisme (…) Le maréchal Pétain, son entourage et ses représentants à Alger, n'étaient pas, à ses yeux, des hommes de la victoire allemande. Un politique plein d'imagination, tel que Feraht Abbas pouvait aisément se mettre par la pensée, au lieu et place des vaincus momentané. Il n'ignorait rien des responsabilités de la 3ème République et de ses grands prêtres dans le désastre de l'été 40. Sa réserve naturelle tenait aussi au fait que Vichy n'avait pas cherché à aggraver la condition des musulmans. Alors que la guerre s'était déclarée sans qu'un musulman siégeât au Parlement, le maréchal, éloigné pourtant de tout souci démocratique, avait désigné à son Conseil National et pour la première fois, une représentation musulmane égale en nombre et en qualité à la représentation européenne.

Les meilleurs historiens du passé, un Fustel de Coulanges et un Taine, n'ont-ils pas enseigné qu'avant l'établissement du consensus populaire pour la dévolution des charges d'Etat, la faveur royale avait dans sa souveraineté et sa sagesse, admis dans ses Conseils les plus solides éléments d'une bourgeoisie en constant progrès ? Pétain avait fort bien vu que son choix serait suivi une fois la guerre terminée, par l'élection au suffrage populaire. L'impartiale histoire accordera une portée réelle à l'initiative du maréchal, prise dans le pays assiégé, beaucoup plus qu'à l'Ordonnance étriquée du 7 mars 1944, signée du général De Gaulle, qui venait de mobiliser des dizaines de milliers d'Algériens, dont 14.000 devaient tomber à Cassino.

Malgré tous les obstacles artificiellement dressés, la cause de l'intégration est vivante : nous en sommes les fidèles dépositaires. Ce que M. Naroun disait en décembre 1954 reste vrai : « Bâtissons une Algérie totalement française, avec toutes les conséquences administratives et morales que cela comporte et alors, je vous assure que toutes les propagandes, que tous les complots, que tous les impérialismes jaloux de la grandeur françaises, quelles que soient leur couleur et leur puissance, viendront se briser sur le mur d'airain d'une unité réelle, sans fissure, créatrice d'ordre vrai et d'équilibre algérien. Il n'y en a pas d'autre. Ou il n'y a plus d'unité. »

--

UNE POLICE DE DISCRIMINATION
18 octobre 1961

On peut compter aujourd'hui près de six ans de terrorisme métropolitain ininterrompu : six ans que la police parisienne admet sans haut-le-cœur que des quartiers de la ville échappent à ses attributions et que les hommes du FLN puissent assassiner autant de Français musulmans qu'ils parviennent à en atteindre. On cite le cas de millions rendus par la justice à des collecteurs FLN notoires à cause d'une procédure inadaptée et quelques meurtriers renvoyés à leurs occupations pour contenter Brid'Oison et la « forme ». Personne ne protestait alors.

Il arrive maintenant que le FLN s'en prenne à la police même. Or il est étranger de constater que l'une des mesures prises – et la manière pratique dont elle est appliquée – semble bien davantage un acte de brimade et de vexation qu'une réponse qui frappe efficacement le FLN. Le couvre-feu de fait qui est imposé aux ouvriers musulmans de Paris est injustifiable : le « Cribe » l'a qualifié ainsi l'autre jour. D'autre part, les décisions d'expulser paraissent malencontreuses dans deux cas au moins : s'il s'agit d'un honnête citoyen, il sera ulcéré parce qu'il est absurde d'être puni quand on n'a rien à se reprocher ; s'il s'agi d'un sbire du FLN, il sera ravi de poursuivre ses activités dans un département d'Algérie où ses pareils sont peu nombreux. *Messages d'Algérie* entrevoit le péril dans son numéro du 1er octobre : « (…) Tous, pourrait-on dire, essayent de mener une vie sans histoire en demeurant à l'écart d'un conflit qu'ils déplorent vivement. Combien sont-ils ceux qui, dans la rue, évitent de rencontrer leurs coreligionnaires ? Cependant, la réalité quotidienne prouve que ce désir est souvent une utopie. Des extrémistes les repèrent, les harcèlent, leur imposent de verser la dîme et vont jusqu'à proférer des menaces, exercer des sévices et perpétrer des attentats.

L'opinion métropolitaine s'est émue de ces actes regrettables. Elle n'admet pas que de telles atteintes soient portées à la liberté des gens parce que leur opinion diffère de la leur. Elle n'admet pas que des citoyens se conduisent de la sorte au mépris des lois qui régissent un Etat démocratique. Elle n'admet pas que les conflits idéologiques dégénèrent en attentats meurtriers.

Les Pouvoirs publics, chargés de faire respecter les lois de la liberté démocratique, ont réagi vivement. C'est ainsi que le ministre de l'Intérieur, a pris une série de mesures qui consistent à rapatrier d'office sur leur village d'origine ceux qui ne justifient pas d'un emploi ou d'une occupation régulière.

Et, effectivement, plusieurs avions et bateaux ont déjà rapatrié des centaines de nos compatriotes, jugés indésirables par leur conduite ;

Ces mesures ont eu un écho favorable au sein de la population métropolitaine qui redoutait de plus en plus de circuler la nuit. Qu'en pensent les Algériens ? Nous ne connaissons pas leur opinion et nous serions heureux qu'ils nous le fassent connaître dans leur propre intérêt.

En effet, nous avons le devoir de défendre leurs intérêts comme nous l'avons toujours fait. Tous nos travailleurs sont, dans la grande majorité, d'honnêtes citoyens, d'honnêtes ouvriers appréciés de plus en plus car leurs qualités professionnelles s'améliorent sans cesse. Leurs employeurs, spontanément ou en respectant les directives gouvernementales, se montrent compréhensifs et même bienveillants lorsque des perturbations sont suscitées par des éléments extrémistes.

Les Algériens sont chez eux en France. Ils sont protégés par les lois de la République s'ils les respectent comme tout bon citoyen doit le faire. Aussi, les décisions prises n'ont rien de discriminatoire dans la mesure où elles ne visent que les trouble-fête dangereux.

Faut-il encore s'assurer que ces décisions sont prises à bon escient. Toute erreur dans ce domaine aurait une résonance fâcheuse au sein de la population algérienne, car alors qu'il s'agit de la soulager, les résultats seraient à l'opposé de l'objectif visé (…)

Nous insistons encore auprès des autorités pour que ces décisions soient appliquées avec prudence, discernement et perspicacité.

La France est le bien commun de tous les Français sans distinction. Elle ne peut être l'enjeu de quelques passionnés conscients ou inconscients. »

--

LA FAILLITE D'UNE POLITIQUE
Déclaration de M. Ahmed Djebbour
25 octobre 1961

Par leurs choix décisifs, par leur fidélité à l'honneur, quelques rares Français, européens et musulmans, incarnent l'Algérie française dans son caractère de province inaliénable. Ils sont les témoins vivants de l'unité de la patrie. M. Ahmed Djebbour député d'Alger, doit être compté dans ce petit nombre. Il a été plusieurs fois victime d'attentats FLN et chaque fois la baraka, c'est-à-dire la bénédiction divine, l'a heureusement sauvé. A la suite des manifestations des ouvriers français musulmans contre le couvre-feu, le gouvernement a pris des mesures de déportation massive, M. Djebbour, intervenant à l'Assemblée nationale, a observé : « Il faut frapper fort et juste, mais n'est-il pas incompréhensible que le gouvernement engage une négociation avec le FLN et donne en même temps l'ordre de frapper ses membres ? » Il a bien voulu nous recevoir et nous faire les déclarations suivantes :

« La police vient de matraquer des gens qui manifestaient au cri de « Algérie algérienne ! » Quand on se rappelle que c'est la formule mise en avant par le chef de l'Etat, on tient là une preuve flagrante de l'échec de cette politique.

« En fait, il semble bien que le gouvernement utilise la police et les tâcherons du pouvoir pour effectuer le « dégagement ». N'est-il pas vrai qu'un accord a été passé entre le FLN et le gouvernement au sujet du *double dégagement* ? Il s'agit d'écœurer les Musulmans et les Européens. Dans toute cette politique, il y a un certain racisme. Et si ce n'est pas du racisme, c'est une forme de bêtise encore plus étendue, ce qui ne vaut pas mieux.

« Les Musulmans de métropole sont victimes de mesures discriminatoires. Car, enfin, au nom de quels principes peut-on prendre des mesures qui empêchent un citoyen de vivre en toute liberté, qui nient l'égalité, qui bafouent la fraternité ? J'ai reçu aujourd'hui quantité de lettres de métropolitains qui approuvent mon intervention.

« Le ministre de l'Intérieur lui-même a reconnu que tous les manifestants n'étaient pas membres du FLN. Pourquoi alors frappe-t-on si durement de pauvres Français tandis que l'Etat traite grassement les chefs du FLN qui se prélassent dans des prisons dorées ?

« Il y a des constatations aggravantes. Le FLN demande le « rapatriement » de Musulmans dans les départements d'Algérie pour la bonne raison que son organisation y est presque à l'agonie. Et c'est le gouvernement français qui l'aide à combler ce vide, à reformer ses cadres.

« On a dit que le couvre-feu est établi en Algérie. C'est vrai, mais il est applicable à toute la population, Européens comme Musulmans. Du moment que l'on pratique une discrimination à l'égard de certains de ses enfants, la nation peut-elle encore exister ?

« Tout à l'heure, j'ai reçu la visite d'un ouvrier qui travaille de nuit. Ancien combattant, blessé en Italie, mutilé de guerre, sous-officier de l'armée française, il m'a demandé de rechercher sa mère, sa femme et ses six enfants qu'il n'a pas retrouvés ce matin en rentrant chez lui. On voit, par cet exemple, que nous assistons à une provocation sans nom.

« Le Premier ministre a parlé récemment de 400.000 familles européennes à « rapatrier ». Ce chiffre coïncide avec le nombre approximatif des musulmans de métropole. Ce serait là le « dégagement » prévu en accord avec le FLN.

« Mais c'est ici qu'il faut souligner que, même si le gouvernement livrait l'Algérie au FLN, ce dernier est rigoureusement incapable de s'y installer. Même s'il lui donne l'indépendance, celui-ci est incapable de la prendre. Le « client » est impuissant à recevoir la « marchandise » vu la conjoncture actuelle.

« De toute manière, si le gouvernement veut frapper fort, il doit frapper les têtes de la rébellion plutôt que de pauvres gens dont on veut qu'ils soient les bras alors qu'ils ne sont pas FLN.

« Député de la rue Michelet et de la Casbah, au nom de la population algérienne, j'en appelle au peuple parisien. A l'égard de ces gens qui sont sans amis, sans abri, repliés sur eux-mêmes, qu'il ait pour eux la conduite digne d'un Français à l'égard d'un autre Français.

« J'en appelle tout spécialement aux mères de tous ceux qui se battent en Algérie. Qu'elles ne voient pas un terroriste au travers du visage renfrogné de l'Algérien qu'elles rencontrent dans la rue, mais une victime du FLN et du gouvernement français. Les Algériens demandent le retour immédiat et intégral du contingent en métropole et la mobilisation générale en Algérie. Si cette mesure est refusée, elles ne verront plus, dans les ministres français, que ceux qui veulent négocier avec les meurtriers de leurs enfants.

« Les mères de famille apportent au régime son meilleur soutien. Elles sont dans l'erreur. En tant que mères, comment peuvent-elles dormir, manger, sourire, alors que d'autres mères pleurent ? Certaines mères algériennes pleurent leurs fils tombés sur un front européen pendant la guerre contre les Allemands. Aujourd'hui, combien de mères algériennes pleurent leurs enfants tués par le FLN, combien d'enfants pleurent leurs parents, combien d'épouses pleurent leurs maris assassinés par les mêmes tueurs ? Tout cela pendant que le gouvernement traite les chefs des tueurs comme les chefs d'un « Etat algérien » !

« C'est pourquoi il est absurde et criminel de verser le sang des innocents tandis que les coupables sont épargnés. Par sa lucidité et par son cœur, le peuple de Paris déjouera la double provocation qui la sollicite. Déjà, en avril 1958, je dénonçais la manœuvre rebelle qui consiste à soulever les Français de souche européenne contre les Français de souche algérienne et qui lui permettrait de dire : « Français de souche algérienne, le Français de souche de métropole te déteste ».

« Cette manœuvre fut déjouée. Elle le sera encore. Nous ne pouvons plus concevoir l'Algérie sans la France ou la France sans l'Algérie. En attendant le triomphe de la grande nation antiraciste qu'elles forment à elles deux, nous assistons à la faillite complète de la ligne politique du gouvernement qui capitule sans conditions devant le FLN. »

--

DUZERVILLE, SŒUR DE COLMAR

22 novembre 1961

Si la *Nation Française* était rédigée à l'intention de quelques délégués onusiens aussi prétentieux qu'ignorants, aussi prévenus que haineux, l'examen de cette conférence faite en Alsace le 19 mars dernier[23] serait tout à fait inutile. Ce genre de lecteurs absent de nos préoccupations, nous est malheureusement épargné

On sait que, face à l'Algérie du mensonge, qui se fabrique et se répand chez l'ennemi pour venir intoxiquer Paris même, l'Algérie réelle s'affirme inlassablement et victorieusement dans des monographies empreintes d'honnêteté et d'esprit fraternel. Nous en trouverons un exemple parfait dans celle que le conseiller Laplatte a présentée à son auditoire colmarien. De bonne foi, elle peut donc être dédiée aux lecteurs non onusiens, soit à tous les honnêtes gens.

Bourg de dix mille âmes, Duzerville se situe à onze kilomètres au sud de Bône, « dans la plaine comme Colmar, tout près d'un petit fleuve, large environ comme l'Ill, qui se nomme la Seybouse et qui comme l'Ill, coule du sud au nord. » Ce bourg doit son nom au général Monck d'Uzer qui commanda l'expédition de Bône en 1832 et qui fut aussi brillant dans les armes que dans l'administration

A propos de Duzerville, le conseiller Laplatte rappelle certaines données historiques. Il cite les conclusions de l'amiral Marec selon lequel : « La province romaine d'Afrique a été perdue à Rome. » Il invoque le jugement d'Ibn Khaldoun sur les envahisseurs hillaliens : « Si ces gens avaient besoin d'une pierre pour caler leur marmite, ils démolissaient une maison pour se la procurer… Par leur fait, le sol changea de nature. » Il nous apprend l'existence, non loin de Bône et de Duzerville, de l'établissement de la Calle, français depuis 1553. Il fait état des ressources de Duzerville : les agrumes, la vigne, et le vin qui est excellent. A propos de la population du bourg, il note qu'elle

---

[23] Un bourg d'Algérie française : Duzerville, par C. Laplatte, conseiller à la Cour d'appel de Colmar.

est composée de 9.400 musulmans et de 600 Européens. Parmi ces derniers il constate « qu'il n'y a pas plus de Dupont qu'à Colmar » et que, si elle ne comporte pas d'Alsaciens d'origine, il a malgré tout découvert une famille de Lorrains.

Le Conseil municipal de Duzerville – en grande majorité musulman – a voté à l'unanimité la participation financière de la commune aux travaux de réfection de l'église. Voilà qui laissera rêveur bien des Français de métropole, clercs ou laïcs…

Cette harmonie municipale n'empêche pas le terrorisme de se manifester par une exaction ou un meurtre. Pourtant, depuis le début de la rébellion, il n'y a eu qu'une quinzaine d'individus pour rejoindre les bandes du FLN. Le 13 mai 1958 s'est passé dans l'enthousiasme à Duzerville. Et si l'on remonte dans le passé, ce petit bourg de la France d'Afrique a généreusement payé l'impôt du sang en 1914 et 1939-1945.

Pour en revenir à l'édilité de Duzerville, signalons-en une autre particularité qui montre l'échange de bons procédés entre communautés religieuses : l'état actuel de la législation ne permettait pas au maire de prendre en charge les fonds de réparation de l'oratoire musulman du bourg. Il a d'abord recouru à « des procédés marginaux » pour faire exécuter quelques travaux urgents. Et puis, le conseil Laplatte lui a indiqué « un biais conforme au droit » qui permettra d'engager les dépenses nécessaires. Combien cette bonhommie, cette malice, cette douceur s'éloignent du cauchemar tragique et crapuleux du FLN, combien ce Duzerville est à l'échelle humaine ! Le conseiller Laplatte invite ses concitoyens à ne pas oublier Duzerville, sœur de Colmar. Pour ce bourg, pour tous les autres villages et villes d'Algérie, son appel mérite d'être entendu.

--

« NOUS AVONS CHOISI »
UNE DÉCLARATION DE M. AZEM OUALI

Malgré les traîtres et les déments, la France continue. Elle vit surtout dans ses fils les plus meurtris mais les plus héroïquement obstinés. Faisant suite aux déclarations de MM Ahmed Djebbour et Mustapha Chelha – dont on a pu apprécier ici même le courage et la générosité – le témoignage que M. Azem Ouali a bien voulu nous confier sur sa province illustre encore une fois les qualités de cœur et d'esprit, le patriotisme exigeant – qui n'exclut ni l'ingéniosité ni le sens de l'humour – de ce qui est vraiment aujourd'hui la noblesse française musulmane.

S'il faut parler de la Kabylie en décembre 1961, je crois qu'il est de bonne méthode de commencer par le chapitre pacification. Eh bien ! La Kabylie à présent est absolument tranquille : c'est parce qu'elle a pris position. Elle a choisi la France et elle s'est organisée en fonction de son choix. Les populations se sont groupées et ont décidé d'assumer leur propre défense. Issus du pays, harkis et moghaznis côtoient les populations et vivent en étroite relation avec elles.

Il importe aussi de se rappeler que les Kabyles ne sont pas des « politiciens ». Leur amour-propre très poussé s'accompagne de mépris pour les velléitaires et les girouettes. Ils apprécient les qualités viriles : quand ils se décident, ils ne changent pas.

Il semble bien que la pacification de la Kabylie était un problème capital. En effet, tout le reste de l'Algérie suit la Kabylie. Cela s'explique en partie par l'immigration kabyle qui a couvert presque tous les départements africains de la France.

On doit la sécurité acquise à la volonté des responsables de chaque village. Le sens de la responsabilité tient une place primordiale dans le contexte kabyle. Même quand cette responsabilité devient difficile à exercer, l'homme qui l'a prise est connu. Pour un Kabyle, abandonner une responsabilité, c'est se couvrir de honte. Par les responsables de village, l'organisation de la résistance française s'appuie donc sur une tradition locale restée très vivace. Quand on se souvient d'autre part que le village kabyle pratique la démocratie directe ; que les résolutions des djamaas (assemblées) se prennent à l'unanimité, on comprendra que le monde kabyle n'est pas disposé à reculer. En outre, le sens de la solidarité est très poussé en Kabylie. Ce qui entraîne pour le f.l.n. et ses acolytes l'impossibilité de « grignoter » des positions dans un village. Toute la « carouba » soit l'ensemble de la population se dresse contre lui.

Suivant les ordres « supérieurs », l'armée a quitté certains villages. Mais elle n'est partie qu'après avoir obtenu le consentement des populations. En fait, le même nombre de harkis est resté. D'abord encadrés par des Européens, ils le sont maintenant par des gradés harkis. Ils demeurent en liaison constante avec la compagnie et le sous-quartier. Nos villages ont presque conservé le même armement. Seule la proportion des armes automatiques a faibli.

Pour ce qui est du moral, il faut savoir que les harkis ne sont pas des politiciens. Ils ont choisi et ils savent ce qu'ils ont choisi. Avant le 18 septembre 1958, ils disaient plaisamment « que le général De Gaulle ne serait pas joué par un pharmacien. » Aujourd'hui, je puis dire avec eux « nous sommes restés fidèles. Mais si un jour nous nous apercevons que l'on nous a trahis, nous sommes des hommes, nous savons ce qu'il nous reste à faire. » Même si la République nous abandonne, la France, elle, ne nous abandonne pas. Car la France n'est pas telle ou telle République.

On nous envoie à présent des préfets qui prêchent « l'indépendance ». Nous considérons que c'est une trahison parce que ce n'est pas le langage que l'on nous a tenu pendant six ans. Revenons-en maintenant à la rébellion. A ses origines en 1954. La majorité des musulmans étaient sympathisants sans que cette sympathie veuille dire hostilité à la France. Ce qu'elle cherchait à affirmer en effet, c'était la revendication de l'égalité au sein de la citoyenneté française commune.

Deux voies théoriques de progrès étaient possibles dans les débuts : ou l'indépendance, ou l'intégration. L'une ou l'autre en effet rend l'homme digne. Or, nous avons vite pu constater quelles méthodes barbares utilisaient les tenants de l'indépendance. Comme la haine n'était pas notre but, nous nous en sommes écartés. Aujourd'hui, il est clair que le gouvernement n'a pas eu le courage d'abolir une fois pour toutes la discrimination et l'inégalité. Il est clair que le gouvernement et le f.l.n. ont le même but. Nous croyons pour notre part libérer à jamais nos populations comme celles de la Bretagne et de l'Alsace.

Nous préférons la méthode qui unit à celle qui divise. Pour la défendre nous saurons prendre les armes et montrer ce que nous voulons.

Pour conclure ce tableau, nous formerons le souhait d'une réconciliation générale. La grande famille française est au bord de l'abime. Si on veut éviter qu'elle y sombre, il convient de préparer la réhabilitation de tous les hommes qui sont en prison parce qu'ils ont voulu tenir la parole de la France. La pacification est presque totale en Algérie. Pour que la France devienne plus grande, pour son honneur, qu'elle applique simplement la règle de la démocratie en reconnaissant la valeur de chaque tendance.

Nous trouverons ainsi une solution commune pour le bonheur de notre peuple : le peuple français. Nous nous mettrons ensemble à table comme des frères. Le nombre des rebelles est bien moindre que celui des autres. Il importe simplement de respecter les millions d'Algériens qui ne sont pas f.l.n. La nature se révolte quand on veut séparer les membres d'un corps vivant.

LE TEMPS NE SAIT PLUS
POUR QUI TRAVAILLER

27 décembre 1961

En dépit des apparences trompeuses et de mensonges longuement entretenus, le conflit n'a jamais été en Algérie entre la France et les tenants d'un Etat indépendant séparé. Il s'est livré entre la nation et quelques Européens et Musulmans dévoyés au service du communisme. S'il en était autrement, si le terrorisme était autre chose qu'un phénomène superficiel et douloureux subi par la population, il y a longtemps que les ourdis de Paris contre l'Algérie française auraient réussi leur sale besogne. L'année 1961 a été particulièrement fertile en conspiration de ce genre : elles ont toutes échoué en raison de la résistance venue de la partie africaine de la France.

Il ne faut pas pour autant négliger la situation militaire de la métropole, comme les développements extérieurs. L'expérience a montré, depuis le 24 janvier 1961, que le chef d'état-major général de la Défense, quel que fût son nom, n'était pas homme à se déshonorer. D'autre part, le coup de pied de l'âne que M. Bourguiba crut devoir donner à la France qu'il croyait promise à la capitulation permanente attira une réaction si vive qu'elle surprit l'univers et qu'elle eut des conséquences jusqu'en Algérie.

Toujours dans l'ordre militaire, l'écrasement de la rébellion angolaise, qui fut jugé par les « hautes instances internationales » soit inattendu, soit prématuré, eut d'heureuses conséquences pour la résistance française. Il faut dire un mot enfin des soldats de l'a.l.n. qui se battirent de bonne foi : ils se sentent de plus en plus séparés moralement des gens de Tunis et du Caire, quand ils ne l'étaient jusqu'ici que par l'espace. Cela a pour suite qu'ils n'ont pas voulu user de la trêve criminelle que l'Etat français avait décidée au moment des négociations d'Evian.

S'il faut maintenant parler du soi-disant g.p.r.a., il convient de remarquer que, semblable aux enfants de l'hétaïre, il aurait des protecteurs en si grand nombre que ceux-ci se contrarient au lieu de se concerter. Il est impossible d'expliquer les manœuvres du FLN sans tenir compte d'un FLN du Maroc, d'un FLN de Tunis, et enfin d'un FLN cairote. Dans cet ensemble, le « parti communiste algérien » doit se féliciter de considérer l'indépendance comme un moyen et non comme une fin à l'égal des fellagas petit-bourgeois.

Il semble que dans l'ordre économique même, 1961 ait apporté des preuves de l'étroite et mutuelle dépendance de la métropole et de l'Algérie. La sécheresse de l'année a montré de façon durable combien les Français d'Algérie dépendaient des Français d'Europe pour leur nourriture. La chute sensible des exportations vers l'Afrique a appris à quelques industriels étourdis l'importance du comptoir d'Alger. Enfin, la découverte et la mise en exploitation du pétrole libyen ont enlevé du Sahara son caractère de proie à dérober. Au contraire, elle éclaire davantage son vrai rôle et montre qu'il est le moyen de l'indépendance économique de la France.

En politique générale, il n'est pas inutile de noter que l'abcès du Congo a un peu détourné de l'Algérie les charognards de la pègre internationale. A la fin de septembre, l'éclatement de la R.A.U. a démontré de façon indiscutable que M. Abdel Nasser, selon le mot d'un journaliste du Caire « perdait le sens de l'histoire ». Cette disparition détournait par la force des choses les sbires nassériens de leurs menées nord-africaines.

Mais les principaux événements de l'année restent en définitive de événements intérieurs au pays. On peut d'abord noter, qu'en raison de certains concours de circonstances les lâches de métropole et d'Afrique ont peur de trahir car la trahison leur devient dangereuse.

Il faut noter ensuite et ce sera vraiment l'essentiel pour l'année 1961, la profonde sympathie qui s'est établie entre les officiers métropolitains et les populations civiles musulmanes. Les civils musulmans de milliers de villages savent que c'est pour eux, pour tenir la parole qu'ils leur avaient donnée, que des officiers généraux ont accepté de briser leur carrière. Cela, ils ne peuvent l'oublier et on dit que la participation musulmane à la résistance française est immense…

--

L'AUMONIER DES PARAS
7 février 1962

C'était une époque, après l'immense espoir de mai 1958, où nous commencions à prendre passivement la terrible habitude de la déception et de la tristesse. Là où nous attendions l'exemple, c'était l'abstention prudente que nous rencontrions. Quand nous ressentions le besoin d'une parole noble qui donnât du sens à nos efforts et à nos actes, l'on s'ingéniait misérablement à glacer notre enthousiasme, à le rendre absurde comme le malin génie de Descartes s'emploie à faire douter du ciel.

C'est alors que de Zeralda vinrent ces mots : « Vous étiez venus de tous ces pays d'Europe où l'on aime encore la liberté pour donner la liberté à ce pays (…) La mort vous a frappé en pleine poitrine, en pleine face, comme des hommes, au moment où vous vous réjouissiez d'avoir enfin découvert un ennemi insaisissable jusque-là (…) Vous êtes tombés au moment où, s'il faut en croire les discours, nous ne savons plus pourquoi nous mourons (…) Daigne le Seigneur vous accorder le repos de ceux qui l'ont mérité, la lumière éternelle, sa paix ! »

C'était l'aumônier Delarue qui présentait avec noblesse le sacrifice des légionnaires qui avaient témoigné avec leur sang, ce sang qui est riche des moissons futures et qui préparer l'avenir. Le livre qu'il nous donne aujourd'hui [24] est son journal de marche où il a noté, au fur et à mesure d'une riche expérience, la succession des combats et des tombeaux qui forment la communauté glorieuse et incorruptible des sacrifices.

Il n'est pas possible d'évoquer cet ouvrage – qui n'aurait pu être écrit sans que l'auteur n'ait subi certaines épreuves physiques et morales – sans reprendre le récit d'un certain nombre de combats. En avant-propos, le Père Delarue explique pourquoi il a choisi d'être aumônier parachutiste : « ... plus je les connaissais (les paras), plus j'estimais leur courage – dénué de cette forfanterie qu'on leur prête – leur lucidité « rigolarde », leur intelligence, leur volonté de faire la guerre pour la gagner et cette inoubliable camaraderie. »

Cette camaraderie commence en Indochine, en 1954. Elle se poursuit avec l'expédition d'Egypte que le P. Delarue accompagna. Reprenons-là arbitrairement en 1957, après avoir sacrifié bien des épisodes passionnants. Livrons ici à ces distraits de l'histoire qui se croient encore de bonne foi à la veille de Lépante quand ils sont les contemporains du siècle du marxisme athée, le fait suivant :

« Le 8 mai 1957, à Masounna, près de Renault, dans l'Oranais, ils (les fellagha) assassinaient sauvagement dans sa maison le muphti, l'imam son frère, deux institutrices européennes de 18 ans, puis, dehors, le garde-champêtre musulman ; la fille du muphti et une autre jeune institutrice européenne étaient blessées ; les jeunes filles, arrivées récemment dans cette localité perdue, avaient été invitées à prendre le thé par la fille du muphti, leur amie. *Amitié franco-musulmane* : cela, le FLN ne pouvait le tolérer ! » On voit bien que les Européens qui ne peuvent tolérer cette très naturelle amitié font inconsciemment sans doute, le jeu du FLN.

---

[24] R. P. Louis Delarue, o.m.i. : « Avec les Paras du 1er r.e.p. et du 2ème r.p.i.m.a. » Aux Nouvelles Editions Latines.

Rapportons ici le bilan du combat, comme il y en a des centaines, au cours de ce journal de marche, parfois rapportés très laconiquement :

« 4 juin 1957… la matinée se passe, ponctuée de courtes rafales, à fouiller le terrain des bagarres d'hier. Nous avons trois morts, 5 ou 6 blessés, les fellagha ont laissé 127 cadavres sur place, nous avons fait 6 prisonniers, récupéré un mortier léger avec ses obus, des p.m., des p.a., des fusils de guerre, de chasse, des équipements, etc. Le reste a réussi à s'échapper. La « République algérienne » n'a pas supporté le choc ; le résultat est pour nous positif, exaltant, et nos hommes, qu'une certaine presse voyait avachis dans Alger, viennent de démontrer ce qu'ils valent.

Ailleurs, ce très bel instantané de retour d'opération : « Plutôt mal à l'aise, confus, j'accueille, au soir, dans Castiglione, le régiment qui rentre de cette opération, manquée pour moi. Résultat presque nul : mais ils sont barbus, sales, joyeux, magnifiques. »

Il y a plusieurs façons de mourir au combat. Il est également plusieurs façons d'honorer ses morts. Il faut présenter ici tout particulièrement, parce qu'il est la preuve d'une France vivante, ce « tombeau » du capitaine Lahner :

« Lahner, tué ! Nous blêmissons, de colère, de douleur, de rage. Mais ses sections qui forçaient leur chemin de chaque côté de l'éperon sur lequel s'avançait Orange en personne, ont compris et se ruent à l'assaut pour dégager « leur » capitaine. Noir, qui évoluait pas trop loin, écrase tout sur son passage pour voler au secours de l'ami Lahner. Ils arriveront trop tard, hélas ! car, c'est vrai, le capitaine est mort, mais pas un fell n'aura pu mettre la patte sur son corps : ils fuient dans une course éperdue. Orange en entier, fou de rage, « enlevé » par des sous-lieutenants de réserve pour qui rien ne compte plus que ce chef mort qu'ils admiraient et vénéraient, les rejoint, en fait un massacre. »

On pourrait encore suivre ce chemin de croix, soit ce chemin volontaire et librement assumé, ce chemin ascendant qui n'est pas gratuit mais qui a été gravi, pour une rédemption, celle de la France, cette patrie charnelle qui, selon Péguy, fait partie du « corps de la cité de Dieu ». Le Père Delarue, comme les paras, « n'avait qu'une passion : l'Algérie qu'il fallait pacifier en y interdisant le crime, en convainquant les opprimés que la France pouvait les protéger, les libérer ; que la France le voulait. » Que l'on ne vienne surtout pas lui reprocher de ne pas avoir fait œuvre littéraire ; il a surtout songé à fournir un canevas qui servira à ses anciennes ouailles et qui leur permettra de faire revivre leurs souvenirs communs.

--

HISTOIRE D'UNE PROVINCE

21 février 1962

Notre province souffrante, et longtemps mal-aimée, a connu en sept ans de guerre plus d'ouvrages de polémique et de propagande qu'elle n'aura connu de traités d'histoire en douze siècles. Le beau livre présenté par *Les Productions de Paris*[25] comptera parmi les rares travaux objectifs de la dernière décennie. A le lire, on voit combien les préventions de certains esprits sont coupables et combien les jugements précipités dénoncent eux-mêmes la légèreté de leurs auteurs.

Le directeur du service des Antiquités d'Algérie, M. Jean Lassus, retrace l'histoire de l'Algérie depuis l'Atlanthrope – qui existait il y a 400.000 ans – jusqu'à la mort du patrice Grégoire en 647 qui marque la fin de l'influence byzantine. Retenons, de son riche exposé,

---

[25] *Histoire de l'Algérie* qui réunit des textes de Jean Lassus, Georges Marçais, Léo Barbes, Louis Mouilleseaux, Pierre Boyer, Jean Farran, Raymond Debenedetti, a été publié par les *Productions de Paris*.

combien il est malaisé d'écrire l'histoire des autochtones d'Afrique du Nord, c'est-à-dire des Berbères. Jean Lassus remarque avec finesse qu'il « est plus facile (…) de faire l'histoire des conquérants ou, si l'on veut, des colonisateurs. »

En fait, il s'efforce avec un heureux succès, de parler de ces autochtones. Il faut citer une excellente remarque qu'il formule à propos de Rome : « Les Romains n'ont pas importé en Afrique des modèles arrêtés ou des formes fixes. Ils ont créé des besoins et apporté les programmes qui pouvaient les satisfaire. Mais l'élan donné, le style défini, ils ont laissé les Africains travailler à leur manière, implanter leurs villes selon le génie propre de chaque site (…) Les Berbères, à l'intérieur de l'art romain, ont été des créateurs. » Cela montre bien que Rome ne fit pas de jacobinisme avant la lettre. Ailleurs, M. Lassus situe ces deux Berbères célèbres que furent Tertullien et Saint Augustin. Enfin, après avoir parlé de l'Eglise d'Afrique, de la division introduite par l'hérésie donatiste, M. Lassus en arrive à 647, soit à la bataille de Sheitla où les Berbères byzantins furent vaincus par de nouveaux venus, les Arabes, qui commençaient la conquête de l'Afrique du Nord.

Cette conquête dura très longtemps et le vainqueur de Sheitla, Abdallah ibn Saad n'exploitera pas sa victoire. Georges Marçais, qui traite magistralement de la *période arabe*, note que les envahisseurs ne réapparurent que « cinq ans plus tard ou bien davantage ». La soumission de Berbères s'accompagnait d'une conversion à l'Islam, on estime que certaines tribus berbères apostasièrent jusqu'à douze fois. Mais, en 670, le chef d'une nouvelle expédition, Okba ben Nafi, fonda la ville de Kairouan. Après avoir retracé les épisodes marquants de la vie de Sidi Okba, Georges Marçais montre les Berbères vite divisés : l'orthodoxie musulmane sunnite est abandonnée par eux en faveur de la secte kharidjite puis du chiisme. Dans ces réactions, il voit la preuve du particularisme berbère qui persistera à travers les siècles. Plus loin, il donne toute la clarté possible sur les dynasties des Fatimides, des Almoravides et des Almohades dont les noms ne seront plus, pour les lecteurs profanes, aussi hermétiques que prestigieux. Remarquons au passage les relations existant entre les Hammâdide de Bougie et le pape Grégoire VII, comme la tolérance des rois normands de Sicile envers leurs sujets musulmans. L'importance catastrophique de l'invasion hillalienne est gravement notée par Georges Marçais qui reprend les témoignages d'Ibn Khaldoun.

Mais, au début du 16ème siècle, les Turcs s'installent à Alger. Leur domination politique s'établit dans les pires conditions à partir des corsaires géniaux que furent les deux frères Barberousse. Il y eut trois périodes dans la domination des Turcs : celle des *beglierbeys* (investis personnellement à vie), celle des *pachas* nommés pour trois ans, enfin celle des deys. Ce fut pour l'Afrique du Nord une longue période de déclin.

C'est avec hâte que nous arrivons à l'époque contemporaine après un siècle de vie française. Le récit de la conquête est présenté avec soin par M. Mouilleseaux qui cite les témoins et les historiens les plus dignes de foi Ces pages permettent de comprendre le personnage essentiel que fut Abd el Kader. On rapporte le vœu qu'il exprima pour que les musulmans deviennent les « frères à l'extérieur et à l'intérieur… » des Français. On montre comment, dès l'origine, l'armée d'Afrique pratique « l'intégration » par l'amalgame des cadres et par l'égalité entre Européens et Musulmans dans la hiérarchie militaire. Dès l'expédition de Crimée, les Africains se signalent par leur bravoure aux batailles de l'Alma, de Traktir En 1870, ils se couvrent de gloire à Wissembourg et à Froeschwiller. En 1914, l'Algérie fournit 176.000 combattants musulmans ; en 1944, 134.000 combattants. Aujourd'hui, il y a des gens sans mémoire et des imbéciles pour dire : « Algérien pas Français ».

Pour ce qui est de « l'Algérie nouvelle », on trouvera regrettable de voir citer les opinions de M. Favrod sans que les réalités de l'Algérie leur soient justement opposées par le présentateur. Plus loin, les thèses les plus chimériques du gouvernement sont reprises et traitées avec une sorte de gêne : elles se plaquent en effet, tout étrangères, au reste de l'histoire de l'Algérie.

M. Jean Farran conclut l'ouvrage sur ce titre sibyllin « Une page va tourner ». Mais les pages ne tournent pas toutes seules. Pourtant, M. Jean Farran – qui découvre après l'armée d'Afrique et le trop utile 5ème Bureau, que la guerre d'Algérie est une guerre révolutionnaire – en retire une conclusion deux fois quiétiste : laissons consommer la perte de l'Algérie, laissons naître le monstre inviable d'une prétendue « nation algérienne » ; laissons mourir cette province harmonieuse pourtant bien enracinée dans la vie et remettons-nous à une doctrine du « pur amour » qui est impure et qui n'aime pas.

Par sa géographie physique, par ses races, l'Algérie ne peut constituer de tout temps une nation ou un Etat. Ses différents éléments ne prennent un sens qu'à l'intérieur de la France. « Négocier » sur leur cession c'est préparer le démembrement du pays.

En outre, nous terminerons ce compte rendu par quelques critiques de forme : l'illustration de cet ouvrage n'est pas suffisante ; le textes donnés par les participants sont parfois des textes de discours ou de conférences, ce qui gêne à la lecture. Il y a en dernier lieu quelques petites erreurs de transcription : ainsi M. Haïdar Bammate est devenu « Haïder Hammate ».

La graphie traditionnelle de « califat » est meilleure que celle de « khalifa » qui fait penser au titre des gouverneurs chérifiens de Tanger. Mais ce sont là des peccadilles qu'il est possible de corrige au cours des rééditions que cette *Histoire de l'Algérie* qui mérite, le dernier chapitre mis à part, un certain succès.

--

LES ÉCLIPSES DE LA CONSCIENCE
CHEZ UN RÉVÉREND PERE MONDAIN

28 février 1962

L'O.A.S. doit beaucoup à *Témoignage Chrétien*. Ce journal, en effet, dans son numéro de la semaine dernière [26] a publié une consultation théologique à propos de ce mouvement. Elle a paru sous la signature du R.P. Liégé et sous celle du pasteur Meyer. Ce qu'exprime ce dernier semble plausible et généreux : il convient de ne pas lui marchander notre estime si nous ne pouvons toujours lui offrir notre accord.

Le cheminement dialectique du R.P. Liégé reste en revanche bien surprenant. Son commentaire part d'une phrase de Camus écrite au temps de la Résistance : « Ce que le monde attend des chrétiens... » Aussi admirables que nous trouvions l'œuvre et le personnage de Camus, il est très déconcertant de voir le R.P. Liégé écrire tout un article qui ignore de manière aussi directe cette parole de l'Evangile : « N'aimez pas le monde ni ce qui est dans le monde. Celui qui aime le monde, l'amour du Père n'est pas en lui... »

Un refus « net et inconditionnel »

C'est un « refus net et inconditionnel » de l'OAS que le R.P. Liégé exige des chrétiens. Cette condamnation d'une association violente aurait une très belle valeur morale si en son temps, le R.P. avait flétri les crimes du FLN et s'il avait exigé des chrétiens un « refus net et inconditionnel » de cette association d'assassins. Il ne l'a pas fait à notre connaissance : cela se serait su comme la courageuse condamnation que le cardinal Saliège porta contre ces tueurs. A ce moment-là, nul n'aurait pu mettre en cause l'intégrité morale de son jugement. Et il devient dangereux, à la longue, pour un groupement politique, de subir la réprobation des justes.

---

[26] Daté du 16 février 1962

Or, l'agacement du R.P. devant ses paroissiens (qui souhaitent aussi un blâme pour les crimes commis par le FLN) montre qu'au fond la morale n'est pas en cause ici. Vous prenez une position politique, mon Révérend Père. Il y a, selon vous, de bonnes violences. C'est la victoire de l'ennemi qu'il vous faut. Vous la souhaitez, vous vous efforcez de la préparer en vue de plaire aux puissances communistes, à certaines puissances anglo-saxonnes. En somme, votre « option » a une destination mondaine Dans le meilleur des cas, elle égale moralement celle des promoteurs de l'OAS. Nous sommes déçus de vous voir, par votre position temporelle, renoncer à la juste suprématie que l'ordination vous a conférée.

Pourtant un prêtre de Jésus-Christ n'a pas à ignorer le domaine moral par système. A plus forte raison celui de la foi. Quand on laisse entendre que la reddition inconditionnelle devant le FLN prépare « une paix juste en Algérie », c'est refuser de voir que le FLN est en Algérie l'agent d'un matérialisme athée. Cela signifie que non seulement le christianisme sera chassé d'Afrique blanche mais que l'on désislamisera, après quelques mois de transition, afin de détruire toute vie spirituelle. L'estimable, le respectable FLN assassine les imams et les muphtis, joignant à son activité habituelle du meurtre, celle de la profanation de la prière. Un prêtre chrétien pourrait, d'aventure, prendre position sur ces questions spirituelles.

Amour de Dieu ou haine des hommes ?

Il est certain que vous estimez l'évocation du péril marxiste bien irritante. Vous n'aimez pas que l'on réduise « l'affrontement chrétien avec le matérialisme moderne à la croisade anticommuniste » et vous avez là toute raison. Il reste que, dans l'immédiat, les Soviétiques et leurs amis présentent la forme la plus dangereuse du matérialisme. Dans cette ville de perdition qu'est Paris un chrétien peut mener une sainte vie et recevoir le secours spirituel des prêtres. A Moscou, un ressortissant soviétique ne peut pratiquer le christianisme avec liberté ; pas plus qu'il ne peut vivre pieusement son judaïsme à Kharkov ; pas davantage il ne peut adorer Dieu à Tachkent s'il est musulman.

Cette évocation vous fera sourire : vous connaissez ces faits ; vous en savez même davantage. Cela ne change rien à vos positions. Sans doute souhaitez-vous le martyre pour votre patrie et pour vos frères. C'est, indubitablement, pour les inviter à la sanctification la plus parfaite. Fort bien, mais alors on voudrait être plus assuré qu'il s'agit de l'amour de Dieu et non de la haine des pécheurs.[27]

Au demeurant, le souhait du martyre et sa préparation psychologique et matérielle prennent une certaine valeur quand on appelle le martyre pour soi-même et non pour la collectivité. D'ailleurs une fois cette restriction faite, il n'est pas mauvais de se rappeler le commandement cité par Notre-Seigneur : « Tu ne tenteras point le Seigneur ton Dieu… »

Hélas ! Mon Révérend Père, vous invoquez noblement un « parti pris évangélique » mais c'est pour dévoiler neuf lignes après votre haine de l' « intégrisme religieux » d'où vient tout le mal. Pour notre part, nous ne voyons pas très bien ce que des syndicalistes francs-maçons, des Français de religion israélite et des Français musulmans pourraient trouver de passionnant dans les thèses de l' « intégrisme ». Il reste que ces trois catégories de Français, sans compter quelques autres, apportent en Algérie une contribution efficace à l'OAS. Cela prouverait en somme que l'explication par

---

[27] Dans une colonne contiguë à l'article du père Liégé, un rédacteur anonyme déclare : « Pour la première fois, à notre connaissance, un communiqué épiscopal mentionne nommément le plastic et ne condamne pas seulement la violence en général. Il y a certes la restriction (sic) « quelles qu'en soient l'origine et la destination », mais les explosions de plastic anti-oas, tout aussi condamnables dans leur principe, ont été jusqu'à ce jour infiniment plus rares que celles en provenance de l'OAS. »
On voit par là que la haine, sentiment mondain, fait condamner la violence d'après son origine.

l'intégrisme n'explique rien. Mais l'amalgame par haine politique – et donc mondaine – expliquerait peut-être davantage.

La force de condamner toutes les violences

Voyez-vous, mon Révérend Père, vous ne dites pas avec une clarté immédiate que vous recherchez, mondainement, la défaite de vos adversaires politiques. Mais vous n'arrivez pas non plus à le dérober à une lecture attentive.

Dans l'ordre moral, la position odieuse d'une communiste, Mme Michèle Mestre[28] a plus de valeur que la vôtre. Elle écrit : « La guerre civile n'est pas une catastrophe en soi. Elle ne le devient que si les forces du fascisme, de la réaction sous toutes ses formes, l'emportent. » Votre condamnation casuistique de la violence et vos attendus montrent que vous pensez comme elle sans oser l'exprimer.

Royalistes, nous avons toujours pensé que la guerre civile est une catastrophe en soi. Et nous avons tiré les conséquences de cette affirmation même au prix de l'efficacité

Pour conclure ces observations que le malheur des temps nous conduit à vous présenter, nous prions Dieu, mon Révérend Père, qu'Il vous donne la force morale de condamner toutes les violences comme vous Le prierez peut-être de nous pardonner la recherche de tous les éléments d'une scandaleuse vérité.

--

---

[28] Cf. *Le Communiste*, mensuel de la tendance révolutionnaire du PCF, numéro de février 1962.

SOLDATS ABANDONNÉS

7 mars 1962

De nombreux Français se sont compromis au service de la France, leur pays. Ils ont prit parti pour elle de manière éclatante. Et ces Français sont de religion musulmane. Il demeure certain que tout gouvernement qui consentirait à une capitulation politique en Algérie porterait la lourde responsabilité physique et morale de leur abandon. Il est difficile d'affirmer qu'une telle éventualité reste impossible. Le *Monde* lui-même rappelle le sinistre précédent de la IVème République, quand les Vietnamiens nos alliés furent « laissés à la merci des représailles et leurs familles condamnées à la misère.[29]

Dans le cas présent, le malheur serait infiniment plus grave : depuis la guerre de Cent ans, ce serait la première fois qu'un aussi grand nombre de Français serait livré à la discrétion de l'ennemi par décision d'un gouvernement national. L'inquiétude des troupes françaises musulmanes devant les rumeurs de reddition inconditionnelle, le sens exigeant de l'honneur chez les cadres de l'armée, ont poussé le ministère des Armées à publier une liste de « garanties ».

Avant tout examen de ce projet, il convient de remarquer deux dispositions particulièrement inacceptables. Ainsi, les g.m.s. (troupes mobiles de sécurité), au nombre de 15.000 environ, sont en quelque sorte forcés d'intégrer la fameuse « force locale ». S'ils veulent se retirer, ils le peuvent, mais sans obtenir « d'avantages exceptionnels ».

En outre – et c'est extrêmement grave – sous prétexte que les membres des auto-défenses sont des civils, il ne sera rien fait pour eux ni pour leurs familles. Ils sont pourtant au nombre de soixante mille et représentent un large élément de la population d'Algérie. Ils seraient des plus exposés dans le cas d'un retour dans les villages des assassins

---

[29] Numéro daté du 24 février 1962.

« politiquement » victorieux. Cela signifie que le ministère des Armées considère de sang-froid, en parfaite connaissance de cause, le malheur des soixante mille familles de Français musulmans, le meurtre de soixante mille chefs de famille français.

Pour l'ensemble du document émis par les services de la rue Saint-Dominique, on peut y distinguer deux parties. La première, longue, démesurée, prévoit avec force détails toutes sortes de dispositions réglementaires en ce qui concerne les militaires de carrière, les appelés, les harkis, les moghaznis. Ces prévisions occupent cinq des six chapitres du texte. Elles ont le luxe de minutie et de précision qui est le propre du droit français et de l'administration militaire. Mais il est bien évident que ce règlement n'a de valeur que dans « la tranquillité de l'ordre » et sur territoire exclusivement français. Le sujet qui importe vraiment tient une place dérisoire dans la sixième partie. Il s'agit du personnel militaire qui, une fois libéré de son contrat, souhaiterait s'établir en métropole. C'est là, en effet, que nous retrouvons l'essentiel, savoir le problème de souveraineté. Car on comprend bien que si tous les personnels militaires français musulmans n'ont pas la possibilité matérielle et légale de s'installer en métropole sur leur demande, alors tout le beau système réglementaire en cinq chapitres s'effondre. Or, justement, ce sera l'essentiel qui sera défini à la manière la plus vague. Jugeons-en : « Une commission interministérielle a été créée à cette fin. » On ne sait que trop ce que signifie pareille littérature surtout quand elle se complète par une suite d'intentions pieuses : « L'aboutissement rapide de ses travaux » permettra évidemment au gouvernement dans l'imprécision totale, « de prendre les décisions nécessaires » qui auront la vigueur que l'on sait.

Le plus scandaleux, ou le plus odieux – selon que l'on estime les actes eux-mêmes ou les intentions qui les engendrent – reste pour la fin. Parlant de ces Français courageux et patriotes, on souhaite orienter leur destin « aussi bien que possible ». On avoue aussi, par la même occasion, qu'il s'ait d'un « bien » aussi problématique, aussi incertain que possible dans une entreprise humaine. Quand on a vendu le sang français et son propre honneur, il n'est pas facile de « dédommager ». Ceux que Bernanos appelait les « petits malins réalistes » vont éprouver plus vite qu'ils ne le voudront que l'abandon de la souveraineté française crée plus de difficulté que son existence n'en suscita.

LES ACCORDS D'ÉVIAN :
UN MONSTRE MORT-NÉ

25 avril 1962

Les accords d'Evian comptent à peine un mois d'âge. On peut déjà les représenter comme un monstre mort-né. Non seulement ces accords renfermaient des dispositions criminelles et imprudentes, mais aussi les moyens employés – par leur grossièreté ou leur insuffisance – les rendaient inviables dès le départ. L'événement montre que le « cessez-le-feu » n'est respecté ni en province d'Algérie, ni à Paris, ni dans le reste de la métropole, ni dans les faits et gestes de la bande du FLN installée à l'étranger

Il faut vraiment que le FLN ait manqué de manière par trop évidente à ces accords pour que l'un de ses amis les plus constants, M. Serge Bromberger, le fasse remarquer dans le *Figaro*. [30] Il va même jusqu'à avouer « que l'on se trouve en pratique dans la position inverse de celle prévue par les accords d'Evian. » En effet, l'a.l.n., d'après l'article 3 des accords, se stabiliserait « à l'intérieur des régions correspondant » à son « implantation actuelle », tandis que l'armée française pourrait circuler et assurer l'ordre en dernier ressort. En fait, par une suite de mesures administratives incohérentes, l'armée a vu à la fois ses effectifs fondre et ses missions de police augmenter. D'autre part, M. Bromberger constate sur tout le territoire des empiètements

---

[30] Numéro du 18 avril 1962.

de l'a.l.n., au point de déclarer avec naïveté que l'on jugera de la bonne foi du FLN « par l'autorité avec laquelle la commission FLN saura faire réintégrer à l'a.l.n. ses zones du 19 mars ». Au sens strict du terme, le cessez-le-feu n'a pas été suivi si l'on compte les engagements importants qui ont eu lieu depuis le 19 mars 1962 entre forces de l'ordre et bandes de l'a.l.n., entre ces mêmes bandes et la population civile musulmane.

Dans les accords de cessez-le-feu, il n'y a aucune disposition qui l'étende au territoire de la métropole. C'est là une lacune très grave si l'on en juge par le nombre de Français musulmans assassinés depuis la mise en vigueur du prétendu cessez-le-feu. Des affaires comme celles « du mitraillage de Lyon ou de Longlaville en Meurthe-et-Moselle auraient dû être exclues explicitement si les négociateurs qui nous représentaient avaient en vue la paix et non la défaite politique de la France.

Le fonctionnement de la wilaya de Paris nous renseigne de façon utile sur les graves offenses à la souveraineté de l'Etat que sont les actes du FLN accomplis après le cessez-le-feu.

Ainsi, dans les quartiers de la capitale fortement peuplés de Français musulmans, le FLN fait circuler des patrouilles à partir de vingt-deux heures. La « reprise en main » d'une population excédée s'est faite avec violence. L'interdiction de l'alcool a été remise en vigueur. D'autre part, les collectes de fonds continuent de plus belle malgré les protestations des victimes qui trouvent qu'il n'y a plus à payer « maintenant que la guerre est finie. » Ceux qui refusaient de payer en avançant cette argumentation, des Kabyles en particulier, ont été soumis à des tabassages en règle. Les responsables de quartier sont également chargés d'établir un recensement à jour de la population. Chaque personne figure sur un dossier et chaque fois qu'un étranger passe dans le quartier et s'arrête dans un café maure, le patron du café le fait descendre dans la cave pour l'interroger.[31]

Evoquons encore un point surprenant dans la chronique de la wilaya de Paris : des tenanciers d'hôtel et des commerçants musulmans notoirement connus pour leur collaboration avec le FLN sont venus tout récemment demander la protection du commissaire de police de leur quartier. Ils avaient en effet reçu un tract signé du FLN qui leur enjoignait de quitter Paris et de se rendre en Algérie.

Le défaut d'application de ces accords peut avoir, on l'a vu, des aspects grotesques. Il a également des conséquences douloureuses et sinistres. Après s'être engagé à libérer les prisonniers français (article II des accords) dans les vingt jours à partir du cessez-le-feu, le FLN qui n'a libéré personne, a été l'objet d'une véritable mise en demeure de la part de la Croix Rouge internationale.

En dernier lieu – et ce n'est pas le moins important – il convient d'observer le bellicisme frénétique de l'organisation extérieure installée à Tunis et à Rabat. La déclaration de guerre que M. Ben Bella a proférée contre Israël, si elle ne surprend par un « partisan de la paix » a de quoi surprendre les honnêtes gens. Les propos génocides de M. Maamoudi qui entend « dépeupler » l'Algérie de sa population européenne renseignent une large part de l'opinion mystifiée par le FLN. Le même personnage – qui est Tunisien et sans doute orfèvre – déclare également : « Les hommes du crime sont de faux frères qui n'offrent plus que la honte et la défaite pour perspective », sans se douter qu'il désigne par là avec prévision les membres de l'exécutif provisoire…

Il ne saurait être question dans ce développement de tous les Musulmans et tous les Européens qui n'ont pas été représentés à la signature de ce cessez-le-feu et qui ne peuvent donc en aucun cas être engagés par lui. Ils poursuivent leur résistance contre le FLN. Ils le

---

[31] M. François Mauriac devrait demander des renseignements à ses amis du FLN sur les conditions matérielles de ces interrogatoires.

tiennent pour ce qu'il est : une conspiration haineuse qui s'efforce d'installer une dictature raciste sur le continent africain.

--

LE PHARISIEN ET LES
ENFANTS TRISTES

25 avril 1962

M. Morvan Lebesque a la conscience tranquille. Il a fermement combattu – par la plume – en faveur du FLN et maintenant que les gens qu'il a installés dans le malheur souffrent mais résistent courageusement, il ne voudrait pas être éclaboussé par cette souffrance. Son « Pitié pour les Pieds-Blancs » revient à dire : « Pitié pour les milliardaires » devant des gens sans fortune, ou « Pitié pour les bien-portants » devant des malades. C'est manier le paradoxe de manière sinistre. Les pieds noirs, M. Lebesque, comme le fils d'Harpagon dans l'*Avare*, « n'ont que faire de vos dons », de votre « pitié » dont ils se moquent : ils réclament simplement la justice.

Pour notre part, nous n'avons jamais séparé dans notre attention et dans notre affection, nos frères musulmans et nos frères européens d'Afrique. Nous avons mis l'accent jusqu'ici sur les musulmans avant tout, car ils étaient plus directement menacés et par toutes sortes de pieds. Parlons des pieds noirs aujourd'hui.

C'est une circonstance bien pénible – n'est-ce pas M. Lebesque – que de savoir son frère ou sa mère dans une ville à feu et à sang. Mais c'est infiniment plus pénible de constater qu'il s'agit d'une ville française assiégée par des troupes françaises. Vous avez bonne conscience, Morvan Lebesque ? Venez voir ces tout jeunes gens qui parlent de leur pays, venez apprécier leur gravité, leur isolement parisien, leur angoisse. Ah ! Vous êtes prêt à leur témoigner votre pitié impure. Non. Vous êtes disqualifié pour pareille entreprise. D'ailleurs, ils résistent. Ils sont hommes avant l'âge.

Ils ont parfois quelque mélancolie. La semaine dernière, un jeune Oranais à qui l'on demandait sa classe d'appel, répondit : « Oh, vous savez… d'après les « accords », il n'y a plus de service pour nous. Nous ne savons plus très bien ce que nous sommes. »

Eh oui, honorable M. Lebesque, comme l'a dit de façon poignante Mme Albert Camus, vous ne semblez pas vous rendre compte de ce que c'est que de savoir que votre sol natal, votre terre natale « va cesser d'être terre française. » Le malheur des autres, c'est chose tellement abstraite quand on ne demande que son propre bonheur dans « l'efficacité », le « rendement » et que l'on peut dormir avec tranquillité.

--

LES HUMILIATIONS ET LES RANCUNES
DE BEN BELLA

2 juin 1962

Les déclarations faites par Ben Bella au Caire, son projet d'envoi de cent mille musulmans d'Algérie pour guerroyer contre Israël n'ont pas été fondamentalement répudiées par le g.p.r.a. C'est leur caractère prématuré que la direction collégiale a jugé inadmissible. Le FLN estime qu'il faut d'abord occuper les départements d'Algérie. Ensuite, c'est à loisir que l'on attaquera Israël.

Pour avoir sauté une position intermédiaire, Ben Bella s'est fait rabrouer d'importance. Il a dû démentir lui-même ses beaux discours enflammés. En définitive, il s'est vu traiter comme un petit garçon. Ceux qui lui ont infligé cette humiliation cuisante peuvent se tenir sur leurs gardes : au premier tournant, sa vengeance se fera, à la mesure de l'offense subie. Et dans l'intervalle, ses collègues rivaux ne pourront se débarrasser de lui aisément à cause du prestige qui est le sien parmi les troupes de l'a.l.n.

Il est bon de savoir que si Ben Bella n'est pas rompu à l'hypocrisie et à l'opportunisme, s'il a perdu son temps en prison au lieu d'y compléter ses études, il reste que son passé et ses actes font de lui un des premiers personnages de la rébellion.

On se souvient que Ben Bella, après son évasion de la prison de Blida, le 16 mars 1952, avait pu rejoindre le Caire. Quelques mois plus tard, l'entrée en scène des officiers du « Conseil de la Révolution » lui donnait sa chance : Abdel Nasser en personne le choisissait pour mettre l'Algérie à feu et à sang.

Dès lors, il garda en permanence – et même en prison – le contact avec les services spéciaux nassériens. Avec huit autres qui furent : Aït Ahmed, Bitat, Boudiaf, Ben Boulaïd, Khider, Krim Belkacem et ben M'Hidi, il a formé le club des neuf « historiques ». Et cet « historique » est sincère quand il se mêle de pratiquer le racisme pseudo-arabe. Il l'est beaucoup moins quand il s'efforce de définir l'arabisme comme une culture : à ce moment-là, peu de choses le sépareraient de partisans de l'Algérie française qui rêvent d'une ouverture aux lettres arabes pour une France indivise.

Hélas ! Il n'est que trop facile de montrer le racisme qui guide les honnêtes gens du FLN. Notons d'abord que dans les grossières tentatives osées pour amadouer des victimes peu enthousiastes, l'ineffable M. Farès a parlé d' « Européens et d'Israélites » ; cette formule marquant une séparation qui n'existe pas dans la réalité. M. Farès a bien appris sa leçon puisque ces catégories se retrouvent sans changement parmi les chefs du FLN à Tunis.

Nulle part mieux qu'à Constantine nous ne pourrons apprécier le fossé qui sépare les déclarations lénifiantes prononcées par le FLN de leur pratique exactement raciste. Ainsi, la communauté israélite de la ville qui, il y a quelques mois encore, comptait trente mille personnes, « est réduite maintenant à cinq cents optimistes qui essaient de vendre leurs biens pour une bouchée de pain avant de s'expatrier. »[32]

Juste avant les accords d'Evian, les terroristes du FLN tuaient quatre juifs par jour. Quant aux autres, on leur disait : « Partez ! et laissez tous vos biens derrière vous ! » On sait même que « les Arabes, dans leur impatience de s'emparer des biens des juifs, se sont déjà installés dans des logements qui seront évacués et qui, pour l'instant, sont encore occupés par des juifs, particulièrement têtus. »

Aussi bien, les tracts qui conseillent aux juifs de rester dans l'Algérie « nouvelle », sont-ils d'une dérision infinie, qu'ils viennent du FLN lui-même ou de ses deux interprètes français : MM. Farès et Fouchet.

Ces derniers temps, les officiels parlent d'autant plus facilement « d'irréversibilité » qu'ils sont moins assurés de l'exactitude de leur propos. Ben Bella a eu l'immense mérite de réveiller des vigilances de manière irréversible. Nous avons à quoi nous en tenir exactement en ce qui concerne le racisme pseudo-arabe. L'exemple de Constantine est probant : tout Français qui installe l'occupant FLN dans un village, une ville ou un département d'Algérie perd irrémédiablement son honneur : il se fait le complice effectif des pogroms à venir et de l'expulsion de tous les Français non-FLN, c'est-à-dire de la majorité de la population de l'Algérie. Il est même en danger de perdre son âme.

Dans le cas contraire, s'il s'oppose aux capitulations, il sert glorieusement la liberté des hommes, même si M. Yazid réclame qu'on le persécute en « excluant tout sentimentalisme ou légalisme dépassé. »

--

LE VOTE DES FRANÇAIS MUSULMANS

---

[32] Voir *L'Observateur du Moyen-Orient*, du 30 mai 1962.

EN MÉTROPOLE

4 juillet 1962

Sans parler de la nullité juridique du référendum, il est intéressant de noter un certain nombre de faits qui achèvent de donner à cette opération son caractère de parodie, de grossière et de pénible mascarade.

Dans l'un de ces « bureaux de vote » improvisés (en réalité les cafés et simplement les hôtels ont remplacé les écoles et les mairies) on a pu voir proposer aux électeurs la petite enveloppe bleue déjà remplie d'un bulletin « oui » est déjà placée dans l'enveloppe beige destinée à la Commission de contrôle (sic).

Des cadres F.L.N. ont réalisé de curieuses prouesses dans quelques mairies de la région parisienne. Sous la contrainte, une employée de mairie du troisième arrondissement a remis à un responsable F.L.N. un demi-kilo de fiche d'état civil en blanc, déjà marquées des tampons nécessaires. Cela aura permis, d'aventure, ne fait même voter les morts.

La « Fédération de France » du F.L.N. a donné des directives écrites à ses cadres : il s'agissait de s'inscrire le premier samedi et de voter selon les consignes le samedi suivant. La « Fédération » a laissé la plus grande initiative aux responsables locaux qui devaient obtenir le vote en utilisant différents moyens. Ainsi, dans un hôtel on n'a distribué que les bulletins « oui ». Ailleurs, on a distribué les bulletins oui et non avec la consigne impérative de rapporter la totalité des bulletins « non ». En somme, le seul point commun ce fut une absence totale des conditions ordinaires d'un vote libre.

La signification réelle du « oui » et du « non » n'a pas été facilement expliquée aux militants. Huit jours avant le « référendum », un chef de Kasma était convaincu qu'il fallait voter « non », car il s'agissait de dire « non » à la France. Les masses du F.L.N. en étaient restées au référendum de septembre 1958 et les chefs ont eu beaucoup de mal à faire voter « oui ».

Une remarque enfin sur la forme du texte : la traduction en arabe de la question posée est littérale sauf pour un mot : « définies » traduit par l'arabe *mousquarara* qui signifie exactement « décidées », ce qui souligne le caractère prédéterminé de cette pseudo-consultation.

--

La vérité d'Assia Djebar

4 juillet 1962

Mlle Assia Djebar, normalienne, gratifie le public des liseurs de romans d'un long pensum appliqué, construit selon les règles de l'école sartrienne. Il est même frappant de noter la similitude de plan, de ton et de rythme qui existe entre ses *Enfants du nouveau monde*[33] et le *Sang des autres* de Simon de Beauvoir. A ceci près qu'il y a plus de finesse et de sincère féminité chez Mlle Djebar que chez l'égérie existentialiste. Tout son livre peut d'ailleurs être envisagé comme un combat poignant entre l'expression d'un conformisme qui étouffe – et qui se manifeste dans les idées et dans le type littéraire choisi – avec la vérité d'une nature et d'une âme. Mais par moments, Mlle Djebar se libère du corset des *Idées reçues* et des recettes des pédants à la mode : elle dévoile à nos yeux émerveillés cette réussite de la civilisation et de l'histoire : une Française musulmane.

Faisons d'abord la part du conformisme qui nous vaut une misérable image d'Epinal : celle d'un jeune soldat européen qui tient sous la menace de son arme un vieillard musulman prostré. Qu'il y ait eu des imbéciles parmi les garçons du contingent, c'est exact. Mais combien plus souvent des vocations altruistes qui se déclarèrent ! Les infirmiers et les instituteurs à trente francs anciens par jour, vous

---

[33] Aux éditions Julliard

connaissez ? Et combien plus d'abus et d'exactions dans les rangs de l'a.l.n. même si l'on ne voit dans le meurtre rituel qu'un élément de couleur locale…

Malgré les idées fausses – et nous reviendrons sur la notion et la réalité de la patrie – Mlle Djebar parvient à restituer dans certaines pages la douceur et la dimension biblique de la terre algérienne. Les portraits des femmes qu'elle met en scène, Chérifa, Lila, Salima, Amna, sont pleins de justesse, et la jeune Touma n'est pas la moins émouvante. Elle trouve une formule remarquable pour désigner les chants arabes : « les postes de radio hurleront le délire, les sanglots d'Orient qui transpercent l'âme perdue et son vide où s'effilochent des rêves immobiles. » Ne quittons pas aussitôt le café maure puisqu'il nous prouve que Mlle Djebar, sensible au pittoresque et au comique, ne dédaigne ni le sourire ni le rire :

« … Les frères Chicou ! » annonce l'un. – « Nos ivrognes attitrés », continue avec ironie un autre, et chacun de surveiller les premiers indices de leur noble fureur. « Ce ne sont pas des frères, mais des beaux-frères » explique un voisin à quelque étranger qui s'étonne de ce rite. « « Chaque soir, ils se disputent ainsi en public, puis ils se battent, jusqu'à s'épuiser l'un l'autre et il faut alors les transporter dans l'arrière-salle ; quand ils se relèvent, ils s'étreignent, s'embrassent et rentrent, la nuit, chez eux, encore enlacés et se jurant amitié. » L'étranger hausse les épaules : « des pauvre types, comme tant d'autres ! » « Mais non, proteste l'interlocuteur, ce sont nos poètes ! » et, peut-être, en effet, est-ce la seule beauté qu'il connaisse, celle de l'ivresse folle. »

On a vu plus haut combien le carcan existentialiste était artificiel. Il y a plus, l'auteur fait prononcer à l'un de ses personnages un mot que Maurras n'aurait pas renié : « les miens (…) ce sont toutes ces racines », dit Lila.

Il faudrait de l'hypocrisie – ou de la virtuosité – pour parler aujourd'hui de ce livre en faisant abstraction de toutes données politiques. D'ailleurs, Mlle Djebar donne une si belle définition de la patrie : « Le jeune Youssef découvrait ainsi qu'une patrie, ce n'est pas une terre commune, ni même seulement une misère partagée, mais du sang versé ensemble et dans le même jour, les mêmes chants interrompus. » Il semble que ce soit là la définition même de l'Algérie française : « le sang versé ensemble » glorieusement dans la guerre de Crimée, la guerre de 1870, la guerre de 1914, Verdun, Cassino ; et la guerre d'Algérie a été une guerre civile sadiquement entretenue par l'étranger. Quand vous trahissez la France, Mlle Dejbar, vous trahissez l'Algérie, ses vieillards et ses petits enfants ; vous trahissez l'Emir Abd-el-Kader.

--

LES GARDIENS DE NOTRE HONNEUR
18 juillet 1962

Il est triste de voir *Le Monde* qui ne se donne pas pour un journal léger, et qui apparaît rarement comme tel, se permettre un badinage avilissant. Quand M. Legris y parle « d'intégration à rebours », à propos des harkis et des mokhaznis du Larzac, il ne sait vraiment pas de quoi il traite. L'intégration au Larzac ou en Afrique est une même entreprise. L' « à rebours », c'était l'élément postiche ajouté pour marquer une ironie dérisoire et protectrice. Cette intégration, toutes les mesures prises pour procurer de l'aide à nos compatriotes musulmans, elles ne sont et ne peuvent être les bonnes grâces d'un Etat condescendant.

Elles permettent seulement d'acquitter une part infime de la dette d'honneur, de la dette imprescriptible qui engage la nation toute entière, les Français d'Europe et leurs descendants. Si M. Legris est Français, cette dette engage M. Legris. Cette dette a été contractée envers les nationalistes français musulmans qui n'ont pas pris le parti de Ponce-Pilate, mais qui se sont battus pour leur pays.

Deux ministres se sont récemment offusqués des initiatives privées d'entraide. On a parlé d'un plan militaire qui aurait, paraît-il, prévu le refuge pour tous. Or des dizaines de milliers de Français musulmans sont en Algérie française captive. Et si M. Joxe craint à la tribune de l'Assemblée qu'on ne lui fasse un procès d'intention, il faut avouer que ces intentions nous sont indifférentes. Nous ne nous abaisserons pas pour contempler de tels pavés.

Nous ne considérons ici que les actes et les faits. Premier fait, et c'est M. Legris qui le rapporte : « Quelques valises, quelques caisses (tout ce que les réfugiés ont pu emporter de leurs biens). » On constate ici que les réfugiés ont dû abandonner une part de leurs biens. Pourquoi ? Deuxième fait : « A l'infirmerie les médicaments sont encore rares. » [34] Troisième fait, et nous l'avons constaté directement dans la première semaine de juillet : dans le camp militaire de Sissonne, il y a une centaine d'enfants en bas âge et il n'y a pas de médecin pour eux. Il y a pis, dans un navire militaire, et ce sera notre quatrième fait, le 29 juin dernier, des bébés musulmans sont morts parce que l'entassement sur les ponts était excessif, parce que le personnel d'encadrement militaire était débordé, parce que ces familles qui prenaient la mer pour la première fois, n'avaient pas été conseillées.

Alors, comme M. Joxe n'est pas Charles Bovary nous savons que ces malheurs ne sont pas la faute de la fatalité. Nous savons aussi, en reprenant le mystère de Péguy à propos de ces petits enfants, que « la terre ne les prit point, ne les eut point. » Et que, sur une rive de la Méditerranée et sur l'autre « une ruée de brutes passa, des espèces de gendarmes, des ogres comme dans les contes de fées, des croquemitaines pour les enfants. » Cinquième fait : le gouvernement a

---

[34] Voir *Le Monde* daté du 10 juillet 1962

recommandé, l'armée française a permis, que ces soldats courageux fussent humiliés. On les a désarmés. On les a laissés côtoyer pendant des semaines des membres du f.l.n. armés, des djounouds de la dernière heure armés. C'est là une souillure pour la France entière et qui ne s'effacera pas de sitôt.

On voit clairement comment les harkis, les mokhaznis, les g.m.s., les autodéfense, les civils français musulmans ont sur nous une créance morale infinie. Nous ne garderons notre honneur que si nous leur ménageons une vie pleinement digne dans ce qui reste de France. Ce sont, encore une fois, les gardiens de l'honneur français et chaque Français est appelé à honorer la parole de la France donnée une fois et à jamais. C'est dans l'exacte mesure où les Français d'Europe apportent leur aide fraternelle [35] que la France continue d'exister.

--

ARRIERE-PENSÉES, MÉCOMPTES
ET REMORD DU CLUB JEAN MOULIN
15 août 1962

Quand la France existait, au temps jadis, ceux qui la trahissaient étaient poursuivis et châtiés. Aujourd'hui, nous avons changé tout cela. Les traîtres sont admis, fêtés, glorifiés. Il faut pourtant reconnaître sur ce point que leur morale reste très exigeante. Car ils éprouvent le besoin de s'expliquer, de se justifier, de plaider longuement. Ils composent même des « dossiers ». Ils illustrent la maxime du moraliste qui découvrit que la vertu reçoit des hommages surprenants. Pour se donner du cœur à l'ouvrage, les membres d'une

---

[35] Secrétariat d'Etat aux Rapatriés, camp du Larzac, par La Cavalerie (Aveyron)
Camp militaire de Sissonne (Aisne)
Association des Anciens des Affaires Algériennes, 33 rue Paul Valéry. Paris
Camp de Port-Vendres.

association pour l'apologie de la défaite, de l'abandon criminel, de la forfaiture, de l'intelligence exclusive avec l'ennemi, se sont couverts du nom d'un patriote et d'un résistant. On attendait un cercle Ganelon, un club Cauchon, une association Jean Hérold Paquis et l'on trouve, émerveillé, un « club Jean Moulin » pour patronner cette curieuse plaidoirie intitulée : « *Deux pièces du dossier Algérie* »[36].

Dans la première « pièce » du « dossier », le « club Jean Moulin » vante une « politique de rapatriement ». L'exposé des motifs montre par moments une mauvaise foi impavide qui refuse de tenir compte de l'épreuve des faits. On nous dit que les chiffres utilisés pour le dossier étaient probables en mai 1962. On admet « que l'évolution brutale de la situation a bousculé certaines de ces évaluations. »

Le même texte parle avec sérénité de « l'heureuse mutation provoquée par les accords d'Évian. » Ce qui gêne dans ce postulat, ce n'est pas tant de le voir indémontrable que de constater que l'assertion inverse vient d'être démontrée.

En outre, pour la commodité du discours, on assimile les « musulmans » au FLN, confusion grossière que l'on croyait réservée À l'anticolonialiste de la base au boulevard Saint-Michel.

C'est trois éléments n'étonneront pas le connaisseur qui s'ébahira pourtant de la part faite à des vérités fondamentales mais inopportunes. Ce ne sont pas des résistants, mais bien le « club Jean Moulin » qui déclare que « la guerre se termine donc par une injustice. » Ce tribut payé au vrai a probablement pour cause un souci de conservation de soi. Car il faut éviter que les rapatriés forment « le parti de la rancune et de la revanche ». Qu'ils parviennent à se faire rendre justice. C'est avec stupéfaction qu'on peut lire ensuite : « l'économie algérienne est beaucoup plus dépendante de l'économie

---

[36] Aux Editions du Seuil.

française que celle du Maroc ou de la Tunisie » et « nulle part la politique d'assimilation n'a été poussée aussi loin. » Ce double constat ruine en effet un raisonnement imbécile très souvent entendu à gauche : il faut que l'Algérie soit « indépendante » puisque Maroc et Tunisie le sont.

C'est aussi avec ahurissement que l'on apprend par le « club Jean Moulin » que les thèses des nationalistes français sont fondées : selon lui, « nation de moyenne importance », la France » conserve à l'égard de l'Afrique les responsabilités d'une grande puissance. »

Si l'on en revient au cas des « rapatriés » eux-mêmes, trois aspects de la question sont longuement considérés.

Le problème des biens européens est traité curieusement. Pour leur évaluation, « on a parlé de 10 000 milliards, soit près de 35 % du revenu national français annuel... Quelle prétention ! « ... Ces chiffres, très exagérés, peuvent être réduit au moins de moitié. » En dehors de toute considération comptable, il faut bien reconnaître dans cette légèreté à propos du bien des autres quelque chose de simplement merveilleux. Mais le principe de l'indemnisation est deux fois dangereux. Il procure d'abord aux réfugiés une indépendance économique vis-à-vis de l'État. Il matérialise de plus la responsabilité de l'État dans la politique de capitulation sans conditions. Or, dans l'optique du club Jean Moulin, commettre un crime n'est pas grave ; ce qui est redoutable c'est que l'opinion soit consciente de ce crime. Il n'est pas niable cependant que la guerre a été menée contre les Français d'Algérie (européens et musulmans) d'une manière totale – réunissant l'ensemble des moyens policiers, militaires, économiques et diplomatiques – ce qui n'a jamais été tenté contre le FLN. A moins de solliciter la loi du talion, il convient d'indemniser les victimes. De même que l'Allemagne dénazifiée verse une indemnité à Israël, l'État a contracté une dette qu'il se doit de payer quel que soit le gouvernement en place.

Le nombre probable des réfugiés constitue le deuxième point envisagé. Les auteurs reconnaissent honnêtement qu'il n'est pas possible d'en donner une prévision exacte, que rien n'est prêt pour accueillir cent mille personnes en quelques semaines et que « dans l'anarchie des abandons, la composition des groupes partants ne sauraient être prévue. »

Quoi qu'il en soit du nombre des réfugiés ou de leur indemnisation, ce qui hante les auteurs du « club Jean Moulin », c'est le contrôle policier de cette population. Les allusions sont discrètes, mais explicites. La première exige catégoriquement, sous prétexte d'organisation et de méthode : « Aucune aide, sous quelque forme que ce soit, ne devrait être accordée aux rapatriés non inscrits dans un centre d'accueil. Il serait également souhaitable que les services puissent suivre les rapatriés à partir de leur arrivée en France pour savoir où et comment ils se sont installés. » Cette exigence prend son entière signification quelques pages plus loin. On y demande avec insistance la constitution de comités d'accueil des rapatriés qui permettraient un « triple quadrillage professionnel, local et social (sic). » Cette opération , improprement nommée quadrillage, correspond à la mise en carte triangulaire de la population selon les procédés de Mao-tsé-Tung. Si l'un des auteurs du « dossier » a l'esprit de Talleyrand, il doit prier les autres « de ne pas le faire rire » chaque fois qu'il parle d'unité nationale.

La deuxième pièce du dossier Algérie rassemble de façon fort honnête ce qui prouve la solidarité économique entre la France et sa province séparée. Les conclusions présentent ce que l'extrême gauche antinationale, devenue raisonnable, prévoit en matière économique. Mais la voix du FLN nous ne l'avons pas entendue. Il faudrait qu'il y ait unité totale de vues entre l'extrême gauche et le FLN pour que cet exercice de ventriloquie soit tenu pour sérieux et représentatif. C'est pourquoi il est vain de l'examiner en détail.

Les auteurs du « dossier Algérie » reprennent en définitive les uns après les autres tous les arguments fondés qu'en Jean Brune, par exemple, avait produits au cours des ans dans la *Nation française* pour démontrer la qualité française d'une province. De l'aveu même des collaborateurs de l'ennemi, cette province est si française après la sécession que l'on se prend à douter du slogan de « l'irréversible ». Si fort qu'il n'y aurait plus qu'un moyen de rendre irréversiblement l'Algérie non française : pilonner le territoire provincial comme les populations au canon atomique et repeupler, à l'américaine, par des compagnons de Nasser formés à Prague et à Moscou, quelques s.s. arabisés en surface. Et si l'on souhaite un bon public docile et couché, on réunira les abonnés à *L'Express* du XVIème arrondissement qui applaudissent au carnage. A moins que les populations ne « bousculent » les auteurs du mensonge et ne les mettent par extraordinaire, en face de leurs responsabilités.

--

UNE NATION INTROUVABLE
12 septembre 1962

Il y a plus de deux mois que la souveraineté française sur les départements d'Algérie a été livrée au FLN. Pendant ce laps de temps « l'organisation », décidément très extérieure au pays qu'elle prétend diriger, a déçu tous les collabos de France, sans compter ceux qui, en Afrique, se nommaient eux-mêmes des « libéraux ». Il convient de lire les articles navrés et navrants de *Témoignage Chrétien* et de *France Observateur*. Tout ce joli monde voit que g.p.r.a., a.l.n., bureau politique et willayas ont perdu un temps précieux et qu'il sera très difficile de le rattraper. Ces gémissements des traîtres déçus méritent une analyse et une explication. Mais il importe de formuler dès à présent la morale de notre histoire. 70 jours après une parodie de référendum et la proclamation de « l'indépendance », il n'y a pas encore de gouvernement formé. C'est tout simplement que le g.p.r.a. –

essaie différentes émanations – ne représente pas les populations d'Algérie

Dans *Témoignage Chrétien*, on ose s'en prendre à Ben Bella non sans quelques détours. On y affirme que « la déception de ceux qui, comme nous, ont soutenu les Algériens dans leur lutte d'émancipation, n'a d'égal que l'amer écœurement du peuple d'Algérie. »[37] On découvre, sept ans après l'événement, que M. Ben Bella est un fauteur de guerre civile. On s'étonne qu'il ait donné l'ordre de tirer sur d'autres musulmans d'Algérie. Et dans la plus pure tradition du progressisme chrétien, qui témoigne des plus grands égards envers les criminels, on peut lire : « mais nous ne pouvons pas ne pas formuler les plus extrêmes réserves (sic) sur la décision prise par MM. Ben Bella et Khider d'avoir recours à la guerre civile. » Mais pourquoi ces réserves ? *Témoignage Chrétien* n'a-t-il pas soutenu la lutte de ces beaux aventuriers et préparé leur venue au pouvoir ?

Si *France Observateur* tient cette nouvelle crise pour « plus tragique, plus absurde, plus lourde de conséquences que celle de juillet », Claude Estier y présente les événements de façon plus rationnelle. La compréhension qu'il montre pour la défense des libertés kabyles plaira sans doute à la Fédération de France du FLN, mais entraînera peut-être l'interdiction de *France Observateur* à Oran, Tlemcen et toute la zone occupée par les benbellistes.

On voit comment l'histoire place la gauche française devant les résultats de ses mensonges accumulés, de la longue mystification dont elle a été victime après l'avoir échafaudée elle-même. Malgré tous les faux slogans répandus, l'Algérie n'existe pas en tant que nation uniforme et homogène. Elle ne peut se constituer à elle seule en Etat viable. Finalement, cette gauche aura moins soutenu une pseudo guerre de libération qu'elle n'aura su trouver, avec la peine et le sang

---

[37] Numéro du 7 septembre 1962.

des autres, le moyen de rabaisser la France et de lutter contre une part des Français qu'elle déteste.

Mais cette longue mauvaise foi de la gauche française et du gouvernement gaulliste n'a pas fait que tromper des imbéciles. Les plus fins se sont laissé leurrer, impressionnés qu'ils étaient par le concert unanime de la presse de gauche. Moscou même s'est abusé, la *Tribune des Nations*[38] en témoigne, qui reproche sévèrement à la France d'avoir « contribué à donner une fausse représentation de l'Algérie à tous les observateurs étrangers et, par conséquent, à toutes les puissances engagées, plus ou moins, dans des relations importantes avec le futur Etat algérien. »

Elle va plus loin en affirmant que « la France avait contribué à faire du g.p.r.a. le représentant qualifié de la souveraineté internationale algérien. » Les faits ont montré combien cette représentativité était illusoire. « Le monde entier », comme disait naguère un ectoplasme de ministre, le voit et le comprend aujourd'hui.

Le monde communiste qui voit la hâte indécente mise par les Etats-Unis à remplacer la France dans une partie de son territoire national, ne se sent plus aussi pressé de voir la France abandonner sa place. Il parle même « d'un dégagement impossible » par l'intermédiaire par l'intermédiaire de la *Tribune des Nations*.

Une crise économique terrible sévit dans toute l'Algérie. On compte 70% de chômeurs à Alger. Après les meurtres, après la honte, le sceptre de la famine fait son apparition dans le grand territoire disloqué. « Baraket » « y'en a assez ! » s'écrie la foule algéroise. Mais l'honnête Yacef Saadi, le noble Ben Bella, le génial Boumediene qu'ont-ils de commun avec les peuples d'Algérie ? « Baraket », le mensonge de la gauche a reçu le coup mortel que l'expérience lui a porté. Il n'en reste pas moins urgent et difficile de l'achever.

---

[38] Numéro du 24 août 1962.

LE BACHAGA BOUALAM :
FIDÉLITÉ A LA PATRIE

31 octobre 1962

Le Bachaga Boualam, Français couvert de gloire au service de sa Patrie, vient d'écrire dans un beau livre comment, plus que d'autres, il a chèrement acquis le droit d'être Français[39]. Il ne parle pas pour lui-même mais pour des dizaines de milliers de harkis et de militaires, pour des millions de civils français musulmans. Par sa naissance et par ses actes, la nature et l'histoire ont fait de lui leur porte-parole le plus qualifié. Il peut aussi légitimement parler au nom de l'armée française tout entière enchaînée et bâillonnée par des traîtres et des fous !

L'ancien vice-président de l'Assemblée Nationale a trouvé d'instinct l'éloquence la plus parfaite et la plus pure, celle qui vient du cœur. Les Français d'Europe à qui l'on a menti pendant des mois à une cadence obsessionnelle trouveront dans son livre un vibrant témoignage de vérité : ils y trouveront le scandale même de la vérité. Dès à présent, les valets de l'ennemi, les courtisans du pouvoir, les traîtres de tout bord peuvent trembler, la vérité ne les épargnera pas. Laissons parler cette voix :

« Je ne suis ni de droite, ni de gauche, ni d'aucun parti, mais je ne suis pas pour autant un homme seul car, venus de tous les horizons, des hommes me comprennent, me soutiennent, sont mes amis, ma force.

« Je ne suis pas un homme politique car ce n'est pas avoir fait de la politique que d'avoir demandé à rester français ;

« La France est mon pays, au même titre que vous, monsieur Dupont. Nous l'avons défendue ensemble, sous le même uniforme, dans les plis du même drapeau. Le sang des vôtres et des miens s'est

---

[39] *Mon pays, la France*, aux Editions *France Empire*.

mêlé pour défendre cette terre de France sur laquelle je ne suis pourtant pas né.

« Et vous m'avez abandonné, monsieur Dupont. Je ne suis pas un homme politique, je ne suis même pas un écrivain. Je suis un Français moyen. Je veux qu'on le sache. Pour le rester, français, j'ai tout abandonné en Algérie, les miens, mes terres, mes biens. Maintenant j'essaie de m'habituer au soleil de la Camargue, de m'habituer et d'oublier.

« C'est donc le témoignage d'un Français moyen que j'ai voulu présenter dans ces lignes. Le témoignage d'un Français humilié, trompé, bafoué, d'un père aussi qui a donné son fils à la France ainsi que dix-sept de ses proches parents. »

Plus loin, le Bachaga aborde avec une lucidité parfaite la signification profonde du drapeau français en Algérie. Il y voit « l'espoir que demain l'Occident, puisque la France officielle ne l'a pas voulu, reconnaisse , avant qu'il ne soit trop tard, *avant que le communisme n'ait jeté bas cette Croix et ce Croissant que nous avions su si bien réconcilier — je pèse mes mots — ce qu'avec la France nous avons fait, là-bas, ce que nous pouvions y faire encore… »*

Une affection profonde pour son pays et une noble fidélité n'empêche pas le Bachaga Boualam de voir et de nommer les lacunes de l'œuvre française dans nos départements d'Afrique. Il le dit : « Dans ces confidences aux Français j'entends me souvenir de tout, du pire comme du meilleur. » Et tout est présenté dans sa vraie lumière.

Après un tel désastre national, le Bachaga Boualam s'est posé une question que d'autres Français se sont également posés : « Peut-être aurais-je dû résister à l'armée qui a voulu protéger ma fonction et demeurer pour mourir avec eux ? » Et justifie son choix ainsi : « Il est des moments où il est plus difficile de vivre que de mourir. J'ai choisi de vivre car si le pays légal sait escamoter ses cadavres fidèles, il ne pourra jamais faire taire les morts vivants que nous sommes. »

C'est par la forte expression de « vaincus provisoires » que le Bachaga désigne notre condition actuelle. Mais il ajoute : « Nous sommes des vaincus qui avons raison, chaque jour davantage nous aurons raison, c'est là la force de notre défaite car, pas à pas, les mensonges qui ont fait le succès populaire d'une politique vont éclater l'un après l'autre... »

Il n'est pas possible d'oublier cette voix, ce barrage formidable élevé contre le mensonge. Même les ingrats et les imbéciles se taisent quand on entend cet accent de vérité.

« Mon pays, la France » se lit d'une traite, d'un seul souffle, l'intérêt ne faiblit pas un instant. Un heureux procédé typographique fait alterner deux compositions différentes qui contribuent à donner à ces mémoires du Bachaga l'aspect d'un poème, celui d'une *qacida* arabe, d'un *vocero* corse pour former une épopée grave que les Français entendront.

L'Algérie reste le ferment le plus actif de notre histoire actuelle. C'est même par elle et pour elle que des milliers de Français ont repris conscience de la vie de la nation, de son prix humain infini. Tant que la France durera, Bachaga Boualam vous ferez partie intégrante de son histoire, de son honneur militaire, de son honneur tout court ; c'est d'ailleurs parce qu'elle a eu et qu'elle aura des fils comme vous qu'elle garde, parmi les nations, des chances d'immortalité.

--

UN LIVRE DE RAISON SUR LA GUERRE D'ALGÉRIE

Novembre 1962

Publié par le « Cercle pour la défense des combattants d'Afrique française du Nord »[40], ce livre blanc constitue essentiellement un livre de raison. Il évoque la présence de Musulmans dans les armées françaises depuis le Général Bonaparte jusqu'au Général Challe ; il rappelle tous les éléments de la création de l'Algérie par les Français depuis la conquête de 1830 jusqu'aux étranges négociations d'Evian en 1962 ; il n'élude aucune question, situe la torture ordonnée aux militaires par le pouvoir civil afin d'empêcher définitivement les massacres de civils musulmans et européens perpétrés par les terroristes ; il rend hommage aux harkis, exalte leur gloire et leur martyre ; il flétrit le camp de la trahison sans oublier les « porteurs de valises » ;il donne la parole à l'adversaire ; il transcrit le bilan des pertes humaines chez les rebelles comme chez nos soldats ; il conclut avec justesse : « l'armée en 1962 avait gagné la bataille militaire, mais la France a perdu l'Algérie pour des raisons politiques. »

L'introduction s'interroge de façon méthodique et éclairante sur la qualification exacte de la guerre d'Algérie. S'agit-il d'une « guerre religieuse » ? Ou plutôt d'une « guerre civile » ? Ou encore d'un épisode de la « guerre est-ouest » au temps du monde bipolaire ?

Il est clair que la guerre d'Algérie n'a pas revêtu le caractère d'une guerre religieuse : les chefs des rebelles armés, qui ont donné à leurs hommes le surnom de « moudjahidine » (combattants de guerre sainte) ont commis une imposture. Les Français musulmans dans leur armée, l'Armée française, étaient infiniment plus nombreux que les rebelles ; leur armement n'était pas en carton. Le mensonge initial de la guerre prétendument religieuse donne depuis huit ans an un effet « boomerang » qui a l'horrible fécondité de la mort. Cette véritable « simonie » de départ entraîne les massacres ininterrompus commis

---

[40] Aux Editions de l'Harmattan, Paris, préface de Bernard Gillis.

par ceux que l'on appelle aujourd'hui les « islamistes », qui n'ont rien à voir avec l'Islam authentique. C'était la conviction de Ferhat Abbas quand il écrivait en 1931 : « … il n'y a rien dans notre <u>Livre Saint</u> qui puisse empêcher un Algérien musulman d'être « nationalement un Français, aux bras forts, à l'intelligence éveillée, au cœur loyal. », conscient de la solidarité nationale.[41]

Malgré les apparences, la guerre d'Algérie ne fut pas une guerre civile. Si les Français musulmans luttèrent contre les renégats de la France, si des Français de souche européenne tentèrent de saboter l'œuvre des patriotes, les renégats des deux origines travaillaient en fait pour l'étranger. Il y eut des déserteurs, des traîtres pleins de forfanterie quand ils ne risquaient rien ; les porteurs de valises qui ont favorisé les exactions des rebelles contre d'humbles Français musulmans, rançonnés, torturés, assassinés dans le territoire métropolitain ; on peut aussi évoquer cette déclaration de Napoléon au Comte de Las Cases : « … les Français se sont pris d'une belle passion pour déshonorer et discréditer eux-mêmes leur gloire », à propos des « intellectuels » dits « politiquement corrects » et des pétitionnaires perpétuels.

Pour l'âme candide de certains officiers généraux d'une grande valeur militaire, l'Afrique française du Nord était un enjeu de la guerre est-ouest. Ils pensaient défendre le « monde libre », l'Occident, quand ce monde libre ne visait en fait que l'éviction de la France pour donner « libre » accès aux convoitises insatiables des financiers et industriels des Etats-Unis. Avant la chute du nazisme, Franklin Roosevelt déclarait à son fils Elliot : « quand nous aurons gagné la guerre, je travaillerai de toutes mes forces pour que les Etats-Unis ne soient amenés à accepter aucun plan susceptible de favoriser les ambitions impérialistes de la France (…). »[42]

---

[41] *Le Jeune Algérien*, éditions de la Jeune Parque, Paris
[42] Elliot Roosevelt : *Mon père m'a dit…*, éditions Flammarion, Paris 1947

On le voit, la guerre d'Algérie ne fut ni religieuse, ni civile pas plus qu'elle ne fut un épisode de la guerre froide entre l'Est et l'Ouest. Ce fut une guerre d'aliénation pour que France d'Europe et d'Afrique se séparent afin de tomber en faiblesse. Jamais l'Algérie n'aura été plus dépendante qu'aujourd'hui. Elle se voit soumise aux coups sanglants d'un terrorisme cruel. Pour les promoteurs des massacres, il s'agit de faire régresser les Algériens de sept siècles afin de s'emparer de leurs richesses. De l'autre côté de la Méditerranée, la France d'Europe devient de plus en plus dépendante d'institutions « bruxelloises » étrangères, voire ennemies. Après tant de malheurs, il est permis de rêver, de vouloir surmonter et de vouloir annuler les conséquences de cette guerre d'aliénation que fut la guerre d'Algérie, de réunir Alger et Paris pour une indépendance recouvrée, pour une France fraternelle restituée dans sa réunification.

--

PIERRE BOUTANG
ET LES FRANÇAIS MUSULMANS

L'ensemble des articles qui suivent ont été publiés dans la Nouvelle Revue Universelle à l'occasion du centenaire de la naissance de Pierre Boutang (automne 2016)
Leurs dates de parution sont échelonnées sur près de trois années

Combattant volontaire en Algérie de 1959 à 1961, et agrégé de lettres modernes, Joseph Santa-Croce a été lecteur à la Faculté des Lettres de l'Université de Téhéran (1965-1969) et a enseigné au lycée international de Saint-Germain-en-Laye, puis à la FACLIP, la faculté libre de lettres fondée par François Natter. Il a écrit dans *la Nation Française* de 1955 à 1967, puis dans la *Revue universelle* et l'*AF 2000*.

Avec Pierre Boutang, il évoque une amitié de plus de quarante ans : « Je l'ai rencontré pour la première fois au défilé de Jeanne d'Arc en 1952. J'ai été le témoin privilégié d'une personnalité d'exception qui m'a honoré de son amitié. Il m'en reste le souvenir d'un homme essentiellement généreux, doué d'une force physique peu commune faisant penser à une statue de Michel-Ange. Il révélait son courage en montant à l'assaut du siège du PC au moment de l'affaire de Budapest (1956) ou en assommant à lui seul cinq ou six policiers... Mais autant il pouvait se montrer combatif, autant il était un interlocuteur attentif et un ami fidèle. C'est l'été 1955, à Aix-en-Provence, que j'appris la parution de *la Nation Française*. Un entrefilet dans *Le Monde* présentait ce journal comme la "nouvelle droite".

Le jeune étudiant en lettres et langues orientales que j'étais décida aussitôt de s'engager ; dès le deuxième numéro du journal, je présentai un article "La chrétienté égyptienne et les Mamelouks", suite à un entretien avec le père Nasrallah, curé de Saint-Julien-le-Pauvre. Je revois encore les deux petites pièces du journal, 7 rue Cadet. Entre nous tous, il y avait une ferveur, une amitié, une communion... Pierre Boutang menaçait les retardataires en copie d'imprimer le Bottin à la place de leur article ! Il m'offrit généreusement plusieurs dédicaces, telles celle-ci :

Pour Joseph Santa-Croce, cette Apologie de Socrate *traduite en une nuit violente et vive où lui apparut l'analogie exacte et prodigieuse entre Socrate, vieux maître éminent honni des Celtes, et Maurras, ce vieil indissoluble Grec que la prison même ne conduisit pas à renier son hellénisme et "francisme" essentiels. P.B.*

**

Maurras, Bainville, mais aussi Saint Louis et Richelieu, tous ces patronages prestigieux forment une lignée, ils sont unis pour bâtir la France : Pierre Boutang n'en ignorait rien.

La grâce divine a permis que je sois son humble témoin et que j'aie eu aussi l'honneur d'être à son service dans la cause de la souveraineté française en Algérie. J'ai pu, en plein accord avec lui, être le truchement utile des royalistes avec l'Islam véritable.

Avec Jean Paulhan et Dominique Aury qui furent ses amis, et avec lui, j'ai la conviction que *la Patrie se fait tous les jours* et que notre civilisation mérite d'être sauvegardée, revivifiée, son avenir édifié à l'exemple de sa glorieuse tradition.

Les années ayant passé depuis que Pierre Boutang a quitté ce monde, je peux cependant affirmer qu'il n'aurait pas varié dans l'analyse qu'il faisait des relations de l'Algérie et du monde musulman avec la France. C'est dans cette conviction que je livre à l'appréciation des lecteurs une série d'articles parus, voilà déjà longtemps, dans *La Nation française*. Ils me paraissent rester d'actualité.

Ils concernent d'abord la question algérienne telle qu'historiquement elle reste posée à la France. Puis j'évoquerai la question infiniment délicate de l'Islam dans ses rapports avec le christianisme, telle que *La Nation française* a pu l'aborder il y a maintenant plus d'un demi-siècle.

1. SUR LA QUESTION ALGÉRIENNE
LA TERREUR EN QUESTION

Il convient d'abord de citer ici quelques passages très parlants du livre de Pierre Boutang *La Terreur en question*[43], paru en 1958. L'actualité des années 2015-2016 s'y lit déjà en filigrane.

---

[43] Pierre Boutang *La Terreur en question*, éd. Fasquelle, 1958 (pages 45, 94-95 et 107)

(…) Ce que font les combattants de l'armée du FLN, les compagnons d'armes d'Alleg[44], vous ne l'ignorez pas. Ils égorgent, violent, mutilent. Cette barbarie, le civilisé très lucide qu'est Alleg l'a assumée à l'avance lorsqu'il s'est enrôlé avec elle. Elle est une arme révolutionnaire à la fois par ses ravages, par les répliques qu'elle appelle, par le trouble que ces répliques mêmes provoquent à l'intérieur de l'Occident assiégé. Pas un texte de la collection complète de l'Humanité, pas un mot d'ordre du parti communiste ne désavoua jamais les crimes des égorgeurs, ne mit en question la terreur.

(…) J'ai publié au printemps de 1956, dans un numéro spécial de La Nation française, *le premier bilan de ce que le FLN qui vous est si cher a fait subir à la race arabe et kabyle : quelque vingt colonnes de noms, en corps 6, de Musulmans victimes de la terreur. C'est même le seul point où le FLN puisse invoquer une tradition, sinon nationale, du moins historique : autour de 1840, nous avons, conquérants horribles, bourreaux d'une autre race, mis à jour à Alger un charnier de quatre mille crânes recouverts de chaux ; c'étaient les têtes rapportées de Kabylie par les collecteurs d'impôts au service du Dey.*

(…) Tout un camp qui s'est tu sur les supplices infligés à des Français par les spécialistes FTP, tout un camp qui s'est tu sur les massacres du Dorat, cette petite ville limousine où un apatride du nom de Sandlartz pratique sans merci la politique de liquidation de Bela Kun dans la Hongrie d'après l'autre guerre, tout ce camp de mensonges temporaires et de vérités tripotées ne possède aucun droit à dénoncer les tortures d'Alger.

Il faut citer aussi le livre de Ferhat Abbas datant de 1930, *Le Jeune Algérien*[45], qu'avait apprécié Pierre Boutang. Les quelques extraits qui suivent donnent une idée de ses conceptions à ce sujet.

---

[44] Henri Alleg, partisan du FLN, avait, dans son livre *La Question*, accusé l'armée française de l'avoir torturé.

[45] Ce livre fut réédité, complété par un *Rapport au maréchal Pétain* d'avril 1941 allant dans le même sens.

Cela nous permet de dire que l'indigène est appelé parce qu'il est Français et qu'en cette qualité, il doit payer l'impôt du sang. Je suis sous les drapeaux parce que je suis Français et non pour autre chose. L'indigène est dans la Ruhr en Français, il est au Levant en Français, il est au Maroc en Français. Que les gens de l'Afrique latine le veuillent ou non, nous sommes musulmans et nous sommes Français. Il y a ici, en Algérie, des Européens et des Indigènes, mais il n'y a que des Français.

On oublie trop souvent qu'un musulman est aussi chrétien qu'un catholique ou un protestant. L'Islam, c'est la croyance en Moïse et en la Sainte Bible ; c'est la croyance en Jésus, Verbe de Dieu, et en sa Sainte Mère. Mais c'est un chrétien avec quelque chose de plus : la croyance à la prophétie de Mahomet.

Se trouve-t-il un seul intellectuel musulman qui puisse méconnaître ces paroles de notre Prophète bien-aimé : « Aimez votre professeur à l'égal de votre père. » Je me souviens d'un mot de mon jeune frère : « Je n'irai pas au Paradis », disait-il à notre père, parce que mon maître n'est pas musulman et que je demanderai au bon Dieu de l'envoyer à ma place. »

L'idéal, précisément, serait que la France devînt, par les six millions d'Algériens, la première puissance musulmane, dans le même temps qu'elle fut et qu'elle est une puissance chrétienne. Cela n'est pas impossible. Du moins, il n'y a rien dans notre Livre Saint qui puisse empêcher un Algérien musulman d'être naturellement un Français « aux bras forts, à l'intelligence éveillée, au cœur loyal », considéré dans la solidarité nationale.

Pierre Boutang souhaitait comprendre le rôle exact de la Harka créée comme une force auxiliaire de la police parisienne. Pourrait-elle ramener la confiance en la France chez les musulmans ? Voici ce qui a pu en être dit dans *La Nation française* un an avant l'indépendance de l'Algérie.

LA HARKA DE PARIS OU LA GRANDE PEUR DU FLN

La Nation française, 19 juillet 1961

De manière plus ou moins visible et diffuse, la presse progressiste et communiste contrôle les trois quarts des publications éditées en France. Elle n'a donc jamais présenté le bilan métropolitain du FLN, dont le poste principal est l'oppression sanglante des Français musulmans. Nous n'avons aucune raison d'obéir à ses consignes de silence, de suivre ses campagnes de mensonges. Notre propos sera, au contraire, de fournir au Parisien mal informé, au lieu d'une cuistrerie aseptisée sur la Révolution algérienne par les textes, une vue approchée de la condition réelle de l'ouvrier musulman sous la terreur. Nous essaierons également de montrer le rôle de la Harka de la Seine[46] qui, en plusieurs endroits, a su rompre les mailles du filet fellagha et permis un adoucissement de la vie des travailleurs musulmans.

La « pompe à fric »

Un de ces ouvriers définissait le FLN de Paris comme « une pompe à fric qui marche par la trouille ». On sait déjà que le refus de payer l'impôt FLN entraîne d'abord un « passage à tabac » par un groupe spécialisé. Si la victime persiste dans son refus, on lui tranche la gorge, ou bien on l'étrangle ; s'il y a des difficultés d'action immédiate, on lui expédiera par la suite deux tueurs, qui lui tireront deux balles de Beretta dans la tête.

Cet « impôt » levé de si curieuse façon, parfaitement illégale[47], rapporte dans le seul département de la Seine cinq à six milliards de francs par an. Il ne suffit pas de connaître ce chiffre : il est essentiel de voir à quel poids de sueur, de sang et de larmes il correspond.

---

[46] Plus précisément la force de police auxiliaire (FPA).
[47] Ce détail intéresse sans doute les Commissions de Sauvegarde.

Sait-on que, de 1957 à 1960, dans les vingt arrondissements de Paris, il y a eu plus de mille cinq cents musulmans tués ou blessés par le FLN sans compter les cadavres enterrés ou immergés qui n'ont pas été retrouvés. Ces gens étaient des hommes désarmés que l'on a assassinés ignominieusement. Si l'on compte que la population musulmane de Paris s'élève à cinquante mille personnes, on peut estimer que le FLN a fait abattre 3% de cette population. Aux belles âmes qu'une telle proportion laisse indifférentes, signalons que, si un parti politique encadrait la population européenne de métropole avec les mêmes méthodes que le FLN, cela signifierait 1 350 000 personnes victimes d'attentat.

Le FLN sent la menace

En face des exactions du FLN, il faut bien reconnaître que la police parisienne ordinaire se trouvait inadaptée. Aux prises avec l'obstacle des langues, peu informée de la psychologie et des coutumes arabes ou kabyles, elle exerçait des contrôles parfaitement inefficaces contre le FLN mais, en revanche, elle donnait souvent au travailleur musulman l'impression pénible d'être suspecté parce que Nord-africain. Avec la création d'une Force de Police Auxiliaire, recrutée parmi les musulmans – pour lesquels les difficultés linguistiques ne jouent pas – le FLN s'est senti effectivement menacé de mort. On peut dire qu'il a traversé une crise d'affolement dont il subsiste encore des signes. Il a fait un appel pressant aux journaux progressistes. Alors, de *Témoignage chrétien* à l'*Humanité*, ils commencèrent immédiatement une campagne de calomnies. Leurs mensonges, plusieurs fois répétés et répercutés, finissent par faire partie des idées reçues non seulement des gobe-mouches incurables, mais aussi d'esprits distingués dont le sens critique défaille en cette occasion. On se souvient des campagnes de mars dernier sur les prétendues « exactions » des Harkis à Paris. Mais il est bien possible que les instructions formelles du FLN soient moins connues en dehors des milieux spécialisés. Une « directive » qui émane du 3ᵉ secteur, après avoir enjoint aux « responsables » d'adresser tous les deux jours un rapport détaillé sur l'activité des Harkis, ajoute : « *Tout élément qui refuse de porter plainte ou de voir un docteur s'expose aussi et risque même la suppression physique* (sic) – *donc expliquer l'importance de cette directive aux frères.* »

Vue de près

Cette Harka, cette force de police auxiliaire si redoutable au FLN, nous étions curieux de la voir de près. Puisque certains journaux ont accumulé mensonge sur mensonge, il fallait nous efforcer d'atteindre plus de vérité. Les circonstances ont voulu que nous ayons le privilège de nous entretenir, en arabe comme en français, avec quelques-uns de ces policiers : ceux-là qui ont l'audace de faire peur à la terreur elle-même.

Les communistes et leurs acolytes ont colporté des énormités sur le recrutement des FPA. Des renseignements discrètement pris nous permettent d'affirmer qu'il n'y a parmi eux aucun repris de justice (cela a quelque chose d'offensant pour MM. Belkacem Krim et Ben Bella, mais nous n'y pouvons rien). Ces harkis viennent, soit des harkas d'Afrique, soit de l'armée régulière, une fois leur service militaire terminé. Une enquête judiciaire précède leur engagement. On dit que l'intention de M. Papon était d'en faire « des Français à part entière ». Il y est parvenu, dans la mesure où ils ont même uniforme, même traitement que leurs collègues d'origine métropolitaine. Ce qui diffère, c'est le risque considérable attaché à leur fonction. Ils sont tous condamnés à mort par le FLN.

On sait d'ailleurs – cela n'a pu être caché par la « grande » presse d'information – qu'ils sont très courageux. Ils ont riposté avec usure lors des raids FLN qui ont été perpétrés contre eux. Avec cinquante-neuf blessés et quatorze tués, leur corps a un pourcentage de pertes comparable aux unités les plus éprouvées d'Algérie. On peut, sans craindre de surfaire leur éloge, redire pour eux ce vers de la *Chanson de Roland* : « *Jamais par peur de mourir ceux-là ne lâcheront pied.* »

Au risque de chagriner M. Viansson-Ponté, qui a écrit dans *Le Monde*[48] que « *leurs apparitions sont cependant moins fréquentes (…)* », nous sommes obligés de dire que c'est inexact. Nous les avons vus, depuis qu'ils ont quitté les hôtels des XIIIe et XVIIIe arrondissements, patrouiller dans des quartiers où ils n'étaient encore jamais passés. A partir de Noisy-le-Sec ou d'autres localités, ils ont contrôlé les XIIe et XXe arrondissements, les XIe, XVe et XIXe, et les terroristes peuvent craindre maintenant leur apparition dans tout Paris. Ils étaient l'autre jour à Gennevilliers, nous les avons vus ce dimanche à Nanterre, près des bidonvilles. Il semblerait donc que leur activité – qui se manifeste par une mobilité accrue et une présence efficace dans toutes les zones critiques – connaisse une extension appréciable. Il reste que si, selon une certaine presse, les FPA ont opéré un repli, en fait on les voit de plus en plus.

Daïman'ma'ak (toujours avec toi, toujours !)

Dans les premiers temps d'installation de la Harka, la population musulmane lui témoignait visiblement une grande confiance. Mais les ordres « de ne pas sympathiser » sont vite venus du FLN. Comme les contacts se traduisirent par des égorgements, la population s'est renfermée dans sa peur. Elle est devenue en apparence hostile aux FPA. En fait, ce n'est pas sans émotion que l'on entend dire par des musulmans qui peuvent parler en sûreté : *Mon visage est FLN, mon cœur reste français.*

Les éléments des FPA reçoivent une formation solide. Comme leurs collègues originaires de métropole, ils suivent l'enseignement de l'École de la police municipale, des cours de perfectionnement et des cours d'instruction générale. Ils savent parfaitement se servir de leurs armes et ils ont multiplié les aléas dans les carrières des tueurs du FLN.

Nous avons eu la chance de pouvoir parler avec quelques-uns d'entre eux. Ils ont la même vivacité d'esprit, la même intelligence

---

[48] Numéro daté du 7 juillet 1961

curieuse que leurs camarades d'Algérie. Avec eux, nous évoquons telle ville ou tel département de la France d'Afrique et les souvenirs arrivent en foule. Leur uniforme, qu'ils portent élégamment, comprend les armes de Paris épinglées sur leur poitrine, avec les lys royaux et la nef. Ils sont dignes de notre estime et de notre admiration. En peu de temps, ils ont réduit appréciablement le potentiel de tuerie du FLN. Les Parisiens musulmans leur doivent beaucoup, les autres aussi, car on ne pourra jamais séparer ceux qui ont été unis par cent trente ans d'histoire commune. Dans cette pensée, nous leur citons ce refrain populaire de Farid el Atrache : *Daïman' ma'ak, daïman' !* – ce qui signifie « toujours avec toi, toujours ! » Refrain qu'ils ont repris avec enthousiasme.

Et si même, par on ne sait quelle aberration, on refusait de mener en France la politique de la France, il resterait que le droit de vivre est un droit humain essentiel. Au-delà donc de l'appartenance à telle ou telle faction, il est capital pour l'Etat d'assurer la sécurité de toutes les personnes sur le territoire métropolitain : sous peine d'abdiquer toute souveraineté et de renoncer tout honneur. La Harka de Paris permet l'accomplissement de ce devoir.

2. SUR LA QUESTION DE L'ISLAM

La présence de l'Islam en France est un fait historique et une réalité sociale qui posent des problèmes complexes rendant impossibles les solutions trop simples. Pierre Boutang a été sensibilisé très tôt, notamment, à la dimension politique des questions doctrinales et théologiques. Dès 1959, le livre d'un prêtre libanais engageait le débat.

L'ISLAM PROCHE ET LOINTAIN DU CHRIST

La Nation française, 2 décembre 1959

Le sujet difficile et passionnant abordé par le père Michel Hayek dans une présentation de textes sur « Le Christ de l'Islam »[49] *n'est pas seulement affaire de théologiens. D'une manière toute directe il concerne les chrétiens de notre pays placés devant ce phénomène de sociologie nationale qui se fait chaque jour plus sensible : près d'un Français sur cinq est musulman. Il touche aussi l'Église universelle, car « l'Islam est la seule religion du monde (…) qui puisse être dite à la fois (…) aussi accueillante et aussi impénétrable au Christianisme. » Pour l'aborder, il n'y avait pas de meilleure méthode que le recours aux sources.*

Les écrits canoniques musulmans perdent leur étrangeté grâce au père Hayek, ce prêtre du Liban arabe qui les commente en un français plein d'élégance. Leur classement est d'une rigueur parfaite. Mais aux qualités du savant, il joint l'angoisse et l'attente de la foi. Isaïe servira à traduire la première : « *On me crie de Séir : Sentinelle, où en est la nuit ? Sentinelle, où en est la nuit ?* [50] »

Dans une formule digne de Pascal, le mystique Ibn Arabi montre ce qui fonde la deuxième : « *Celui dont Jésus est la maladie ne saurait mourir.* »

La seigneurie et le mystère de Marie

Comme les chrétiens, les musulmans adorent un Dieu unique, et comme eux ils adorent le dieu d'Abraham (Ibrahim en arabe). Mais les catholiques se sentent encore plus proches de leurs frères dans la Révélation quand ils savent combien la Vierge Marie est vénérée en Islam : elle est l'une des quatre Dames du Paradis – les autres étant Asiya, femme de Pharaon, Khadija, première femme de Mahomet, et

---

[49] Michel Hayek, *Le Christ et l'Islam*, éd. du Seuil, 1959.
[50] XXI, 11

Fâtima, sa fille). On n'est pas loin des termes mêmes de la salutation angélique quand on dit avec Damiri [51] : « *La plus honorables des servantes auprès de Lui (Allah) est Marie qui a gardé sa virginité et en qui Il a soufflé de Son Esprit.* »

La piété des fidèles verra dans Marie le modèle de l'Islam – qui est mot à mot *soumission à Dieu*. Ainsi, en ce qui se rattache à la Servante du Seigneur, presque tous les dogmes définis par l'Église peuvent trouver dans le Coran un assentiment explicite : *Immaculée Conception, Présentation au Temple, Annonciation, Conception virginale, Noël, et jusqu'à l'Assomption...* Le père Hayek résume fort bien la place de Marie dans l'histoire musulmane : « *née d'une intervention spéciale d'Allah, mise, avec sa postérité, sous Sa protection ; séparée par Sa jalousie de tout contact d'homme ; Orante inclinée devant son impénétrable volonté opérant en elle le prodige resté à jamais inédit, celui de la conception virginale ; disparue mystérieusement sur une colline de paix et de fraîcheur, pour devenir, après avoir été la dame des femmes de son temps, une des quatre Dames du Paradis.* »

Signe éclatant de la grâce divine, dans une perspective catholique, Marie est médiatrice entre l'humanité et son Créateur. Mais la réalité du Christ vrai Dieu, vrai homme se voit ignorée en Islam. D'ailleurs Mahomet n'a pu connaître, de son temps et en Arabie, qu'un aspect déformé du credo de l'Eglise.

Un verset du Coran marque bien l'incompréhension qui en découle : « *Si Allah avait un fils, je serais à la tête de ses adorateurs* » (XLIII, 81).

L'Imam des Errants

L'Islam qui ne reconnaît pas Jésus comme le Fils de Dieu, le met néanmoins au premier rang des prophètes. À ce prophète privilégié, il accorde le don de faire des miracles et même d'en accomplir plus que tous les saints personnages de la Tradition. Les

---

[51] « Hayât », II, 374.

Évangiles apocryphes utilisés avec d'autres sources, aboutissent à ce résultat paradoxal : les musulmans ont recensé et transmis un plus grand nombre de miracles du Christ que les chrétiens eux-mêmes.

Pour les mystiques, musulmans, Jésus devient le maître de l'ascèse spirituelle. Ses préceptes seront suivis. Ce que chercheront les *soufis* n'est rien d'autre qu'une *Imitation de Jésus-Christ*. Si l'on examine un certain nombre de règles ou d'observations morales données, on peut établir le départ entre deux groupes : celles qui peuvent venir de toute doctrine de l'ascétisme : « *O Apôtres, affamez vos ventres ! Dépouillez vos corps. Ainsi vos cœurs verraient peut-être Allah !* [52] *Ne regardez pas avec des yeux de maîtres les péchés des autres, mais considérez vos propres péchés avec des yeux d'esclaves !* [53] »

Et d'autres qui rendent un son proprement chrétien, dans cet apologue : « *Je m'étonne que vous œuvriez pour cette vie, alors que vous y trouvez le nécessaire pour vivre sans travailler ; et vous ne travaillez pas pour l'autre vie, alors que vous n'y trouverez rien sans avoir travaillé pour elle.* » [54]

Et plus encore ceci : « *Le signe auquel on saura que vous vous réclamez de moi, est l'amour que vous aurez les uns pour les autres.* »[55]

Il reste que l'Islam orthodoxe refuse le mystère de la Passion, qu'il nie. Selon ses docteurs, la foule crut supplicier Jésus, mais ce n'était qu'un simulacre. La position de Jésus dans l'Islam apparaît donc comme inachevée. Le père Hayek parle, dans une expression saisissante de « *la nature mystérieuse du Fils qui, en Islam, reste comme un éternel orphelin, sans père connu ici-bas et là-haut.* »

---

[52] Ghazâli, « Ihyâ », III, 60
[53] Abû, No'aym « Hilyat », VI, 58
[54] Ibn 'Abd Rabbini, 'Iqd, I, 277
[55] « Halabi », Insân, I, 286-287

Dans l'introduction très dense qu'il a rédigée pour le *Christ de l'Islam*, Michel Hayek émet un vœu légitime : que le Christianisme cesse pour les musulmans d'être un problème résolu avant d'avoir été posé. Il se peut, en effet, qu'un retour scrupuleux aux sources leur rappelle ce verset célèbre du Coran : « *Tu trouveras que les gens les plus proches des musulmans par l'amitié sont ceux qui disent : "nous sommes chrétiens"* » (v.82).

Mais déjà, si nous ne sommes pas identiques par la foi, si l'Islam n'a intégré à ses dogmes ni l'Incarnation, ni la Passion, ni la Rédemption, son espérance messianique correspond à celle de la Chrétienté. L'un et l'autre attendent la venue de l'*envoyé*, du *Mahdi*, de Jésus-Christ, au jour de la Parousie et du Jugement. Le père Hayek décrit les uns et les autres réunis par l'espérance dans *un Avent commun*, attendant *que Jésus lui-même vienne séparer les croyants sur l'objet de leurs chicanes. Viens, Seigneur Jésus ! Tel est le vœu de tous les saints, en Islam et dans la Chrétienté.*

Cet ouvrage indispensable, modèle de clarté et de persuasion, révélera à plusieurs la place du Christ en Islam. Elle est immense. Il apprendra à presque tous à quel point musulmans et chrétiens participent de la même famille spirituelle. D'une manière pénétrante, tirant judicieusement parti des travaux menés à bien par le professeur Massignon et le père Abd-el-Jalil, le père Hayek a su découvrir l'existence en quelque sorte préétablie d'une prière commune à la Chrétienté et à l'Islam.

Le rôle de Jésus dans la Parousie musulmane

RÉPONSE DU Pr HAMZA BOUBAKEUR, DIRECTEUR DE LA MOSQUÉE DE PARIS

La Nation française, janvier 1960

Notre collaborateur Perceval ayant fait parvenir au directeur de la mosquée de Paris l'article qu'il avait écrit sur « l'Islam proche et lointain du Christ » à propos d'un livre du père Michel Hayek (Le Christ de l'Islam), le professeur Boubakeur lui a répondu par la longue lettre que nous avons l'honneur de publier aujourd'hui : ce texte traite d'un problème essentiel et fondamental dont, malheureusement, trop peu d'hommes se soucient, tant dans l'Islam qu'au sein du Christianisme.

J'ai lu avec tout l'intérêt qu'il mérite votre article publié par la *Nation Française* (n° 217, p. 13), avec l'amicale dédicace que vous avez bien voulu y ajouter et qui m'a sincèrement touché. Je vous en remercie bien vivement.

Je comprends et partage vos inquiétudes et votre espérance. Dans l'étape décisive que traverse actuellement l'Humanité dans son évolution vers… l'inconnu, il appartient aux hommes de bonne volonté de former, en s'unissant à travers la planète, une aristocratie de l'esprit pour maintenir le flambeau des vérités éternelles et s'efforcer de les jumeler pour leur assurer un éclat plus vif, plus efficient et éminemment propice à l'élan vers l'absolu.

A ce titre, l'Islam et le Christianisme en tant que forces supérieures de perfectionnement moral et d'élévation spirituelle pourraient contracter une alliance et lutter victorieusement contre un matérialisme dissolvant et un athéisme qui, par l'ignorance, l'orgueil ou le désespoir même qui l'inspirent, ne donnent aucun sens valable à la vie, aucun fondement sérieux à la morale, aucune certitude véritable à l'organisation harmonieuse et à l'avenir bien compris des sociétés.

Mais l'Islam demeure « proche et lointain du Christ », c'est vrai ! Pour l'expliquer, vous soulignez des identités dogmatiques et vous attribuez implicitement les divergences qui séparent les deux sources à des incompréhensions initiales, maintenues par de solides préjugés ou le refus systématique de fournir l'effort méritoire et la méditation objective des motifs de rapprochement. À cet égard vous reprenez à votre compte la thèse selon laquelle le Prophète Mahomet ne connaissait pas le vrai Christianisme, mais seulement l'hérésie nazaréenne, « un aspect déformé du Credo de l'Église », sans faire remarquer que la doctrine officielle de l'Église n'était alors, ni définitivement fixée, ni unanimement reconnue, puisqu'à la veille de l'apparition de l'Islam, le Proche-Orient (pays du Christ, soit dit en passant), traversait une grave crise religieuse. Les consciences étaient minées par d'âpres controverses sur la nature et la mission du Christ, opposant les conceptions orientales aux conceptions romaines : des hérésies renaissantes dont les conciles n'avaient nullement triomphé, divisaient les hommes en ravivant périodiquement leur désarroi endémique et leurs querelles intestines.

Mais tout musulman de bonne foi ne saurait méconnaître le grand nombre de points de « rencontre » théologiques et mystiques qui pourraient favoriser un rapprochement des communautés qui professent les mêmes doctrines. Le malheur est que ces points sont mineurs et ne sauraient voiler des réalités plus profondes.

Le problème est davantage hypothéqué par les divergences que par les similitudes. Le véritable problème est d'abord philologique et psychologique. Les mots, d'une langue à l'autre, d'un cerveau à l'autre, n'ont ni le même volume, ni la même signification ; d'où la différence essentielle des réalités qu'ils expriment. Les interpolations, l'amplification interprétative de ce qui est mineur et la prétérition minimisante de ce qui est fondamental présentent le grave danger d'éluder les véritables questions à résoudre, de dissimuler les obstacles, sans les faire disparaître pour autant, et d'exposer, par là-même, à des malentendus plus graves que ceux qu'on voudrait dissiper.

Que nous ayons la vénération pour Jésus et pour la Vierge Marie, c'est un fait incontestable ; mais cela s'arrête là. Et le problème capital est tout autre.

N'est pas musulman quiconque ne témoigne pas de la mission divine du Prophète Mahomet et n'est pas chrétien quiconque admet cette mission ! N'est pas musulman quiconque admet la Trinité et n'est pas catholique quiconque n'en fait pas un article de foi.

Voilà les différences fondamentales.

Par ailleurs, il n'est pas très exact d'affirmer que pour les mystiques musulmans « Jésus devient le Maître de l'ascèse spirituelle ».

Cela n'est vrai que pour une catégorie de mystiques qui sont foncièrement musulmans et non chrétiens quoi qu'on ait fait dire à certains d'entre eux. En ce domaine, il faut être prudent et scrupuleux dans les appréciations et les jugements qu'on porte à ce qui n'est acquis que par initiation graduellement ascensionnelle. Jésus, de même qu'Abraham ou Moïse, ou d'autres Prophètes, est une « Voie Mystique » (non la seule), un modèle à imiter dans l'Elan vers Dieu et l'ultime fusion ; mais cette voie « à vivre » pour les initiés a ses principes, ses règles, ses secrets, ses martyrs (Hallaj) qui diffèrent de ceux des autres voies mystiques musulmanes. Une branche, parmi d'autres branches entre lesquelles ont à choisir les « choisis rapprochés » ne saurait être confondues avec le tronc commun.

Est-ce à dire, pour revenir à nos actuelles préoccupations, que l'Islam refuse de répondre à l'appel – non pas de l'Église dans son ensemble –, mais d'une élite inquiète, éprise de fraternité et assoiffée d'une communion universelle ? Assurément pas !

Ce serait au contraire une véritable victoire du bien sur le mal, de l'esprit sur la matière si, après les Croisades et les polémiques du Moyen Âge, musulmans et chrétiens pouvaient trouver des « raisons » de s'unir véritablement pour contribuer à la régénérescence morale de l'espèce, à imposer les valeurs universelles et permanentes et dénoncer les égoïsmes étroits et les passions éphémères.

Mais pourquoi chercher systématiquement ces « raisons » d'entente et d'union dans un « fond commun des religions » artificiellement dégagé ?

Il faudrait, certes, s'unir et lutter ensemble, mais pas forcément dans le cadre des dogmes car, Dieu merci, il y a d'autres terrains de rencontre, d'autres possibilités de dialoguer dans l'intérêt de l'humanité. Il semble plus indiqué de conjuguer autrement une action féconde, d'établir sur des bases moins aléatoires des relations culturelles, de fonder sur de affinités plus individuelles des amitiés durables.

La culture, la compréhension, la tolérance, la loyauté, le respect mutuel sont des valeurs qui ont aussi leur prix, ne fût-ce que parce qu'elles excluent toute hypocrisie, tout refoulement intérieur, toute méfiance, toute arrière-pensée et tout complexe.

Veuillez ne pas trop m'en vouloir pour l'expression hâtive mais sincère de ces quelques idées que la lecture de votre article m'a inspirées. Vous m'avez fait la charité de votre pensum : recevez en échange à travers la sincérité de mes remarques le témoignage de l'affection déférente qu'un croyant reconnaissant porte à un autre croyant animé des mêmes intentions et déchiré par les mêmes inquiétudes.

Avec mes salutations les plus distinguées,
H. Boubakeur, Député des
Oasis, Sénateur de la Communauté,
Président du Conseil Général

Perceval a remercié le professeur Boubakeur de cette longue lettre par les lignes suivantes :

Monsieur,

Je vous remercie pour la réponse longue et aimable que vous avez eu la gentillesse de m'adresser après l'envoi d'article que je vous ai fait. J'en apprécie tout particulièrement la franchise comme j'estime les qualités de cœur dont elle témoigne.

Loin de moi la pensée d'escamoter un instant ce qui sépare les chrétiens de leurs frères musulmans en ce qui concerne le dogme. Ces différences radicales dans la substance du Credo demeureront tant que les définitions du *tawhîd* et du mystère de la Trinité n'auront pas changé.

Mais je vois avec une grande joie que vous offrez l'appui de votre autorité morale à ce qui est pour moi une cause sacrée : le bien spiruel qui résulterait d'une connaissance réciproque de plus en plus profonde entre musulmans et chrétiens.

Veuillez croire, Monsieur le Professeur, à mes sentiments d'affection déférente et de haute considération.

P.S. J'ai le sentiment que la publication de votre lettre et de la réponse que je vous fais servirait la cause bénie de la compréhension mutuelle, c'est pourquoi j'ai l'honneur de vous en demander l'autorisation.

En conclusion, et au vu des événements dramatiques qui ont ensanglanté le monde et la France ces derniers mois, j'aimerais rappeler que Hassan el Banna, fondateur des prétendus Frères Musulmans – dont le programme était de massacrer Juifs, Chrétiens et Musulmans ne suivant pas son interprétation falsifiée du Coran –, a été « inventé » par le *Colonial Office* de Londres en vue de plomber l'indépendance égyptienne nouveau-née. Pierre Boutang ne l'ignorait pas, comme il n'ignorerait pas aujourd'hui que la force principale des islamistes réside dans l'ignorance de leurs sectateurs comme dans celle de nombreux chrétiens. Ces malheureux ne savent pas lire et font irrésistiblement penser au mot de Napoléon à Sainte-Hélène, rappelant son arrivée à Toulon : « *J'ai dû lutter contre l'ignorance et les basses passions qu'elle engendre.* »

C'est son souci du bien commun de la France et des Français qui a toujours poussé Pierre Boutang à garder sur l'Algérie, le monde musulman et l'Islam un regard de conciliation nationale qu'il n'a cessé de défendre notamment dans *la Nation française*.

--

Débat au sujet du Référendum du mois d'avril 1962
« POURQUOI NON »
Organisé sous le patronage de Pierre Boutang
à l'Assemblée Nationale.

Pierre Boutang ouvre les débats au cours desquels interviendront :

Azem Ouali, député de Tizi-Ouzou ; Pierre Boutang ; Mustapha Deramchi, député de Mostaganem ; Marc Lauriol, député d'Alger-Banlieue ; Jacques Navailles ; Perceval ; Pierre Portolano, député de Bône.

Pierre Boutang :

Nous sommes rassemblés ici pour discuter quelque chose qui est un texte, mais qui est aussi une offense à la loi, une offense à l'honneur, une insulte à l'avenir. Nous ne croyons pas à ces garanties, ni à ces textes. Mais comme nous sommes des Français de bonne foi, nous allons les examiner de proche en proche en fonction de ce qu'ils sont dans le Journal Officiel. Nous montrerons ce qu'il y a en eux d'imposture et de mensonge. Nous montrerons aussi ce qu'il y a en eux, à mesure, de possibilités dans un autre contexte ; car il est évident que dans un ensemble si vaste, il peut y avoir des éléments qui auraient été recevables si un certain nombre de garanties concrètes, réelles et d'honneur n'avaient pas été sabordées.

Cette paix n'est pas une paix

Tout cela commence par un « accord de cessez-le-feu en Algérie ». Je n'insiste pas sur le fait que nous sommes aujourd'hui vendredi ; nous savons très bien ce qu'est devenu le cessez-le-feu depuis lundi midi, date de sa proclamation, et quelle dérision il y a là.

L'article premier dit qu' « il sera mis fin aux opérations militaires et à toute action armée sur l'ensemble du territoire algérien le 19 mars 1962 à 12 heures. » L'action armée, nous savons qu'elle continue ; et ce, de façon précise. Malgré un article formel de l'accord, deux moudjahins sont descendus en armes de la zone où ils étaient – près de Philippeville – pour encadrer une manifestation. Ce serait déjà, pour un Etat normal, une raison de rompre le cessez-le-feu.

Article 2. « Les deux parties s'engagent à interdire tout recours aux actes de violence collective et individuelle ; toute action clandestine et contraire à l'ordre public devra prendre fin. »

Tout acte de violence individuelle, qu'est-ce que cela veut dire ? C'est une litote pour dire « la terreur », car une seule des deux parties a jamais employé la violence individuelle. Que signifie de dire que la France va renoncer aux actes de violence individuelle comme si ce n'était pas le F.L.N. seul qui avait commis et couvert les actions de violence individuelle ? « Et toute action clandestine et contraire à l'ordre public devra prendre fin ». N'est-ce pas une action clandestine, celle qui suppose une rébellion en armes sur le territoire de l'Algérie ? Car enfin, il y aura des citoyens français — c'en est encore - qui demeureront en armes sur le territoire et que l'armée devra s'efforcer de ne pas rencontrer (…)

Les débats se poursuivent sur une vingtaine de questions essentielles :

- l'implantation des rebelles en armes
- l'armée française pénalisée et paralysée
- le « mystère » de nos prisonniers
- entre un chef d'Etat et un chef de bande
- la « déclaration » gouvernementale : un trompe l'œil
- prédétermination, contre les réalités algériennes
- la patrie aux voix
- les engagements du 16 septembre reniés
- on bâtit le f.l.n.
- exécutif et tribunaux d'exception
- l'amnistie illégitime
- la souveraineté de l'Etat algérien
- la question de nationalité
- et les musulmans fidèles
- participation aux affaires publiques
- et représentation « juste et authentique
- un statut spécial pour Alger et Oran
- la propriété livrée à l'arbitraire
- indemnité « équitable » fixée par l'Etat algérien
- la coopération et l'aide financière
- les inconvénients du Marché commun

- des capitaux bien protégés
- l'association de sauvegarde

Marc Lauriol

Vous êtes en train de plaider la cause du bouddhiste. Mais que voulez-vous qu'un bouddhiste aille faire dans une Algérie où les Français n'auront plus de place ? Car au fond, c'est bien cela, les religions autres que celles qui sont presque de droit commun dans l'Occident, ne seront pas protégées.

Perceval

Ce sont les musulmans eux-mêmes que je voudrais voir protéger ; parce que si le futur Etat algérien devenait une République marxiste, on ne voit vraiment pas comment nos compatriotes musulmans pourraient exercer leurs droits religieux. La France se trouverait ainsi avoir donné son accord pour qu'ils soient contraints...

Marc Lauriol

... à léguer à cet Etat le soin de les protéger, sans exiger la moindre garanti

Mustapha Deramchi

Il n'y a rien là de surprenant. En Tunisie, Bourguiba s'est attaqué à la religion, puisqu'il a même touché au carême. IL n'y a pas de raison pour que le nouveau n'en fasse pas autant pour beaucoup d'autres points de la religion.

Pierre Boutang

Il n'hésitera d'ailleurs pas. Il aura les meilleures raisons quant au développement de l'économie algérienne pour que le carême ne soit pas respecté.

Mustapha Deramchi

Il n'y a pas que le carême, c'est l'ensemble de la religion qui risque d'être atteint.

Et les échanges continuent entre Perceval, Marc Lauriol, Mustapha Deramchi et Pierre Boutang :

Perceval

Il convient de rappeler ici qu'au chapitre 2 de la « Déclaration des garanties », se trouve un article 10 assez étrange : il concerne la liberté de conscience. On remarquera l'existence, à propos de la pratique des religions, d'une catégorie particulière :

« L'Algérie garantit la liberté de conscience et la liberté de cultes catholique, protestant et israélite. Elle assure à ces cultes la liberté de leur organisation, de leur exercice et de leur enseignement, ainsi que l'inviolabilité des lieux de culte. »

J'aurais préféré pour ma part, que l'on proclamât une bonne fois, pour tous les citoyens de cet Etat futur, la liberté de conscience pure et simple, qu'ils soient musulmans ibadites, musulmans sunnites, catholiques et chrétiens. Pourquoi cette catégorie à part ? Quant à l'inviolabilité des sanctuaires, il suffit de se souvenir des imans assassinés au moment de la prière, de la synagogue d'Alger mise à sac, de la chapelle profanée hier à Oran.

Marc Lauriol

Vous êtes en train de plaider la cause du bouddhiste. Mais que voulez-vous qu'un bouddhiste aille faire dans une Algérie où les Français n'auront plus de place ? Car au fond, c'est bien cela, les religions autres que celles qui sont presque de droit commun dans l'Occident, ne seront pas protégées.

Perceval

Ce sont les musulmans eux-mêmes que je voudrais voir protéger ; parce que si le futur Etat algérien devenait une République marxiste, on ne voit vraiment pas comment nos compatriotes musulmans pourraient exercer leurs droits religieux. La France se trouverait ainsi avoir donné son accord pour qu'ils soient contraints…

Marc Lauriol

… à léguer à cet Etat le soin de les protéger, sans exiger la moindre garantie.

Mustapha Deramchi

Il n'y a rien là de surprenant. En Tunisie, Bourguiba s'est attaqué à la religion, puisqu'il a même touché au carême. IL n'y a pas de raison pour que le nouveau n'en fasse pas autant pour beaucoup d'autres points de la religion.

Pierre Boutang

Il n'hésitera d'ailleurs pas. Il aura les meilleures raisons quant au développement de l'économie algérienne pour que le carême ne soit pas respecté.

Mustapha Deramchi

Il n'y a pas que le carême, c'est l'ensemble de la religion qui risque d'être atteint.

Une dizaine d'autres questions seront examinées avant que Pierre Boutang ne laisse à Perceval l'honneur de conclure :

Les communautés coupées de leur passé

Marc Lauriol

En conclusion, je me bornerai à ceci : on nous parle de garanties : nous n'avons que des promesses et encore sont-elles la plupart du temps terriblement rognées dans leur substance. Il est incontestable que c'est dénaturer complètement la notion politique, la notion juridique et même la notion de bon sens du terme de « garantie » que dire que ce texte offre des « garanties ». Il comporte un certain nombre de promesses ambiguës, et dont il se révèle qu'elles se retourneront aussi bien à l'encontre des Français d'Algérie que de la France considérée comme nation.

Pierre Boutang

Et à l'encontre des musulmans.

Marc Lauriol

A l'encontre de tout le monde. Mais des garanties, non. Aucun terme de cette sorte ne peut s'appliquer aux règles que nous venons d'analyser.

Perceval

D'une manière générale, les accords d'Evian préparent une régression sensible de l'Algérie. Cette régression coupe les communautés musulmanes de leur passé unitaire réel et proche qui est français. Le romancier Malek Haddad, de tendance f.l.n. l'a souligné quand il a dit récemment qu'il devait mourir en tant qu'écrivain français et disparaître progressivement du patrimoine écrit de sa province. Elle crucifie la communauté européenne dont l'Algérie doit être « dépeuplée », selon le mot intéressant de M. Masmoudi dans Jeune Afrique. La province riche d'avenir d'un Etat de cinquante cinq millions d'âmes devient un ridicule Etat indépendant de quelque cinq millions d'esclaves destinés à s'agglomérer au monde communiste. Enfin – une large part de l'opinion métropolitaine, qui applaudit à la « paix » bête et sanguinaire, l'entent ainsi – elle substitue un système raciste de gouvernement à une communauté nationale composée de plusieurs races. On voit donc que ces « accords » provoquent infiniment plus de troubles qu'ils n'apportent de solutions et que la froide intelligence des faits les condamne aussi totalement que le cœur.

MAURRAS, L'ALGÉRIE,
L'INDÉPENDANCE ET LA RÉUNIFICATION

Il fut un temps où les chances de la France existaient. Elles existent toujours. L'Algérie esquissée par le plan de Constantine promettait des merveilles. L'armée française de 1958 proclamait : « La Méditerranée traverse la France comme la Seine traverse Paris. »

Ce n'était pas une chimère mais la définition d'une réalité géopolitique.
Revenant en 1938 à Alger, Maurras déclarait : « Nos deux admirables balcons sur la mer sont faits pour se sourire de loin : se feraient-ils un jour des grimaces d'inimitié ? » Et la réponse se formulait ainsi : « l'espoir et la confiance dans l'Algérie et la foi dans la Métropole : il suffit que l'anarchie démocratique ne dure ni là ni là. »[56]

Pour ses lecteurs, Maurras relate des conversations avec des Musulmans : elles procurent une clef qui permet d'expliquer le passé et de défricher l'avenir. Nous en reproduisons l'intégralité :
« Plusieurs de ces Croyants voulurent bien me demander si le roi de France serait homme à respecter leur tradition. J'ai répondu qu'il n'appartenait à personne, à moi moins qu'à tout autre, de parler pour le roi de France, mais que l'Histoire était là, grande ouverte : ils y liraient des choses qui leur répondraient mieux que moi.

« Le roi de France est roi de tous. Un sujet du royaume de France ne gouverne pas les autres sujets. Ce qui compose pour des républicains un grand et pénible problème est résolu « et roule tout seul » en Monarchie. Pourquoi ? Parce que l'on y reste dans la nature. Qui dit Démocratie pour un grand pays comme la France veut dire antiphysis, soit régime artificiel en lutte avec le jeu naturel de la vie.

---

[56] Charles Maurras : Pages Africaines, Fernand Sorlot édit. 1940

« (…) La politique de François 1er ne changea point avec Lyautey et celle de Bonaparte en différait peu : c'est tout dire. Et c'est celle-là qui comporte, plutôt qu'une loi abstraite, l'autorité vivante où s'amalgame la dignité et le respect, l'amitié familière et la juste fierté, comme dans toutes nos rencontres avec les Croyants. »

Pour conclure, Maurras commente ainsi les trois déesses républicaines : « nous tenons la Liberté (avec un grand L) pour un leurre et sa sœur l'Egalité pour une sottise : <u>nous avons toujours retenu la Fraternité.</u>

Ceux que Napoléon appelait « les drôles » qui nous gouvernent ont sinistrement renoncé à notre indépendance. La république reçoit ses ordres des mains de Bruxelles. Notre armée est réduite à sa plus simple expression.

Le gouvernement actuel d'Alger a tristement abandonné toute indépendance : une base militaire étatsunienne est enkystée dans son territoire.

L'ordre public est bafoué impunément au Nord et au Sud de la Méditerranée.

La civilisation humaine est en danger de mort à moins que des minorités intelligentes et vigoureuses animées d'une foi ardente n'obtiennent la Renaissance qui viendrait de la réunification de la France et de l'Algérie.

--

LES CHRÉTIENS LIVRÉS PAR LEURS CLERCS
3 octobre 1962

Il existe en France et à l'étranger plusieurs tribus de chrétiens progressistes. Toutes sont également méprisées par les ennemis de notre patrie, qu'ils soient marxistes ou F.L.N. Ces derniers se servent parfois de ces collabos frénétiques, mais ils le font avec répugnance. Pour une part de l'opinion, ici et ailleurs, l'abandon de l'Algérie n'aura été possible que par leur sale besogne menée sans arrêt depuis 1954 : que ce soit *Témoignage Chrétien, La Quinzaine*, ou même *La Croix*, cette entreprise réunit le plus souvent une ignorance illimitée des problèmes algériens, une haine des chrétiens d'Algérie encore plus forte que l'affection pour le F.L.N., une pratique constante du mensonge par omission, une idolâtrie abjecte de l'histoire. Il est infiniment triste de voir *Frères du Monde,* [57] la revue franciscaine consacrée à l'église en Algérie « à la traîne des préjugés marxisants ».

Mais le saint patronage du *Poverello* et du bienheureux Raymond Lulle a opéré avec efficacité : les auteurs de la revue éprouve déjà des remords et les expriment.

Un premier texte, qui engage la rédaction tout entière, traite de « La mission et l'Algérie ». C'est assurément la plus jolie collection de clichés marxistes (d'un marxisme à bon marché) et l'ignoble « Monsieur T. C. » va en être jaloux. Ainsi, l'Algérie française, c'était la relation « maître-esclave » ! On veut la voir remplacée par une rencontre entre égaux. Quelle candeur ! Pour la première fois depuis 1830, des tyrans gouvernent l'Algérie et imposent leurs caprices à la population. On cherche une réconciliation après la défaite, mais les mêmes avaient boudé le magnifique élan du 16 mai, car c'était une victoire de la France. On reprend imperturbablement le mythe de la guerre « coloniale » sans comprendre que l'on se ment à soi-même en parlant de son caractère « implacable ». Si l'on répudie, à bon droit, l'image du combat de la croix contre le croissant, pourquoi ne pas faire allusion aux grossières tentatives du F.L.N. pour transformer sa rébellion en « guerre sainte » ? En revanche, il s'agissait bien du combat de Rome contre Moscou. Les communistes ont trouvé une alliance positive pour s'installer. Le dernier couplet, « l'Alléluia pour l'église d'Algérie ressuscitée » a quelque chose d'indécent comme le signe d'un meurtrier qui danserait devant celle qu'il vient de tuer. Ce n'est pas le matin de Pâques, tant s'en faut, mais la prostration du

---

[57] 1962. 208 rue de Pessac, À Bordeaux.

Vendredi   Saint   devant   l'agonie   au   Golgotha.

Frères du Monde donne aussi le plus abondant choix de textes de Mgr Duval que nous ayons vu. Quelle que soit la célérité et le ton employé dans ses homélies, toutes celles qui ont été prononcées avant 1954 peuvent être acceptées. Pour toutes les autres, on voit clairement que ce prince de l'Eglise a agi mondainement, en prince de ce monde. Il a pris parti, renonçant sinistrement à sa mission spirituelle, pour le F.L.N. En 1956, craignant la victoire française, il osait la qualifier de « déchéance ». En 1959, il a condamné « l'anticommunisme tapageur », sans préciser ce qu'il pensait des autres formes d'anticommunisme. En 1961, il a pris la terrible responsabilité de dire : « il y a des mensonges qui sont pires que le crime, parce qu'ils sont la cause de nombreux et épouvantables crimes », ses amis progressistes peuvent trembler devant le martyre de l'Algérie, martyre qu'ils ont préparé directement. En 1962 enfin, il constate son échec pastoral en voyant la cathédrale d'Alger vide, le jour de Pâques, par sa faute ; il montre un mépris incroyable pour ses ouailles en disant dans un style préfectoral et policier : « non seulement le crime offense Dieu, mais il compromet les droits et les intérêts les plus légitimes ». Il est bien rare, dans l'histoire de l'église, de voir un archevêque mené à l'abattoir en injuriant le troupeau que Dieu lui a confié.

--

UN « DÉLIT DE PATRIOTISME » POUR LE SÉNATEUR DUMONT ?

20 décembre 1962

L'immunité parlementaire représente toujours un frein irritant quand l'esprit de persécution se développe. Ainsi le Garde des Sceaux, qui veut satisfaire un client pour lequel le patriotisme est un délit, a l'intention de demander la levée de l'immunité pour M. Claude Dumont, sénateur de Sétif-Batna et pour M. Le Pen, député de Paris. Il serait sans doute fin de montrer à des gens que n'étouffent pas les scrupules que ces poursuites sont immorales. Mais ils comprendront peut-être le langage de l'intérêt : l'immunité des parlementaires a justement ceci de curieux qu'elle concerne aussi bien l'ami que l'adversaire. Si on la restreint et si on la supprime, la démarche risque d'être imprudente pour ceux-là mêmes qui l'applaudissent. Il faut reprendre à l'occasion la villanelle du bon Desporte et dire :

> « *Et puis nous verrons à l'épreuve*
> *Qui premier s'en repentira.* »

Mais il y a bien plus grave que ces menaces : nous assistons à une véritable entreprise de dévoiement de l'opinion française. Commencée vers 1956 par M. Mendès-France et l'*Express*, on est malheureusement surpris de voir M. Beuve-Méry lui prêter maintenant son influence et affirmer cet « axiome » contre-nature selon lequel le patriotisme est un délit et la trahison une « bonne », une « sainte » et louable   activité.

Que fait-il d'autre, sinon se moquer des Français et de tous les êtres de raison, quand il parle d'un « néonazisme » ? Il existe bien un péril néonazi. Et il n'est pas français. On le trouve justement dans les rangs du F.L.N. sous la forme du racisme noir. Si l'on examine les termes de nationalisme et de révolution, on perçoit un relent de nazisme qui ne trompe pas. Quant aux collabos du P.S.U., leur troupe peu nombreuse mais très haineuse entend détruire la patrie naturelle au nom d'une immonde chimère : l'Étoile Rouge vaut bien une croix gammée,   n'est-ce   pas ?

Il est beau de se scandaliser quand un lieutenant ose abuser cyniquement de la confiance des jeunes soldats dont il est responsable, mais cela implique que l'on s'est scandalisé bien davantage chaque fois qu'un grand personnage de l'État a abusé la nation entière. Comme il n'en fut rien, hélas, pour M. Beuve-Méry, ce dernier devient un juge parfaitement   disqualifié.

Pendant des années, les victimes des attentats du F.L.N. ne pouvaient même pas compter sur « l'assimilation aux assurances ». Aujourd'hui que des traîtres ou des collaborateurs du F.L.N. sont victimes de leurs propres actes - qu'ils ont perpétrés en toute liberté et en pleine conscience - on perd jusqu'au droit moral de les plaindre. En effet, quand les Français musulmans étaient assassinés chaque semaine dans Paris et sa banlieue, quand certains imbéciles criminels expliquaient sinistrement la passivité de la justice en déclarant : « tant que cela se passe entre eux… », c'est à partir de ce moment-là que l'État ne méritait plus son nom. D'ailleurs on s'en souvient, la 4ème République en est morte.

Une autre question de méthode morale : pourquoi « toutes les autorités civiles, militaires, spirituelles » n'ont-elles pas solennellement condamné en temps voulu les meurtres, les méthodes, la « doctrine » et les desseins crapuleux du F.L.N. ? Et quant à suspendre la vie du pays « ne fut-ce que quelques minutes », M. Beuve-Méry doit comprendre que ce n'est pas du néonazisme, mais du nazisme à l'état pur. La résistance entendait, elle entend toujours défendre et accroître la vie du pays. Depuis quelques mois, on entend Tartuffe parler en maître en France. M. Beuve-Méry lui prête sa voix inconsciemment. Les communistes et le P.S.U. le font consciemment. Il leur faut obtenir la condamnation du patriotisme et de la résistance, en même temps que la glorification de la trahison. Ce n'est pas si facile et c'est certainement prématuré.

On trouvera une raison de cette impudence dans l'affaire de l'Algérie française ; ce qui reste tout à fait insupportable aux collaborateurs et aux traîtres, c'est que l'Algérie française est très peu chimérique, qu'elle dispose pour aujourd'hui et pour demain d'immenses possibilités de succès. Mais bien entendu, plutôt plonger tout le pays dans le sang que de consentir à une victoire de la France, du cœur et de l'esprit humains.

--

LE 13 MAI VU PAR LE COLONEL TRINQUIER

9 janvier 1963

Le colonel Trinquier a été à la fois un témoin privilégié est un acteur important du journée de mai 1958 en Algérie. Dans le *Coup d'Etat* du 13 mai [58], il relate ce qu'il a fait et ce qu'il observé et son témoignage sera précieux pour l'historien de l'avenir. Il montre fort bien comment le mouvement généreux d'Alger a été détourné de son cours. Il qualifie cette manœuvre « d'escroquerie, sans précédent dans notre histoire. » cette escroquerie reste en effet une des plus graves qui soient puisqu'elle s'est produite dans l'ordre de la morale naturelle qui tient pour sacrées l'amour de la patrie et la volonté de la défendre. Aux militaires empêtrés dans les arguties qui procurent de bonnes explications administratives au déshonneur des capitulards, le colonel Trinquier rappelle « la première et la plus ancienne mission de l'armée : la protection de nos compatriotes et la défense de la nation. » Avant de poursuivre de montrer l'intérêt de cet ouvrage, il convient de faire des réserves sur les notions de « coup d'Etat » et de « révolution » telles que les emploie le colonel Trinquier. Trop vagues et d'une acception contestable, elles n'éclairent rien.

C'est à partir du moment où le colonel, pour lutter contre le terrorisme dans l'Algérois qui paraissait insaisissable, mit en place le dispositif de protection urbaine [59] que les attentats étaient condamnés à disparaître. Il est surprenant à ce propos de noter l'attitude de la police : Elle ne devait pas rencontrer meilleur auxiliaire que les civils du d.p.u.et pourtant elle multiplia pour les difficultés et les embûches. Il y a eu une idée fixe de la trahison et de l'abandon.

---

[58] Paru aux éditions de l'Esprit Nouveau, 39 boulevard magenta, à Paris.
[59] Connu également sous le sigle de d.p.u.

L'époque de la bataille d'Alger nous vaut un intermède Paul Teitgen que nous ne nous priverons pas de citer. On se souvient qu'au début de l'opération, un état-major mixte, civil et militaire avait été créé et siégeait à la préfecture. Paul Teitgen y assistait rarement et quand il venait, il arriver en retard : « voilà M. Mixte qui arrive » disait alors de sa grosse voix le général Massu, pendant que M. Teitgen, affairé et ahuri, comme un écolier pris en faute, s'asseyait à la place activement libérée à la droite du général.

En passant, le colonel Trinquier en hommage à M. Lacoste. Il termine, non sans malice en précisant : « les rapports que j'ai eus avec lui pendant la bataille d'Alger, ont toujours été emprunts de la plus grande sincérité même s'ils ont été orageux. » Cela dit, le succès même du d.p.u., son efficacité antiterroriste, le prestige qu'il donnait à Trinquier auprès des populations civiles, entraidèrent la méfiance du gouvernement et du ministre des Armées.

Pour toutes sortes de motifs inavouables, le personnage des parachutistes a été noirci à plaisir. En fait le colonel de paras Trinquier s'est enquis directement de toutes les nuances de la pensée musulmane en Algérie. Il demanda aux rebelles, voire à des tueurs tels que Yacef Saadi, d'expliquer leurs revendications politiques : on est tout surpris de constater que même chez un tel personnage la revendication la plus profonde et la plus explicite était *l'intégration*. Yacef Saadi avait même remarqué que « dans la masse, la considération passait avant la citoyenneté qui n'avait pas encore de sens précis. » En outre, le colonel Trinquier veille à faire adoucir la condition matérielle des FLN prisonniers à Barberousse. Plus loin l'auteur montre comment, parmi les officiers mêmes qui voulait garder l'Algérie à la France, peu en voyaient le vrai moyen : par défaitisme, ils croyaient que les musulmans ne voudraient plus de l'intégration ; d'autres par racisme ne pouvaient admettre que les musulmans soient leurs égaux. Des « bonnes volontés » de cet ordre rendaient possibles les manœuvres d'abandon exécutées ultérieurement.

On arrive ensuite au 13 mai proprement dit. La hardiesse du général Massu qui se lança à fond dans le mouvement rencontre une réserve irritée de la part de quelques officiers généraux : ces derniers acceptent très bien la défaite, les abandons, à condition qu'il ne manque pas un bouton aux guêtres des soldats et que le règlement soit rigoureusement appliqué. Aux règlements, le colonel Trinquier a toujours préféré le salut de la patrie.

Au moment où se constituait le Comité de Salut public du 13 mai, « M. Delbecque avant même l'ouverture de la séance, s'était nommé lui-même vice-président du comité. Certes il n'avait pas perdu de temps. » Delbecque fit en sorte de donner une portée exclusivement gaulliste à ce mouvement qui était le gage de renaissance de la France entière. Les déceptions allaient suivre après le retour au pouvoir du général De Gaulle.

Le colonel Trinquier termine son livre en invoquant la « révolution du 13 mai », qu'il faut retrouver et reprendre. En fait, dynamique en était et reste *l'intégration*. Comme le régime néogaulliste a mit quatre ans pour livrer ce territoire, l'idée d'intégration a fait son chemin dans ce laps de temps. Temps que l'Algérie n'aura pas été détruite de fond en comble, Elle reste une chance décisive de notre avenir.

--

LES FUSILIERS MARINS AU
SECOURS DES HARKIS

16 janvier 1963

Pendant que de bons imbéciles réveillonnaient grassement au camp de Rivesaltes mourraient deux bébés par jour. Il y mourra bientôt autant de femmes. Ces victimes du froid, du manque de soins, de l'inconscience ne sont même pas les victimes directes du FLN. Ainsi, en 1963, des Français libres, qui ont offert à leur patrie le témoignage irrécusable et coûteux de leur attachement, sont entassés dans de véritables camps de concentration. Aux chambres à gaz près, cela rappelle les camps de la mort des nazis. Une telle abomination ne peut se prolonger. En l'occurrence les choix politique des uns et des autres importent peu. Il s'agit ici d'une affaire de simple humanité. Il n'est pas un homme honnête pour accepter que dure cette honte.

Il importe donc d'aider au plus vite et au mieux les associations qui ont entrepris de secourir nos compatriotes musulmans. Nous avons signalé en leur temps les débuts de l'*Association des anciens de la demi-brigade des fusiliers marins*[60]. Nous en parlerons à nouveau aujourd'hui pour publier le premier bilan de l'association :

« Votre aide a permis de réinstaller les 130 familles dont l'association avait la charge.

« Nos harkis sont en effet tous sortis de Larzac entre le 15 juillet et le 15 septembre.

« Ils ont gagné l'Ardèche, la Drôme et l'Hérault. Plus de 60 familles sont installées à Largentière, petite sous-préfecture ardéchoise, et à Rocles, village situé à quelques kilomètres.

« 25 se sont établies à Beaurière non loin des Alpes. Enfin une vingtaine travaillent à Montpellier. Les autres ont trouvé des emplois dispersés dans ces mêmes régions.

« Pour celles de Largentière, il a fallu ouvrir un chantier de construction de 60 logements. Depuis le 15 août, nos harkis servent de main-d'œuvre sur le chantier ; les fondations de 15 logements sont déjà terminées. L'achèvement de cette première tranche était prévu pour Noël.

« A Rocles, une maison est transformée pour abriter 10 familles en autant de logements indépendants.

« Mais de nouvelles familles gagnent la France..

---

[60] Les dons sont reçus au CCP Paris 18.775.88.

« Une vingtaine sont attendues incessamment. D'autres sont à prévoir dans un proche avenir. »

On ne saurait en effet clamer assez haut cette vérité triste : n'importe quel risque est préférable à celui de rester. Les massacres et les supplices continuent dans l'Algérie livrée depuis dix mois. Chaque village est facilement transformé en abattoir humain et l'anarchie généralisée augmente encore la cruauté des anciens rebelles et des « martiens ». Nous avons eu le témoignage bouleversant d'un camarade harki qui a pu s'échapper par miracle. Il recoupe ce que nous savions d'autre part : des harkis ligotés, roués de coups par des villageois terrorisés, le nez percé auquel on suspend des poids, l'agonie lente sans recours et sans adoucissement de personne. Une phrase de notre camarade nous a particulièrement déchirés dans son imagerie affreuse, simple et éloquente : « les corps de nos camarades étaient éventrés et gisaient sur les routes comme les boîtes de sardines que nous ouvrions et que nous jetions pendant les « opé ». Ce frère musulman estime d'ailleurs que le FLN est inférieur aux chiens.

Tout ce sang crie et demande justice. En attendant de l'obtenir, il faut tenter le possible et l'impossible pour sauver encore des familles.

Ce n'est pas tout : les anciens de la demi-brigade de fusiliers marins sont aussi, semble-t-il, les premiers à poser un problème spécifique : celui de l'aide à apporter aux invalides de guerre et aux vieillards.

Et bien des anciens combattants sont inaptes au travail.

Les blessés, les vieillards doivent être pris en charge ; les pensionnés sont rares et bien faibles leurs pensions. L'association est décidée à ouvrir pour eux une maison de « repos » à Rocles, qui est un coin charmant, perdu dans les collines cévenoles : le climat y est presque méditerranéen.

Comment ne pas accorder à ces anciens combattants un lieu de repos et de paix ? Nous devons penser que le rapatriement des harkis est loin d'être terminé.

Nous devons pensez à ceux qui ne peuvent plus travailler.

L'association est décidée à trouver un deuxième souffle.

Aidez-la dans ce nouvel effort.

En souhaitant que cet appel soit entendu, nous prierons les lecteurs de la *Nation française* de nous communiquer tous les cas d'aide insuffisante qu'ils rencontreraient.

DES RUINES PRÉFABRIQUÉES
10 avril 1963

En avril de l'année dernière, l'équipe de la *Nation française* avait procédé à un examen méthodique du texte des « accords » d'Evian. Quatre députés d'Algérie participaient à cette étude : élus par Mostaganem, Alger, Tizi-Ouzou et Bône, ils étaient largement représentatifs de cette province aujourd'hui captive ; de plus, leurs conclusions et leurs jugements ont reçu une confirmation totale.[61] Il aura fallu la saisie des propriétés de M. Borgeaud pour que l'on s'aperçoive, au *Monde* et au gouvernement, qu'il y avait une crise des « accords ». Il s'était pourtant produit auparavant des manquements qui étaient des crimes et dont les officiels s'étaient gardés de parler.

Le gouvernement, en effet, n'a pas jugé bon de s'émouvoir devant la torture et le massacre de Français particulièrement

---

[61] Voir *Pourquoi « non »,* supplément au numéro du 4 avril 1962.

courageux et méritants : les harkis. Or, il faut bien dire que ces atrocités contrevenaient au chapitre II de la déclaration d'Evian, qui stipule : « Nul ne pourra faire l'objet de mesures de police ou de justice, de sanctions disciplinaires ou d'une discrimination quelconque, en raison :

- d'opinions émises à l'occasion des événements survenus en Algérie avant le jour du scrutin d'autodétermination :
- d'actes commis à l'occasion des mêmes événements avant le jour de la proclamation du « cessez-le-feu ».

Il est certain que le gouvernement du FLN après une suite de démentis, finissait par rejeter la faute sur des bandes incontrôlées. C'était justement prouver ce que nous voulons démontrer : son incapacité légale, morale et physique à gouverner l'Algérie.

Il y a eu aussi un autre manquement grave à la lettre et à l'esprit des accords d'Evian. Ce fut quand la prétendue « assemblée nationale » d'Alger se réunit pour décider que les Européens de nationalité algérienne seraient des citoyens de seconde zone. Il convient de dire que, même dans l'optique du FLN, cette mesure était stupide et maladroite. Cela est si vrai que le « député Berenguer, qui a trahi avec constance et efficacité en faveur du FLN a cru devoir protester avec force. Reportons-nous cependant au chapitre II de la Déclaration des garanties. On peut y lire : « Les Algériens de statut civil de droit commun jouissent du même traitement et des mêmes garanties (sic), en droit et en fait, que les autres Algériens (…) »

Le monde est ainsi fait que l'on a rencontré plus de réactions dès que l'on s'est attaqué aux biens. Il faut parler ici de la farce des « biens vacants ». Rappelons à ce propos l'humour prophétique du député de Mostaganem, M. Mustapha Deramchi, au cours de notre débat : « … Mais s'il n'achète pas ? Moi, FLN, ni je vous exproprie, ni j'achète. Je vous laisse crever. Alors, vous partez. J'ai gagné, et la France, elle vous indemnisera. « Au cours de l'année sinistre, de l'année terrible qui vient de s'écouler, ce scénario s'est déroulé plusieurs fois, avec quelques variantes.

Mais c'est à propos de biens temporels que l'émotion a fini par atteindre l'Etat français. Devant l'anarchie qui s'étend dans les départements d'Algérie, Ben Bella a pris des mesures ubuesques : il a confisqué les terres de Borgeaud et de quelques autres. Pourtant, ce méchant et richissime colon avait reçu des certificats de bonne conduite, visés par la presse progressiste, dans la mesure où il consentit à rester dans l'Algérie occupée par le FLN. Toutes les « Mère-Ubu » de la gauche avaient exhorté Ahmed Ben Bella : cela n'a servi de rien. Et il est indispensable de se reporter une fois de plus au texte des accords d'Evian. « Toute expropriation sera subordonnée à une indemnité équitable, préalablement fixée (art. 12) Nous trouvons là une garantie bien faible, peu contraignante (Marc Lauriol avait posé cette question : « Mais équitable ? Jugée par qui ? » et qui s'exprime de façon bien vague. Cet article tout timide nous a valu toutefois une sortie mémorable : « Les accords d'Evian ? Ben Bella s'en moque. » On voit qu'il appartient à la famille spirituelle du chancelier Bethmann-Hollweg, qi ne finit pas plus glorieusement que le « chiffon de papier » historique.

On estime à Paris que le texte des accords d'Evian laisse au gouvernement français le droit de procéder à des essais atomiques au Sahara. Ce droit est implicite : pour l'entendre de la sorte, il est indispensable de se référer aux commentaires édités par le ministère d'Etat chargé des Affaires algériennes. [62] Mais, pour une matière aussi importante et aussi délicate, il valait mieux donner à l'accord une formulation explicite.

Il est impossible, à propos des accords d'Evian, de ne pas aborder la question de fond. Au cours du débat organisé par la *Nation Française*, en avril 1962, M. Deramchi disait : « ... si réellement ces gens avec qui on a traité avaient un peu d'honneur... » Pierre Boutang

---

[62] Les Accords d'Evian – textes et commentaires, à la Documentation française, 1962/

ajoutait : « On raisonne comme si ces gens-là étaient capables de foi. » Et Azem Ouali apportait cette conclusion parfaitement digne et raisonnable : « Nous ne pouvons les accepter, parce que les garanties qu'on nous a données ne seront pas respectées. »

Revenons-en à Ben Bella. Il est étrange, il est plaisant d'entendre des vérités prononcées par des fous. Nous retiendrons cette formule : « Borgeaud (…) appartenait (…) à l'argent tout court, mais ni à l'Algérie ni à la France. » Il est plaisant, mais pour des causes différentes, de l'entendre proférer des énormités telles que : « Les membres de la bourgeoisie (musulmane) nous ont exhibé des attestations de soutien au FLN. Avec moi, ça ne prend pas… » Les sociologues de l'Algérie s'accordent pour affirmer que le FLN a trouvé ses principaux soutiens et ses cadres dans la bourgeoisie, et dans la bourgeoisie la plus riche. Enfin, rodomontade digne de Nasser : « … Toute personne qui ne me laissera pas poursuivre mon œuvre, je la briserai. »

Voilà le président du Conseil FLN. Vu d'Europe, c'est un gigolo parfois agité, et le FLN est un vice dispendieux pour l'Etat français. Une phrase de commentaire publiée par la Documentation française peut provoquer de longues réflexions : « Pour qui veut vivre dans un pays, il vaut mieux être national qu'étranger (sic). » Alors, l'intégration ? Au fait, cette autodétermination de l'Algérie – qui n'a pas eu lieu -, il faudrait se mettre à la préparer.

--

LA GLOIRE DES HARKIS
ET L'HONNEUR DES AUTRES

17 avril 1963

Le rôle essentiel des harkis dans la défense du territoire national, leur efficacité redoutable dans les circonstances de la guerre subversive, la page de gloire qu'ils ont écrite dans l'histoire de notre armée en faisaient la cible de choix de tous les traîtres de l'intérieur, de tous les ennemis extérieurs de la France. Pour les mêmes raisons, ils méritaient de trouver un témoin qualifié et véridique de leur gloire : c'est chose faite aujourd'hui avec l'essai du Bachaga Boualam : *Les Harkis au service de la France.*[63]

Après les pages pathétiques de son premier livre [64], ce nouvel ouvrage prend une grande variété de ton et de forme. Tour à tour rapport technique et récit d'action, réflexion politique ou martyrologe, il ne craint pas l'usage de la verdeur militaire et trouve tout naturellement l'éloquence vraie qui vient du cœur.

Devant la carence des autorités ordinaires que le Bachaga constate avec amertume : « Nous pensions qu'on ne laisserait pas dire et répéter que les musulmans qui se sont rangés librement aux côtés de la France (…) pour la défense d'un sol que nous avons eu la naïveté de croire français, ne sont qu'un ramassis d'assassins et de tortionnaires »,il intervient avec tout le prestige d'un officier français d'avant 1962 : « Non, je ne laisserai pas insulter les harkis. C'est l'honneur de l'armée à laquelle nous appartenons, celui du pays que nous avons choisi qui sont en cause. » Et tout d'abord, il rappelle quelques vérités, car l'ignorance et l'erreur ont été et restent deux puissantes alliées au FLN.

Tous les imbéciles de la trahison « hebdomadaire » seront abasourdis d'apprendre que les harkis étaient au nombre de cent mille et qu'ils « auraient pu être cinq cent mille si tous les volontaires avaient été acceptés. » Le Bachaga Boualam ajoute : « combien de fois des adolescents, des enfants presque, venaient nous supplier de les vieillir un peu à l'état civil, pour combattre à nos côté. » Précisons ici, ce n'est pas inutile, qu'il ne s'agissait pas d'intellectuels de gauche.

---

[63] Aux Editions *France Empire* : préface du général Parlange.
[64] *Mon pays, la France*, chez le même éditeur.

Pour un esprit non prévenu – fût-il de gauche – il sera très significatif d'apprendre que soixante pour cent des combattants du FLN ont rallié la France tandis que deux pour cent de l'effectif des harkis ont déserté. Qui plus est (...) les jeunes appelés musulmans n'ont jamais suivi les consignes de désertion du FLN qui furent aussi impératives qu'ignorées. »

Mais l'adoption du principe des harkis ne se fit ni immédiatement ni spontanément. Le projet rencontrait d'abord l'opposition des routiniers de l'armée perdus devant toute éventualité que ne prévoit pas le règlement. Il était aussi un sujet de moquerie pour tous les militaires ignorants des problèmes de l'Afrique et des pays d'Islam. Enfin, quelques traîtres conscients, avertis de l'importance de cette mesure, s'y opposaient activement. Sans parler de cette catégorie d'opposants, le Bachaga énumère judicieusement les autres « tous ceux qui étaient en train de pourrir les chances françaises en Algérie ; les petits gradés médiocres, les faux paras, les pistonnés, les mauvais colons, les ronds-de-cuir. »

Pourtant le problème n'en demeurait pas moins tel que le formulait dans une langue savoureuse le capitaine Hentic : « les deux tiers de l'effectif passent les quatre cinquièmes de leur temps à se protéger, à se nourrir, administrer et rendre compte, l'autre tiers s'épuisant, en actions sporadiques, à porter des coups désordonnés sur des objectifs plus ou moins définis. » Cette masse représentait le contingent, parfaite pour une guerre européenne, trop lourde à se mouvoir dans le site de l'Algérie.

A propos du contingent, le Bachaga Boualam s'adresse de nouveau aux Français d'Europe : « Je voudrais vous faire comprendre, monsieur Dupont, que c'est pour épargner ces gosses que j'aime comme mes fils – et que nous sommes allés si souvent décrocher des pitons – que nous n'avons cessé de réclamer, d'organiser nous-mêmes, avec nos harkis, la défense de notre sol. »

Ce fut bien tard, quand le général Challe prit son commandement en Algérie, que l'on augmenta le nombre des harkas. En effet, le général Challe demandait et obtenait un effectif de 60.000 harkis. Le chef de l'Etat s'y engageait par écrit, le 19 décembre 1958.

L'extension des personnels harkis entraîna un essoufflement général de la rébellion. C'est ici qu'il importe de voir ce qu'était la rébellion et ce qu'elle demeure. Le Bachaga Boualam écrit : « L'ennemi a un visage d'assassin. Il tue nos femmes, nos enfants. C'est cela, l'Algérie en guerre. Mais on ne le dit pas en France. » Effectivement, les journaux de métropole utilisent le terme pittoresque de « fellagha » quand le mot « assassin » était seul à convenir. Que l'on se reporte à l'accusation de M. Beteille, président de la Commission de Sauvegarde : « Les fellagha tuent pour tuer, pillent, incendient, égorgent, violent, écrasent contre les murs la tête des enfants, éventrent les femmes, émasculent les hommes. Il n'y a pas de supplice imaginable par le cerveau le plus déréglé, le plus sadiquement porté vers la cruauté qui ne soit couramment pratiqué par les rebelles.

La terreur, sous ses formes les plus ignobles, était pour le FLN la seule façon d'exister en Algérie. Pour tout homme la maladie, la souffrance et la mort, ce sont des choses qui comptent. Le Français musulman doit ainsi compter avec le FLN. D'ailleurs, des instructions trouvées sur un chef rebelle tué donnaient l'ordre de mener la guerre sur deux fronts :
- « contre l'autorité de la France,
- contre le peuple algérien pour s'imposer à lui. »

En revanche, les harkis rendaient possibles les moissons qu'ils protégeaient.
« Aujourd'hui les faucilles des harkis et des paysans ajoutent les épis aux épis... » écrit le Bachaga après le récit de moissons faites malgré la terreur. Il ajoute : « Le musulman qui meurt dans son champ, la faucille à la main, sera reçu au ciel comme un combattant de

la guerre sainte, la moisson est un symbole de vie et le laboureur sert son champ comme un prêtre sa messe. »

Dix mille de ces harkis « auraient » été suppliciés et tués en sept mois. (Le conditionnel hypocrite est de M. Lacouture, du *Monde*). Pour ceux-là, nous ne pouvons pus rien, sinon nous battre pour glorifier leur mémoire tant qu'il y aura des Français vivants. Mais il y a d'autres harkis réfugiés en France d'Europe. Leur offrir l'hospitalité ne serait pas suffisant : c'est pour nous une dette d'honneur que de leur faire prendre leur juste place au foyer français, leur foyer national.

La stratégie du communisme et l'entreprise américaine de lutte effrénée contre l'influence de l'Europe à travers le monde butaient en Algérie contre le fait national français. C'est pourquoi il fallait transformer par les manœuvres les plus crapuleuses – et des mensonges criminels – la victoire des militaires et des harkis français en défaite politique. Dans une large mesure, ce plan a réussi pour sa première phase. Mais des livres comme ceux du Bachaga Boualam rendent ses chances à la vérité.

--

REFUS DU MÉFAIT ACCOMPLI

30 avril 1963

Des patriotes auraient très bien pu tenir la souveraineté française en Algérie pour un exemple de domination coloniale et souhaiter maintenir matériellement cette autorité par la violence. Bien loin de l'anachronisme, cette conception trouverait son équivalent dans l'Asie musulmane d'aujourd'hui, sous gouvernement soviétique. Quand on apprend, le 27 avril 1963, que le maire musulman de Duchemba, au Tadjikistan, vient d'être fusillé – après une condamnation à mort pour « corruption » - personne, dans la gauche mondiale, ne demande d'éclaircissements, personne ne proteste. Les différents Etats rejoignent ici la bonne gauche dans leur reconnaissance passive des situations de fait. Or l'Algérie française, c'est pour nous autre chose : nous allons essayer de la définir.

Si l'Algérie française se réduisait à la présence d'une administration européenne et d'une communauté européenne (les Pieds Noirs), tout serait définitivement compromis avec le départ de l'une et de l'autre. Mais l'Algérie française, nous allons le voir, c'est un sentiment qui exprime une réalité et qui la recrée sans cesse. Ce sentiment est partagé par les Pieds Noirs, quelques Français d'Europe, la masse des Français musulmans. Chacune de ces trois catégories fournira des libérateurs, à condition de savoir ce que l'on attend d'elle. Elle ne le saura qu'en faisant passer la conscience vague ou claire de ce sentiment à travers un programme exprimé par des mots. Si l'on admet avec nous que ce sentiment n'a pas été formulé jusqu'ici, on estimera alors que l'Algérie française est une idée neuve.

Dans cette perspective, on conviendra sans difficulté de la nécessité absolue d'un langage commun. Etablir un vocabulaire assez souple et assez précis pour rendre compte de tout, sans jamais entrer dans les catégories philosophiques de l'ennemi, constitue une tâche primordiale. Au terme de cette mise au point, il ne saurait subsister de malentendu sur l'essentiel ni d'ambiguïté pour le moindre détail.

Il n'est pas mauvais de se souvenir que les mots ont valeur quasi divine en pays de tradition sémitique – et cela concerne particulièrement les Français musulmans de race arabe. Pour les Pieds Noirs, méditerranéens, les mots ont aussi une importance considérable. L'ennemi avait si bien compris le pouvoir des mots qu'il parvenait à empoisonner le langage sans en excepter les sigles.[65] Des arguties fastidieuses sur les notions de « guerre » et de « maintien de

---

[65] FLN, par exemple, fut choisi pour rappeler c.f.l.n. soit « comité français de libération nationale » et provoquer la sympathie par association d'idées mécanique.

l'ordre » ont réussi à jeter le trouble dans des esprits mal informés et mal formés.

Le langage de l'Algérie française devrai s'attacher à définir avec le plus grand soin la situation des religions au sein de l'Algérie française, au sein de la France. Parler, à propos d'Evian, d'un affrontement du christianisme et de l'islam, c'est avancer un anachronisme qui empêche de désigner la réalité et, partant, d'agir sur elle. Ce qui est à la fois souhaitable et possible en notre temps, c'est l'alliance des fidèles de toutes les religions bibliques dans la lutte contre la philosophie marxiste. Exclure l'islam en tant que tel serait justifier a posteriori l'entreprise du FLN et de ses collaborateurs, ce serait réduire l'histoire de l'Algérie française à un simple problème colonial, offrir et n'avoir offert à nos compatriotes qu'un islam diminué dans une France au rabais. A ceux qui jugeaient l'intégration impossible ou dangereuse pour des questions d'ordre religieux, Pierre Boutang a fort bien rappelé : « Car la France est une nation chrétienne en sa vocation, mais il est évident qu'elle n'est pas une société chrétienne. »[66] En fait, le contraire de l'Algérie arabe, l'Algérie kabyle, l'Algérie « pied noir » mais l'Algérie raciste, matérialiste et athée.

Les rapports passionnants et difficiles que la clique du FLN entretient avec les adeptes du « Maghreb uni » et du « nassérisme » montrent bien que le seul nationalisme algérien viable s'inscrit à l'intérieur du nationalisme français. Traiter un « maghrébin » ou un raciste nassérien de « nationaliste », c'est, en dehors de tout jugement de valeur, commettre une erreur matérielle.

Au cours des dernières années, faute d'une claire définition des buts de guerre, on a pu voir certains généraux et certains soldats se dépenser avec dévouement et avec héroïsme pour une cause qui avait été privée de sens. Nous n'aimons pas le « service inutile ».

---

[66] Voir *La Nation Française* du 2 décembre 1959, réponse à M. de Ganay.

Pendant la guerre d'Algérie, l'extrême-gauche française haïssait encore plus la droite qu'elle ne souhaitait la sécession de l'Algérie. Elle a loué les bras des égorgeurs FLN pour se protéger des « paras » dont elle avait et dont elle garde une peur panique. Dans ces conditions, la sale victoire de cette extrême-gauche s'est achevée par la décomposition de la gauche. On a même pu lire, dans la complainte pitoyable du traître Jeanson, cet aveu : « Nous avions le grand capital industriel et nous, un seul et même adversaire : le grand colonat agraire d'Algérie », et pour qualifier le « gouvernement » Ben Bella : « Il y a cette partie (sic) qui se joue là-bas, dans les pires conditions… » [67]

Ces réflexions sur le langage, nous les soumettons à tous ceux pour qui l'Algérie française représente autre chose qu'une attitude ou un accident, mais la croyance profonde dans une œuvre humaine digne de vivre.. Nous apprécierions infiniment l'effort des journalistes, des écrivains et des parlementaires qui s'engageraient à faire usage d'une terminologie que nous définirions et que nous adopterions en commun.

Cet accord permettrait une première œuvre très humble et très nécessaire : démystifier sans cesse, rétablir la vérité en domaine algérien. Il permettrait aussi de reprendre ou de garder utilement le plus de contacts possible avec la réalité du passé et du présent de l'Algérie

Il est tout aussi vain de déclarer que le temps travaille contre l'Algérie française ou pour elle. Il est simplement honnête de constater que l'Algérie française a objectivement plus de chances de vie qu'une Algérie FLN. Nous choisirons de tirer à mesure les conséquences de

---

[67] Dans les *Temps Modernes* de février, il y a aussi, du même, de jolies variations sur les manières de trahir…. le socialisme. C'est assurément un orfèvre que F. Jeanson.

ces réalités : l'avenir politique surgit toujours d'improvisations qui se préparent longuement.

--

FRANCHISE NEUVE DES ASSASSINS

12 juin 1963

Un personnage important du FLN vient de dénoncer les assassinats. Il vient même de condamner les assassins de harkis. Il vient encore – et c'est chose inouïe dans l'histoire du FLN – de flétrir les « attentats criminels » commis contre ces soldats français musulmans désarmés et abandonnés. Si l'on estime avec La Rochefoucauld que « l'hypocrisie est un hommage que le vice rend à la vertu », il faut remercier les hypocrites et savoir gré à Ben Bella d'avoir servi la vérité à sa manière. Le service est indiscutable : la déclaration officielle de Ben Bella à Oran a connu une diffusion très large. Désormais l'intellect progressiste le plus atrophié, le cœur le plus racorni de bigot p.s.u. doit convenir d'une infâme réalité bien reconnue. Un an après la livraison de l'Algérie au FLN, on continue de voler et d'assassiner les harkis ; et les chefs des assassins trouvent que c'est trop.

Remercier les hypocrites qui rendent service à la vérité ne suffira pas dans la circonstance présente. Il convient de savoir aussi quelles causes les ont contraints à cette œuvre inopinée. Et comme les voilà bien partis, nous allons commencer à leur demander des comptes. Ils peuvent déjà attendre un questionnaire exigeant.

Il n'y a certainement pas eu de miracle ni de révélation subite dans l'esprit de M. Ben Bella. Ses déclarations oranaises correspondent à une double pression morale qui s'exerce sur le FLN. Il s'agit d'abord de l'opinion française de métropole qui commence à sortir de sa torpeur inconsciente. Le grand succès de librairie des deux ouvrages du Bachaga Boualam en fait foi. Un an après la capitulation, beaucoup découvrent pour la première fois et l'Algérie et l'Algérie française. Mais ils ne s'en tiennent pas là et ils ont en horreur les lâches assassinats qui se poursuivent. Il s'agit ensuite, ce qui présente plus de dangers pour le FLN, d'un certain écoeurement (parfois d'une indignation) de larges fractions de l'Oumma.[68] Nous en avons recueilli, pour notre part, des échos significatifs. A cette réprobation de l'Oumma quant aux actes s'ajoute une inquiétude quant à la doctrine. Les improvisations para-marxistes du régime FLN semblent téméraires aux yeux de plusieurs musulmans étrangers.

Mais il ne s'agit nullement pour nous de nous arrêter en chemin, après de simples déclarations vertueuses. Nous exigeons aussi que la « diyya », le prix du sang, soit payé en faveur des familles des victimes, de ces hommes qui ont été lâchement tués en dehors de l'état de guerre.

Il y aura plus important à faire, et surtout plus urgent. Puisque beaucoup de nos frères sont vivants, notre premier souci doit être de les sauver eux et leurs familles. Dans cette perspective, la déclaration du Bachaga Boualam est providentielle. La répandre, dans son texte intégral, dans tous les milieux et sans exclusive, peut aider à sauver plusieurs vie, sauvera plusieurs vies. Que l'on se rappelle simplement l'état d'indifférence aveugle de l'opinion métropolitaine en juin 1962 et l'on verra qu'une information objective peut porter ses fruits. Le jour où les équipes dirigeantes du FLN verront que l'aide financière accordée par le gouvernement français à leur ectoplasme politique est immédiatement rattachée à la vie et à la sécurité des harkis, la partie sera à demi gagnée.

Le dernier point de la déclaration du Bachaga mérite une attention toute particulière. Il s'agit, en effet, de l'accueil et de la réintégration dans la communauté nationale. Les anciens combattants européens de métropole sont évidemment tout désignés pour cette

---

[68] Mot arabe qui désigne la communauté musulmane mondiale.

tâche. Mais il reste un rôle immense que pourraient remplir auprès d'eux des étudiants nationalistes, tant pour l'accueil que pour la réintégration dans la société française. Les uns et les autres se doivent de les entourer de la sympathie et de l'estime que ces patriotes ont si parfaitement et si durement méritées.

--

QUELQUES HISTOIRES DU FLN

3 juillet 1963

Avant de disposer d'un territoire à dévaster, le FLN avait déjà des « ambassadeurs ». Maintenant que l'Algérie lui a été livrée toute entière, il dispose même de « consuls » dans quelques-unes des villes ouvrières du nord de l'Europe. L'autre jour, un de ces « consuls » faisait sa tournée dans les logements d'ouvriers musulmans. Mais il n'a pas eu de chance : il a subi une rebuffade éclatante. En effet, il s'est avisé de frapper à la porte d'un ancien harki, exigeant que l'on ouvre, et invoquant sa qualité « d'ambassadeur » (ce qui fait moins romain que « consul » et sonne mieux). Il a eu beau tempêter, jurer, menacer, il s'est heurté à la réponse du harki : « Je ne connais pas d'ambassadeur et je n'ouvre à personne. »

Un ouvrier français musulman nous signale, d'autre part, des comportements très différents dans les polices qu'il a pu voir à l'œuvre. Ainsi, à Marseille, la police française ne considère pas que le FLN est sacro-saint : un gredin, même FLN, est appréhendé. Le port d'armes est interdit, même au FLN. Ce qui fait que l'on peut à Marseille, être musulman et ne pas vivre dans la terreur.

Il n'en et pas du tout de même dans la région parisienne et dans le Nord. Qu'il s'agisse d'une panique ou de consignes précises tout se passerait comme si les membres du FLN avaient le droit de porter des armes et d'être les seuls à en porter, de menacer de mort les Français musulmans et les travailleurs qui n'ont pas eu le courage de rester Français ; d'imposer la carte d'identité FLN ; de tenir des réunions crapuleuses ou l'on exige de l'argent pour faire vivre la petite démocratie populaire ; et toutes ces belles activités sous l'œil apeuré ou placide de la maréchaussée.

Dernier type de police envisagé, la police belge qui a, paraît-il, l'audace extraordinaire d'appliquer la même loi à tous et qui a fait du territoire belge un havre de tranquillité pour les musulmans comme pour les autres.

Un camarade musulman nous apprend enfin les rumeurs répandues dans les milieux kabyles d'Algérie et de métropole. Selon ces bruits, le meurtrier de Mohamed Khemisti serait une jeune femme kabyle qui aurait pu, par extraordinaire, s'enfuir en Suisse pour rejoindre Krim Belkacem et Ben Khedda. Il est évident que nous reproduisons cette dernière information sans la prendre à notre compte : nous jugeons bon de le faire cependant parce qu'elle nous paraît révélatrice d'un état d'esprit bien significatif.

--

IRREDUCTIBLE KABYLIE

17 juillet 1963

Après un an de vols et de pirateries en terre ferme et d'une multiplicité de meurtres sadiques qui reculent les limites de l'abjection, le gouvernement du FLN a su atteindre toutes les formes de faillite. N'est pas Barberousse qui veut, en effet ; quand on entend écumer les mers il faut au moins savoir piloter un navire. On voit d'autre part que le nom imposant de « socialisation » cache de terribles défaillances techniques. De plus les exécutions prolongées des patriotes finissent par indisposer bien des gens qui n'étaient pas très sévères à l'égard du FLN. Et pourtant, à la différence de naguère où intervenaient surtout les traîtres progressistes, le FLN est directement entretenu par le trésor français. On peut même dire qu'il ne subsiste que par lui, non comme un protectorat mais comme une relation inavouable et que l'on ne saurait nommer.

Le gouvernement Ben Bella a effectivement réussi le tour de force qui consiste à vivre au jour le jour et néanmoins à ajouter les ennemis de la journée à ceux des semaines précédentes. On se souvient du « wilayisme » et de la mise au pas laborieuse et inachevée des maquisards : il en est resté des hargnes et des haines redoutables.

Par le goût démagogique de prendre « l'argent là où il se trouve », Ben Bella a choisi cette voie de facilité qui consiste à étendre la misère plutôt qu'à créer et répartir de nouvelles richesses. Il s'est ainsi aliéné une part de la grande bourgeoisie et la totalité des petits bourgeois musulmans. Ce pas de clerc est commenté de façon intéressante par un lecteur de *Révolution Africaine* [69] qui écrit avec une certaine jactance marxiste : « Nul doute que les erreurs énormes qui ont été commises, particulièrement dans le domaine des nationalisations des hôtels, cafés-restaurants eussent été moindres si un appareil d'avant-garde (…) exerçait sa vigilance à travers tout le pays. Il eût pu éviter « l'hostilité de la petite bourgeoisie et des fractions importantes paysannes et ouvrières qu'elle influence. Le socialisme a suffisamment d'ennemis naturels, ne l'oublions pas. Pour lui en créer d'autres ? Et s'il est juste, nécessaire et indispensable de combattre la mentalité petite-bourgeoise, il est erroné d'attaquer directement la petite bourgeoisie. » A ce propos, il est significatif de voir comment Ferhat Abbas a tenu à prendre ses distances par rapport à la camarilla au « pouvoir ».

Avec les syndicats, l'équipe benbelliste a fait en quelque sorte d'une pierre deux coups. Dans son souci de contrôler l'u.g.t.a. elle a indisposé à la fois les masses ouvrières et les Kabyles. Tout le monde sait d'ailleurs que le FLN d'Alger n'est pas en mesure d'administrer la

---

[69] Numéro du 13 juillet 1963.

Grande-Kabylie, que des maquis se reforment dans les Aurès, que de temps à autre les fusils partent tout seuls dans les armées du FLN (sans parler de leurs casernes). Si l'on revient à la lettre du correspondant de *Révolution Africaine*, l'administration benbelliste se caractérise par « le népotisme, la cooptation par sympathie, la flagornerie » et que « l'esprit de coterie, le souci de se maintenir et se hisser priment dans l'ensemble l'efficacité. » Cette administration est faite pour exaspérer les ouvriers d'Algérie, notamment ceux de métropole qui sont dans leur majorité des Kabyles. On comprendra pourquoi Belkacem Krim a choisi de faire une déclaration très importante au *Monde* [70]. Elle surprendra à plusieurs titres, mais surtout par sa vivacité, sa violence et son habileté.

Belkacem Krim fait le procès d'un néo-colonialisme : « Sous la dénomination de *bureau de socialisation*, ces mercenaires irresponsables prennent en main l'orientation d'un pseudo-socialisme, qui est un défi au véritable socialisme. On écarte ainsi des Algériens de valeur des responsabilités économiques et politiques du pays. » Quand Belkacem Krim fait allusion, avec éloge, aux sept cent mille « exilés volontaires » algériens, il semble bien évoquer les Européens d'Algérie. Plus loin, il déclare tout net : « Il est évident que notre Assemblée n'est pas une émanation du peuple. » Il ajoute tranquillement la « révolution sans prison dont se prévalait le régime est un véritable mythe. » Il achève par une véritable déclaration de guerre, d'autant plus redoutable qu'elle vient après une longue patience « Nous avons aujourd'hui le devoir de reprendre le combat pour cette unité qui a échoué à la tête, mais doit s'imposer partir de la base (…), l'heure est venue pour chacun de prendre ses responsabilités »

Si le gouvernement français avait une politique de l'Algérie et qui tienne compte du bonheur des populations, ce serait un jeu de débarrasser les Algériens de toute origine des crabes ennemis du FLN qui s'opposent, se neutralisent, s'entredétruisent si

---

[70] Parue le 11 juillet 1963.

consciencieusement. Ce serait une gloire accessible que de libérer l'Algérie, sans verser de sang innocent et de repousser dans l'oubli l'année terrible que nous avons vécue en amnistiant les FLN amnistiables. Il y aurait de la grandeur à refaire l'unité de la patrie… Malheureusement, les souteneurs du FLN n'ont rien à craindre : il n'y a plus de projet gouvernemental pour l'Algérie. La débilité de l'équipe Ben Bella laisse croire qu'il sera remplacé, à courte échéance, mais pour quelqu'un de pire que lui, en raison de l'absence française. Son « gouvernement » de meurtres et d'inefficacité, par comparaison avec ce qui va suivre – et à cause de notre misérable abstention – semblera une manière d'âge heureuse.

--

LES NOUVEAUX MAQUIS

28 août 1963

Parce qu'il est moins facile de gouverner l'Algérie que de retenir des chambres dans les hôtels suisses, d'intriguer dans les couloirs de l'ONU, avec l'argent fourni par Irwing Brown, où d'égorger sans risque de répression policière les ouvriers français musulmans de Paris, les ambitions du FLN vont buter de plus en plus contre la résistance des choses et la révolte des hommes. Et comme le FLN veut ignorer les .réalités naturelles, il mène joliment une politique ubuesque. Il s'aliène aujourd'hui la totalité de la bourgeoisie musulmane qu'il estime trop riche ; demain il persécutera les ouvriers parce qu'il les trouvera trop
pauvres, trop lents dans la course à la productivité[71] et M. Gilles Martinet assez lucide.[72]

---

[71] *Alger Républicain* du 23 août cite sans rire la déclaration naïve d'un président du comité de gestion ouvrière : « … en prenant l'usine entre nos mains nous avions dû aussi (sic) nous charger de ses obligations. »
[72] M. Belahaouane est le « ministre de l'Information » du prétendu gouvernement algérien.

On sait que le maquis de Dra-el-Mizan dirigé par Abdelkader Rezak, s'est vu reprocher d'organiser la résistance kabyle pour le compte d'Israël : « il y a parmi eux un juif algérien, la femme d'Abdelkader Rezak est elle-même une juive polonaise. Cette coïncidence troublante nous fait penser qu'il s'agit d'un complot qui a des ramifications lointaines (...) » Il n'est guère besoin d'être prophète pour deviner que le gouvernement FLN va aussi découvrir qu'il y a de plus en plus de Kabyles dans les maquis kabyles. Il est fort possible qu'il recoure à l'explication des « ramifications lointaines. » C'est-à-dire qu'il évoquera la conversion au judaïsme, il y a plusieurs siècles de quelques tribus berbères. Il pourra aussi affirmer que les Kabyles, n'étant pas des Arabes, ne peuvent former que des éléments douteux de la population. Mais où l'on attend, si l'on peut ainsi parler, le FLN, c'est à l'explication, demain, de l'existence de maquis chaulas dans les Aurès et de maquis arabes dans toutes les régions d'Algérie. Car on commettrait une grave erreur d'appréciation en supposant que les Kabyles ont le monopole du mécontentement et de la résistance armée. Si les Kabyles regimbent devant l'arrogance raciste de fonctionnaires arabisés d'Alger ou du Caire, les maquis arabes se forment aujourd'hui pour des raisons économiques et politiques.

Contentons-nous pour l'instant d'étudier les suites de la dénonciation du premier maquis kabyle repéré.

Il apparaît tout d'abord une formulation officielle, ministérielle même, de l'antisémitisme des Arabes d'Algérie. Ce racisme-là, la souveraineté française avait fini par l'atténuer dans la bourgeoisie musulmane. Il va maintenant se donner libre cours. Si M. Jean Daniel était capable d'éprouver des remords ou des regrets, ce serait pour lui le moment de les ressentir pour ses grossiers mensonges ou sa naïveté épaisse et pour la constance avec laquelle il a induit en erreur la gauche fortunée d'Europe.

Il y a un deuxième aspect à retenir de la réaction du FLN après sa découverte du maquis de Dro-el-Mizan. Il s'agit de la première expression publique de son mépris pour ses « collabos » européens. En effet, le peuple a manifesté son agacement vis-à-vis des « blousons noirs de la révolution » et, ce qui est dur pour le p.s.u. et pour le traître Jeanson, sa réprobation pour les « petits bourgeois impuissants en mal de folklore » et pour les « aventuriers politiques au service de n'importe quel maître ». Plus marxistes - et donc plus pédants – *La Révolution africaine* dénonce avec férocité la « petite bourgeoisie cosmopolite au caractère a-national ». Nous n'oserions pas nous livrer à de telles violences verbales à la *Nation française*.

Devant cette pénible bastonnade morale, la gauche française réagi avec masochisme, ce qui est triste. Mais elle a aussi quelques éclairs de lucidité, ce qui est plus heureux.

La part de masochisme n'est pas négligeable. Puisque « Ben Bella a dit que les services rendus pendant la guerre ne donnaient à personne le droit d'intervenir dans les affaires du peuple algérien et de lui dicter sa conduite… », Gilles Martinet reconnaît « que c'est le bon sens même. » Il se moque au passage de « (…) la naïveté de quelques vieux adolescents pour imaginer que des révolutionnaires « haut le pied » peuvent servir de locomotive à tous les trains de l'histoire. »

Mais cela ne nous empêchera pas de retenir la part de lucidité aussi tardive qu'elle soit. Parlant des « collabos », Gilles Martinet note : « Ils avaient à ce point cru à l'Algérie de leurs rêves qu'ils ne parvenaient pas à comprendre l'Algérie réelle. » C'est parce que nous aimons ici l'Algérie réelle que nous avons détesté l'Algérie de leurs rêves – Gilles Martinet remarque également « les illusions que la guerre d'Algérie avait fait naître chez certains ne pouvaient pas ne pas être un jour ou l'autre, dissipées, de même que l'ambiguïté de certains rapports. »

Nous n'avons pas cessé ici de montrer l'étendue et l'ineptie de ces illusions et de déplorer la monstruosité absurde des traîtres. Dra-el-Mizan signifie en arabe : « les bras de la balance ». Il serait prématuré d'attendre déjà l'heure de la justice. Mais dès maintenant peut-être commence le long jour de la vérité.

--

« CES BOURREAUX BARBOUILLEURS DE LOIS »

4 septembre 1963

Depuis 1789 où la France ne dispose plus d'institutions mais de « constitutions », les Français ont pris un goût de collectionneurs pour les différentes formes possibles de codification politique. Ils auraient même un faible pour les espèces les plus aberrantes dans la mesure où elles apportent une infime nouveauté, une variante discernable par le seul connaisseur. Le « droit constitutionnel comparé » peut se classer en bonne compagnie, à côté du « tiercé » par exemple, dans les loisirs favoris de nos concitoyens. La constitution de l'Etat-fantoche du FLN peut combler les plus exigeants des amateurs par son aspect hybride, son ignorance de la nature sociale de l'Algérie, sa propension à se dévorer les pattes sans s'en apercevoir, à la manière d'un catoblépas. Loin de chercher à tout dire sur un sujet aussi mélodramatique – qui est inépuisable par définition – nous nous limiterons à quelques remarques. Elles seront fondées sur le texte « constitutionnel », le compte rendu des débats publiés par *Le Peuple* et sur les commentaires officiels des augures du FLN.

Le préambule de cette constitution [73] va remplir de stupéfaction les historiens les plus sérieux. Il leur apprend l'existence d'un « Etat algérien » (sic) en 1830. C'est ce qui ressort du premier paragraphe qui

---

[73] On peut en trouver le texte français dans *Le Peuple* du 29 août 1963. L'article 40 est donné dans sa version arabe. Il s'agit de la formule du serment prêté par le Président de la République. Les « constituants » n'ont pu se mettre d'accord sur sa version française.

fait allusion à « l'agression de 1830 contre l'Etat algérien ». Il faut espérer que cesse la longue berlue des historiens qui osaient parler du Dey d'Alger et de présence turque. A moins que l'on s'aperçoive, avec le reste du texte, que ce document se compose d'une suite d'inconséquences plus ou moins drôles, de contradictions graves et d'impossibilités absolues.

L'article premier nous apprend que l'Algérie est devenue « une république démocratique et populaire. » Autrement dit, elle prend le statut de colonie soviétique. On sait, en effet, que la Pologne et la Roumanie, colonisées, ont droit à l'appellation de « République populaire », tandis que l'Ukraine, qui jouit du statut de métropole, se nomme « République socialiste soviétique ».

C'est avec l'article 2 que l'on rencontre la première inconséquence : « Elle est partie intégrante du Maghreb arabe, du monde arabe et de l'Afrique. » Il convient en effet de voir que les intérêts du monde arabe et ceux de l'Afrique ne sont pas souvent les mêmes.

Quand l'article 5 stipule ensuite que « la langue arabe est la langue nationale et officielle de l'Etat », il réunit les inconséquences, les contradictions et les impossibilités. Il s'agir d'une inconséquence parce qu'il n'y a pas de dialecte arabe commun aux arabophones d'Algérie, et parce que cet article chasse pratiquement les Kabyles de la communauté « nationale » et de l'administration « officielle ». Il entraîne une contradiction, que l'on voit formulée dans l'article 76 : « La réalisation effective de l'arabisation doit avoir lieu dans les meilleurs délais sur le territoire de la République. Toutefois, par dérogation aux dispositions de la présente loi, la langue française pourra être utilisée provisoirement avec la langue arabe. » Il y a en outre une impossibilité physique : quelle que soit la consommation par l'Algérie d'instituteurs nassériens, il n'y aura pas davantage de personnes *sachant* l'arabe classique qu'il y a en France d'Europe de personnes sachant le latin.

Les craintes que nourrissent certains au sujet de l'économie de l'Algérie sont confirmées par l'article 10 qui définit pour objectif « l'élimination de tout vestige du colonialisme ». On sait ainsi que la constitution se propose la destruction de toute richesse économique, de tout moyen de production.

Le même article 10 proclame bien légèrement « la lutte contre toute discrimination, notamment celle fondée sur la race et la religion. » Or, on demeure abasourdi de lire, au troisième alinéa de l'article 39 de la même constitution : « Tout musulman, algérien d'origine, âgé de 35 ans et jouissant de ses droits civils et politiques, peut être élu Président de la République. » La lutte contre la discrimination religieuse ou raciale est mal partie.

Cette constitution ineffable du FLN est d'une imprudence voisine de la folie. On lit, avec émerveillement, à l'article 11 : « La République donne son adhésion à la Déclaration Universelle des Droits de l'Homme… » Il se pourrait fort que cette imprudence soit fatale au FLN. En attendant, tous les hommes libres de France qui aiment l'Algérie doivent se souvenir de l'article 11. Ils doivent aussi se reporter à la déclaration [74] dont le deuxième considérant qu'il formule de la sorte : » considérant que la méconnaissance et le mépris des droits de l'homme ont conduit à des actes de barbarie qui révoltent la conscience de l'humanité, et que l'avènement d'un monde où les êtres humains seront libres de parler et de croire, libéré de la terreur et de la misère, a été proclamée comme la plus haute aspiration de l'homme… pareille phrase dénie jusqu'à l'existence du FLN qui s'est fondé sur la terreur et la misère des musulmans d'Algérie et de métropole.

Les ajustements du FLN ont constamment bafoué la lettre et l'esprit des articles suivants de la déclaration : « Article 3 : tout individu a droit à la vie, à la liberté, à la sûreté de sa personne » et

---

[74] Elle date du 10 décembre 1948.

« Article 4 : nul ne sera tenu en esclavage ni en servitude : l'esclavage et la traite des esclaves sont interdits sous toutes leurs formes. »

Il faudrait une fabuleuse légèreté pour s'imaginer que les méthodes vont changer dorénavant. Autant exiger d'un chacal qu'il s'inscrive parmi les végétariens.

À lire le reste de la Déclaration, on est tenté de croire qu'un ennemi acharné du FLN a eu la méchanceté de le faire participer à son élaboration.

--

UNE MORNE ÉLECTION
18 septembre 1963

Il n'y a pas si longtemps, quand le F.L.N. sévissait dans l'ombre, organisée en groupe de tueurs clandestins, élection de son président pouvait intéresser par ses péripéties. Des surprises sanglantes, des rebondissements grand-guignolesques fournissaient un intérêt de très bas étage ; mais les amateurs de « série noire » étaient comblés.

Aujourd'hui, il n'en va plus de même. Les assassins sont passés aux vestiaires où, tant bien que mal, ils se sont déguisés en bourgeois. Une candidature unique a été imposée et les populations d'Algérie qui éprouvent une lassitude infinie accepteraient n'importe quel personnage. C'est d'ailleurs un quotidien FLN d'Alger qui vend la mèche en interrogeant un homme de la rue : « Comme tout le monde, je suis pour la candidature du frère Ahmed Ben Bella. D'autre part, que ce soit lui ou un autre, pourvu qu'on ait un bon gouvernement qui réponde aux aspirations du peuple. Que tout s'arrange. Nous, sommes vieux, c'est à la jeunesse de prendre le relais pour l'édification du pays. » On voit ici quelle résignation est le fait de cet homme d'Algérie : « … que ce soit lui ou un autre, pourvu qu'on ait un bon gouvernement », ce qui peut se traduire en plusieurs sentiments excepté par celui d'une admiration exclusive, et par celui d'un enthousiasme débordant. Une autre réponse montre le scepticisme de certains jeunes, leur choix consciemment marxiste : « nous ne demandons pas mieux que l'élection du président Ben Bella pour une stabilité économique plus sûre (sic), pour la résorption du chômage. Nous ne voulons pas d'un faux socialisme. » Il est clair, dans ce cas, que l'assentiment, révisable, est donné sans enthousiasme. Il est aussi très apparent qu'il ne survivrait pas à un échec. Dés à présent, il sera intéressant d'apprendre quelques réactions des Kabyles devant le projet de constitution et devant les bases du pouvoir personnel.

La Grande Kabylie a infligé un camouflet très grave à Ben Bella par l'abstention quasi générale au plébiscite de dimanche dernier. Ce boycottage est la conséquence de toutes les sottises accumulées par le FLN d'Oran à l'égard des Kabyles.

Les membres kabyles du FLN voulaient effectivement consulter les masses à propos de la constitution. Ils estimaient nécessaire à la tenue d'un congrès. De plus, ils se sont donné parfois la peine de lire le texte du projet constitutionnel et même de le critiquer. L'un d'entre eux a déclaré judicieusement : « la constitution stipule la religion musulmane religion d'État. Par conséquent le président de la république doit être musulman. Je ne suis pas d'accord, car je pense qu'il faut procéder à la séparation du culte et de l'État. Par ailleurs, je déplore qu'il n'y ait qu'un seul candidat à la présidence de la république. » Malgré ces objections graves au projet, leur auteur a prudemment déclaré qu'il votait « oui ». En fait, les abstentions massives de la Kabylie forment une réaction brutale des Kabyles pour défendre leurs droits contre l'arabisation outrancière et primaire telle qu'elle a été décidée en Algérie, soit en R.A.U.

Mais on se tromperait lourdement si l'on croyait que l'opposition reste désormais le monopole des Kabyles. Elle est en fait présente et diffuse partout, en Algérie et en Europe, parmi l'émigration ouvrière ou parmi l'émigration politique.

Et tout d'abord, une lecture un peu attentive des résultats communiqués par le FLN montre que le pourcentage des « oui » reste très loin de l'uniformité. En faisant la part des opérations post-électorales, on constate que sept départements sur quatorze ont relativement « mal » voté. Il est intéressant de constater que, presque dans chaque cas, le « mauvais » vote correspond à des circonstances locales importantes. Ainsi, si l'on omet de citer Tizi-Ouzou qui s'est délibérément moqué de M. Ben Bella, on doit signaler que le département des Oasis a fait grise mine à la constitution. On l'explique en partie par le ressentiment des Mozabites qui ont été spoliés par le FLN après la capitulation d'Évian. Le vote impertinent du département de Sétif s'explique en grande partie par le rayonnement personnel de M. Ferhat Abbâs. La ville d'Alger – oui Alger même – n'a pas donné de votre rassurant que le clan Ben Bella attendait d'elle. Là encore, le nombre des Kabyles installés à Alger ne fournit pas une explication totale du vote. Enfin, est dans l'ordre, Mostaganem, Sétif et Constantine méritent le blâme des benbellistes pour leur relative tiédeur.

Les conclusions que l'éditorial du *Peuple* [75] tire de ce référendum de la passivité sont dangereusement hâtives. Il ne constitue pas en lui-même « la preuve irréfutable de l'attachement des masses populaires au FLN ». Il ne peut que prouver l'efficacité de l'appareil terroriste face à une immense lassitude des populations d'Algérie.

Un peu d'observation, des reportages fournis abondamment par la presse du FLN démontrent qu'il s'agit en réalité d'une consultation du FLN par le FLN pour élire, ou pour valider l'élection du président d'un parti sanguinaire. Il convient d'ajouter qu'il faut entendre ici le sigle sinistre dans son acception la plus étroite : les cadres qui ont choisi de s'intégrer au clan Ben Bella.

---

[75] Dans le numéro du 10 septembre 1963.

Ce n'est pas l'affreuse grimace du « Colonel » Boumediene quand il déclare vouloir rester à sa place, comme le reste de l'a.n.p., qui nous poussera à la compassion. Mais ce qui est grave – et qui nous touche – c'est que toutes ces simagrées électorales ne permettent pas d'entendre la voix de l'Algérie réelle : hommes, femmes et enfants prisonniers sur leurs terres aux prisonniers de l'exil.

--

UNE GRAVE IMPIÉTÉCONTRE LA FRANCE

5 février 1978
Action française Hebdo

Pour mieux comprendre la résonance d'un événement récent, qui se rapporte à la Grande Mosquée de Paris, il ne sera pas inutile de se référer à quelques propos et textes fondateurs. Il convient donc, en premier lieu, d'évoquer le maréchal Lyautey. Quand il présenta la future Mosquée de Paris, il lui conféra sa place privilégiée dans l'histoire de France, analogue à l'Hôtel National des Invalides ou à l'Arc de Triomphe de l'Étoile, lorsque « s'érigera au-dessus des toits de la ville le minaret que vous allez construire à cette place, il ne montera vers le beau ciel nuancé de l'Ile de France qu'une prière de plus, dont les tours catholiques de Notre-Dame ne seront point jalouses. Mais tous les Français qui le verront se détacher, luisante tour sur champ d'azur et d'argent, se souviendront en le voyant, des jours sombres et des champs de carnage où, côte à côte, toutes les religions françaises luttaient pour le triomphe de la Justice et de la Liberté ; ils se souviendront des bataillons africains de Charleroi et de Mondement, d'Artois et de Champagne, des soldats en chéchia de Verdun, au cœur de bronze des Sénégalais sur l'Yser, des goumiers dans les polders de Flandre, et de ces Croyants magnifiques, couverts de blessures et de gloire, qui, sur le chemin des Dames reconquis, au milieu d'un océan de mitraille, s'arrêtaient un instant pur remercier Allah, ils se rappelleront, tournés vers La Mecque, les milliers de tombes des braves musulmans morts pour la Patrie... » A la même époque Charles Maurras affirmait sa gratitude envers « les nobles races auxquelles nous avons dû un concours si précieux. »

Il y peu d'années, en 1992, le maire de Paris, Jacques Chirac, reconnaissait dans la Grande Mosquée de Paris « un Islam étranger à tout fanatisme religieux, parfaitement respectueux des croyances de chacun, et qui aime à rappeler ce vieil axiome de théologie musulmane : un seul Dieu, des législations (au sens religieux du terme) différentes. » Plus récemment le Président de la République, Jacques Chirac, félicitait le Recteur de l'Institut Musulman de la Mosquée de Paris, d'avoir été désigné pour représenter officiellement le culte musulman en France.

Ce qui précède étant établi, on ne comprend guère pourquoi S.E. le docteur Dalil Boubakeur n'a pas été prié à la cérémonie des vœux à l'Elysée, tout comme Mgr Lustiger et M le Grand Rabbin Sitruk. Les arguties mises en avant dans un communiqué « officiel » sur la représentativité de la Grande Mosquée de Paris, paraissent vides de sens. En effet, avec tout le prestige qui est le sien, S. Eminence le Cardinal-Archevêque de Paris, de l'Académie française, n'a pas qualité pour représenter la totalité des catholiques français. De même, le Grand Rabbin de France n'est pas expressément mandaté pour être le porte-parole du judaïsme libéral français. Il est donc clair que cette exclusion des Français musulmans pour une solennité de ce genre apparaît comme un acte de grave impiété commis contre la France. Dans de telles conditions, il est urgent d'en appeler au Président mal informé – et même tout à fait désinformé – au Président bien informé.

Des « lobbys » étrangers

Tout se passe aujourd'hui comme si des « lobbys »[76] étrangers – en particulier américains – voulaient détruire toute la réalité politique de la France en s'attaquant à son honneur, en s'appliquant à la

---

[76] Nous employons à dessein ce sordide néologisme anglo-saxon en lui appliquant un pluriel à la française pour le rendre plus « décent ».

déconsidérer, en lui faisant abandonner ses amis d'Afrique noire et d'Afrique blanche, ses amis d'Orient, ses amis des cinq continents. Ces « lobbys » encombrent les marches du pouvoir depuis longtemps. Leurs agissements sévissaient déjà au temps du pauvre M. Bérégovoy que le quotidien algérois *El Watan* accusait de favoriser les terroristes islamistes. La victoire de la droite aux présidentielles semble n'y avoir rien changé.

Si M. Chirac, président de la République encore française, ne brisait pas ces liens, il enchaînerait la France du passé, du présent et du futur, il en ferait une esclave vautrée dans l'infamie, dans l'impiété à l'égard de nos héros français musulmans morts pour notre pays, il enterrerait dans le néant européo-atlantique les gloires de notre histoire millénaire, la gloire que nous attendons de l'avenir, et notre honneur de toujours.

--

HOMMAGE à SI HAMZA BOUBAKEUR
17 février 1995
France Catholique

Le mot de « disparition » - euphémisme d'usage qui signale que telle ou telle personne vient de quitter ce bas-monde – convient très imparfaitement à des hommes d'une grande envergure morale, intellectuelle et religieuse comme Si Hamza Boubakeur. De cet ancien recteur de l'Institut musulman de la Mosquée de Paris, nous parlerons plutôt d'une présence immortelle bien qu'une grande tristesse nous envahisse à l'idée de ne plus le retrouver sur cette terre. Il fut un moraliste nourri des lettres et de l'esprit français, un érudit incomparable, maître de l'exégèse coranique, docteur émérite en théologie musulmane, croyant exemplaire connaissant profondément les doctrines israélites et chrétiennes, en somme, pour employer une formule dont il honorait quelques-uns de ses amis, « un témoin irrécusable de Dieu ».

Si Hamza Boubakeur savait parfaitement que la France était peut-être le pays le moins « raciste » du monde et même pas raciste du tout. Dans une communication au *Monde* en septembre 1973, il réagit (il y avait déjà, il y a vingt ans, des promoteurs très actifs dont le fonds de commerce était l'antiracisme verbal destiné essentiellement à miner les institutions françaises et à culpabiliser les esprits faibles par une rumeur étourdissante). Si Hamza Boubakeur insiste d'abord sur la neutralité de la Mosquée qui « comme tous les temples élevés à l'adoration de Dieu, enseigne, dans la ferveur, l'amour et la paix sans lesquelles toute religion deviendrait une fiction » ; il précise ensuite : « Elle ne saurait, sans trahir sa mission et renier les principes mêmes de l'Islam, s'immiscer dans les conflits qui opposent les hommes ni les dissensions complexes, internes et externes qui minent l'unité du monde arabe… » Il appelle aussi avec clarté et fermeté l'attention des Français sur les très difficiles conditions de vie des travailleurs nord-africains et il termine par une lucide mise au point qui n'a guère perdu de son actualité : « … Il serait faux et injuste d'attribuer aux Français une attitude raciste à l'égard des Nord-Africains ou de toute autre ethnie… Son antipathie se manifeste contre les mentalités, non contre les races. Tout doit avoir, à ses yeux, une limite, et lorsque le comportement des étrangers lui paraît exorbitant, il s'indigne et s'écrie, exaspéré : « Nous sommes après tout *cheu* nous !... »

Un an auparavant, en 1972, Si Hamza Boubakeur publie sa traduction du Coran (chez Fayard/Denoël). Il s'agit là d'une œuvre monumentale par sa rigueur, la richesse et la précision des commentaires et son caractère sans précédent. En effet, depuis l'Hégire, c'est la première fois que le Coran est traduit et présenté sans esprit polémique par un musulman qui a une parfaite connaissance des religions issues de la Bible dont il compare les dogmes aux préceptes coraniques avec une parfaite sérénité.

La haute spiritualité de Si Hamza Boubakeur se révèle aussi pleinement dans ce *Jésus selon la version de l'Islam*, paru dans le *Figaro* du 21 décembre 1979. « L'invariable appellation « *Issa bnu Mariyamar* »

(Jésus, fils de Marie), qu'on rencontre plus de vingt-cinq fois dans le Coran, associe l'Immaculée Conception à « l'Oint » dans la fervente vénération que l'Islam porte à la mère et au fils (...) (Marie) est chère aux deux grandes religions inspirées : le christianisme et l'Islam. Chacune d'elles la vénère à sa manière avec respect et ferveur. L'Islam aujourd'hui voit en elle l'emblème d'un éternel appel à la réconciliation de tous les croyants autour d'un monothéisme pur tel qu'Abraham l'avait enseigné aux hommes… »

Quant à l'Eglise catholique, dont il lui arriva, avec son franc parler, de dire qu'elle avait oublié le message de Jésus en subordonnant le spirituel au social (*Quotidien de Paris, 24 octobre 1977)*, il ajoutait aussitôt : « Redoutons le néant moral qu'entraînerait la disparition de l'Eglise catholique romaine. Il serait pire encore que le nazisme. »

Généreux donateur, Si Hamza lègue à la France et à l'Islam les cadres sociaux, juridiques, moraux et religieux d'un islam français. Il a souligné à plusieurs reprises que la Mosquée de Paris était une fondation française à vocation internationale.

Au seuil de l'Eternité, qu'il veuille accepter le souvenir fidèle, l'admiration et le profond respect ainsi que les humbles et ferventes prières d'un chrétien.

--

LE MAUVAIS TERRORISME ET LE BON

Octobre 2001

Il y a indiscutablement un mauvais terrorisme. Sa malfaisance intrinsèque est reconnue par l'opinion internationale qui blâme à la fois ses moyens et ses fins. Les choses vont si loin que l'on serait tenté de croire qu'une hirondelle apporterait peut-être avec elle la justice et la vérité. On assiste à un retour inespéré à la loi : l'apologie du crime commis à New York vient d'être condamnée par un tribunal français

Si le retour à la loi va jusqu'au bout de ses conséquences, tous ceux qui ont commis un délit d'apologie de crimes terroristes pourraient s'inquiéter, d'autant plus que d'après de nouveaux traités, il y a imprescriptibilité. Ainsi donc tous les apologistes du prétendu FLN qui a supplicié tant de Français musulmans en France métropolitaine et en France d'Afrique pourraient douter de leur impunité. De même les vétéro ou néo-fascistes du prétendu FLNC pourraient trembler : leur volonté de coloniser une province française par la terreur, par l'apologie du crime serait enfin qualifiée comme il convient dans un Etat de droit.

On ne saurait se nourrir d'illusions, détrompons-nous. Le terrorisme qui s'en prend à d'autres pays que la France est mauvais mais le terrorisme anti-français est pain bénit pour certains drôles qui nous gouvernent ou qui veulent nous conduire par le mensonge à la ruine et au néant. Tout Français qui ne rêve pas d'être un mouton drogué qui se laisse mener docilement à l'abattoir doit se procurer le *Monde des Livres* daté du 14 septembre 2001. Il contient un riche palmarès des apologistes du crime commis contre la France avec la nostalgie du crime contre Paris qu'ils eussent aimé voir se produire le 17 octobre 1961 ; la capitale ne fut pas mise à feu et à sang en raison de la fermeté du préfet Papon. La gauche ne pardonne jamais à ceux qui ont causé ses défaites.

Une motivation commune inspire ces apologistes de la terreur et des crimes terroristes : une haine viscérale, parfois hystérique, de la France. Afin de pouvoir lui donner des bases, il convient de farder, de masquer, de travestir la réalité. Les nobles indignations apparaissent comme une hémiplégie de la morale, le mal venant toujours de la France, le bien de ses ennemis. Pierre Vidal-Naquet, qui se veut historien, consacre dans un article d'à peu près cinq colonnes, cinq lignes pudiques sur la « tragédie des harkis et le sort exact (sic) des pieds noirs enlevés après (resic) les accords d'Evian ». Evoquant la prolifération quasi cancéreuse des apologistes du terrorisme, de la trahison, de la désinformation « érudite », il écrit sans rire : « L'apparition de tels livres témoigne de la conscience des historiens » (sic) signalant plus haut « l'intervention massive des historiens « professionnels » ou « amateurs » (resic). En guise de « lucidité », il s'agit d'un aveuglement programmé à la Goebbels.

Notre religion nous interdit de répondre à la haine par la haine, mais notre vigilance doit être entière et, contrairement au conseil donné par Chateaubriand, devant la multiplicité des nécessiteux, nous n'économiserons pas le mépris

NB : Signalons deux articles excellents : *Les mythes du nihilisme moderne*, de Gilles Bernheim, grand rabbin de la synagogue de la Victoire de Paris, en date du 15 septembre 2001 et *Intégriste, vous avez dit intégristes* de Bruno Etienne en date du 26 septembre 2001, tous deux parus dans *Le Figaro*.

--

RETOUR SUR LA PRISE D'ALGER

4 novembre 2010

Le compte rendu de la prise d'Alger par l'armée royale de Charles X (n° 2801 du 16 septembre) appelle quelques précisions de complément.

Il ne s'est agi en rien d'une promenade militaire qui n'aurait rencontré que des obstacles négligeables. Comme vous le signalez justement, l'Algérie n'existait pas. Hussein, dey d'Alger, d'origine turque, était une sorte de vice-roi, vassal théorique de la Porte. Son autorité s'exerçait sur une population composite. Son armée comportait des Turcs, des Koulouglis (métis de Turcs et d'Arabes), des janissaires et des Berbères, soixante mille hommes environ, commandés par son gendre, l'agha Ibrahim, et constituant la milice deylicale. Elle était équipée d'une artillerie importante et dotée d'une cavalerie de grande valeur. Le dey d'Alger s'était procuré la liste des bâtiments de la flotte de l'amiral Duperré ; il connaissait la composition du corps expéditionnaire qu'elle transportait ; il était renseigné sur le choix de la zone de débarquement, il n'ignorait rien des plans opérationnels de l'état-major français.

L'agha Ibrahim et son plan de bataille

Le plan de bataille de l'agha Ibrahim ne manquait pas de bon sens : « Il faut les laisser débarquer et les détruire ensuite », car – estimait-il – « les Français se trouveront en Afrique dans un pays dont ils ne savent pratiquement rien (…) ils doivent affronter un ennemi qu'ils n'ont jamais rencontré et dont ils ne peuvent imaginer le courage (…) Enfin, l'armée du dey compte une nombreuse cavalerie et celle des Français n'a pas été débarquée. »

C'est à Staoueli que la bataille décisive s'engage, le 19 juin 1830 à 4h30 du matin. Le plan de l'agha Ibrahim semble sur le point de réussir, mais à 7 heures, on constate son échec. Les artisans de la victoire furent le lieutenant-général duc Des Cars, le maréchal de camp Baron Clausel et Berthezène. Vingt mille Français furent engagés contre cinquante mille miliciens du dey. Ils y prouvèrent une bravoure et des qualités manœuvrières exceptionnelles : l'armée française d'Afrique est née de cette victoire. Rappelons aussi qu'il y eut deux mille tués ou blessés dans l'armée française ; il y en eut beaucoup plus dans la milice deylicale. C'est l'occasion de citer une nouvelle fois Louis XV traversant le champ de bataille de Fontenoy et disant au dauphin : « N'oubliez pas mon fils que le sang de nos ennemis est aussi le sang des hommes. »

--

ÉGYPTE

LES DECONVENUES SOVIETO-AMERICAINES EN ORIENT

7 novembre 1956

Cette action rapide et parfaitement concertée de la France et de l'Angleterre au Proche-Orient a rempli de stupeur les dirigeants américains et soviétiques, qui entendaient se partager la région en amusant le colonel Nasser avec des hochets dangereux et des promesses creuses. M. Dulles en a pris une crise d'appendicite ; on le soigne : pour ce qui est de M. Chepilov, le mal qu'il est donné ces derniers temps ne lui a servi de rien. En secret, le digne M. Molotov doit traiter son jeune successeur de blanc-bec. Et devant la presse, P. Chepilov fait des phrases à la Joseph Prudhomme sur la terre, qui continue de tourner... Pourra-t-on le guérir ? Un des traits piquants de la situation sera de voir le représentant de la première démocratie populaire se frotter le dos pour les coups reçus par un petit dictateur fascisant.

M. Dulles a tiré le cordon

L'affaire de Suez s'est développée d'une manière tellement complexe, elle a été suivie d'une telle kyrielle d'événements qu'il n'est pas mauvais d'en rappeler les causes immédiates. Russes et Américains y ont des responsabilités presque égales. En effet, M. Chepilov a entretenu la tension dans les régions d'Orient en fournissant des armes tchèques au bikbachi et en lui faisant des promesses vagues, mais continuelles. De son côté, M. Dulles faisait miroiter un prêt considérable de la Banque Internationale, qui permettrait de construire sur le Nil le fameux barrage de Sad-el-Ali. En juillet dernier, l'ambassadeur égyptien à Washington se déclarait prêt à accepter les conditions des Etats-Unis. Il y avait plus d'un an que la proposition traînait. A peu de mois des élections américaines et dans une atmosphère internationale déjà trouble, c'est le moment que M. Dulles a délibérément choisi pour refuser le prêt. Nasser s'emparait alors du Canal de Suez. Les victimes immédiates étaient l'Angleterre et la France. L'affaire commençait.

La moralité pharisaïque du Labour

Trois mois de discussions vaines – entrecoupées de menaces tout aussi vaines – ont suivi la « nationalisation ». Durant ce temps, M. Dulles a très souvent oublié que les obligations d'une alliance ont un caractère de réciprocité. Les provocations d'Abdel Nasser se sont multipliées. Sans plus dissimuler, il a aidé le terrorisme en Algérie, cependant que la radio du Caire excitait au meurtre. Il a tenté de transformer en haine les traditionnelles amitiés françaises parmi les peuples arabes et musulmans.[77]

Quant à l'Angleterre, il s'est appliqué à contrecarrer son influence en Jordanie, en Arabie et en Irak. Si la formule « mettre en danger la paix du monde » a un sens – en dehors de toute propagande – Abdel Nasser constitue le fauteur de guerre-type ; l'envoi de saboteurs « fedayîn » dans le territoire d'Israël est un acte que les Brid'Oison du droit international peuvent difficilement qualifier de « non-belligérant ». Aussi, la réaction des travaillistes anglais étonne par sa mauvaise foi. Il est dommage que l'esprit civique du Labour connaisse une telle éclipse : il y entre une part de dépit trop humain, une hargne inexplicable contre sir Anthony Eden ; quand on lit les comptes rendus de séance à Westminster, on est confondu devant le pharisaïsme des travaillistes : d'après eux, la moralité de l'intervention armée serait venue du patronage de l'ONU, non pas de la situation objective. L'hebdomadaire *New Statesman and Nation* écrivait il y a deux semaines que la dernière chance de vie d'Israël passait et qu'elle ne reviendrait plus. Cette semaine, le revirement est complet. Qui le comprendra ?

Les droits d'Israël à la vie

Israël est décidé à vivre et M. Mendès-France n'y gouverne pas. Les Américains et les Russes momentanément écartés, il était temps pour M. Ben Gourion de consolider l'existence de l'Etat d'Israël. La campagne-éclair qu'il a menée au Sinaï est un modèle du genre. La précision et le succès des manœuvres, l'humanité du traitement réservé aux troupes vaincues et aux populations civiles en font presque une guerre d'Ancien Régime.

D'autre part, l'occupation du Sinaï permet à Israël d'engager des négociations pour un traité de paix avec ses voisins. Cette position de

---

[77] *Al Kakhbar* (les Nouvelles) du 23 octobre 1956 titre à la page une et en lettres de 10 centimètres : *Grèves* (Azrab). Ces manifestations étaient dirigées contre la France, après l'arrestation des chefs du prétendu FLN. Nasser nous avait déclaré la guerre.

force permet à Israël de ne pas craindre outre mesure l'entrée des troupes irakiennes dans une Jordanie qui a surtout à résoudre des problèmes intérieurs.

L'Irak, nation montante

Cela ne peut lui cacher l'importance grandissante de l'Irak parmi les pays arabes. La disparition politique de Nasser laisse le champ libre à la dynastie hachémite. Mais les hommes politiques irakiens ont plus de pondération que le club des officiers de la révolution. Ils exercent le pouvoir depuis plusieurs années. Ils ont mis l'accent sur le développement économique d'importants barrages fonctionnant déjà et l'irrigation s'améliore sans cesse. L'industrialisation commence. Israël ne demandera pas mieux que de commercer en paix avec l'Irak ; c'est même une de ses revendications.

Suppression de la prime au chantage

Si l'action franco-britannique garde sa vigueur, elle obtiendra très vite des résultats et une modification radicale du rapport des forces en Proche-Orient. Il est déjà clair que le colonel Nasser a conduit l'Egypte au désastre. L'ineptie de ses communiqués militaires est digne du Père Ubu. C'est le moment de rappeler les paroles prononcées par l'ambassadeur de Turquie au Caire, en janvier 1954, devant des membres du Conseil de la Révolution : « Ne soyez pas infatués de vous-mêmes... Par cette révolution, vous ruinerez votre pays. »[78]

Il ne faudrait pas que le peuple égyptien souffre encore des fautes et des crimes d'un colonel hystérique. Le régime de Nasser est un régime « fort », mais il n'est pas difficile de constater qu'il est plaqué sur le pays dont il n'est pas l'expression. Nasser est craint de ses compatriotes ; il n'en est pas aimé comme le fut Néguib. Sa popularité est plus grande chez les petits bourgeois de Tunis et de Fès que parmi les fellahs et les ouvriers riverains du Nil. Sa soif frénétique de pouvoir l'a conduit à considérer l'Islam comme un moyen d'agitation politique plus qu'une religion révélée. S'il quitte le gouvernement d'Egypte, ce sera une vraie libération pour les Egyptiens. Enfin – et ce n'est pas le moins intéressant – son départ

---

[78] Reproduit textuellement dans *The World to day* de novembre 1956.

rendrait pour un long temps très difficiles les intrigues soviéto-américaines dans cette région du monde et consoliderait la paix.

--

LE TÉMOIGNAGE
D'UN FRANÇAIS D'ÉGYPTE

12 décembre 1956

Les Français que l'on rapatrie d'Egypte ne sont pas les premières victimes des faiblesses et des erreurs accumulées par les gouvernements de la république depuis 1945. Avant eux il y a eu, hélas ! les Français de Syrie, ceux de Tunisie, ceux du Maroc. S'il n'a pas été le seul, l'Egypte peut être compté comme le premier Etat arabe ouvert à la vie moderne par la France. Aussi, une profonde amitié s'était nouée entre Egyptiens et Français ; elle survivait aux changements de régime ; on avait pu la croire indestructible. Abdel Nasser vient pourtant de supprimer ce lien près de deux fois séculaire, en vrai pantin de l'URSS et des Etats-Unis, en nouvel Erostrate qui, jusqu'ici n'est célèbre que par ce qu'il a détruit.

Les lecteurs de la *Nation française* trouveront ici les déclarations d'un Français d'Egypte :

« Les premiers jours de bombardements provoquent dans les villes une certaine animosité anti-anglaise et anti-française. Les hauts parleurs diffusent de fausses nouvelles relatant l'imaginaire succès des troupes de Nasser ; ils répandent aussi à tous les coins de rues de la musique martiale pour maintenir dans la population un certain climat d'effervescence. Dressées au milieu des grands centres, d'immenses pancartes représentent des femmes et des hommes luttant contre les parachutistes, un peu partout à Alexandrie, on creuse des tranchées V, que l'on entoure de sacs de sable. Les étudiants s'enrôlent dans l'armée, on les entraîne et on les fait défiler à travers la ville. Beaucoup d'Egyptiens se promènent avec des fusils dans la rue.

« La très grande majorité de la population a été longtemps tenue dans l'ignorance des nouvelles. Et l'on peut penser que les informations en arabe de Radio-Chypre n'ont pas été très largement suivies. Il reste qu'au moment le plus aigu de la crise, les cadres du régime avaient l'air abattus : ils étaient à 24 heures de la catastrophe, privés d'aviation et d'armements lourds, abandonnés par les autres Etats arabes et par l'URSS ; le bruit a couru que les troupes cantonnées à Sidi-Bichr n'avaient pas reçu de solde depuis quinze jours et que les soldats vendaient leurs armes. L'intervention américaine a sauvé Nasser. On a dit, sans que cela ait été confirmé, que des officiers se sont révoltés et qu'ils ont été fusillés.

« Une fois l'alarme passée, au cours de la deuxième semaine de l'expédition, des émissaires de la police sont passés dans les immeubles, ils ont ordonné aux portiers (baobas) de prévenir leurs locataires français et anglais qu'ils devaient quitter la ville dans les dix jours sous peine d'internement. Le lendemain, on précisait au consulat de Suisse que seuls ceux qui recevaient une notification écrite et remise par un agent de police étaient vraiment expulsés.

« Au bureau des passeports, les fonctionnaires à qui nous avons demandé nos visas nous ont dit : « Restez ! Pourquoi partez-vous ? » Mais nous n'avions plus confiance. D'ailleurs cette question marquait soit du cynisme, soit de l'inconscience puisque la firme française dans laquelle nous travaillions avait été saisie et que nous avions été tous congédiés sans la moindre indemnité. En dehors des fonctionnaires et des officiels, le petit peuple nous a toujours montré beaucoup de sympathie. Notre commissaire (farrache) nous disait : « Nous avons vécu quarante ans ensemble ; espérons que cela s'arrangera. » Nos domestiques eux-mêmes nous ont montré beaucoup de sympathie et n'ont été que plus dévoués encore.

« Durant la première semaine de l'expédition, il avait été enjoint aux Français et aux Anglais de rester chez eux à partir de vingt-trois heures ; lors de la deuxième semaine, on ne les laissait plus sortir que huit heures à dix heures.

« Comme la presse française l'a rapporté, les Israélites ont été expulsés ou internés, même s'ils étaient de nationalité égyptienne depuis plusieurs générations.

« Nous avons perdu tous nos biens. Et si nous regrettons de quitter l'Egypte de toujours, nous sommes heureux d'avoir fui un pays étouffé par un dictateur. »

--

ABDEL NASSER, ISOLÉ ET CAPITALISTE

2 octobre 1957

A la grande surprise du Caire, les entretiens de Damas se sont déroulés sans que les chefs arabes aient souvent fait mention de l'Egypte nassérienne. L'arrivée majestueuse de Séoud, son arbitrage imprévisible entre l'Irak et la Syrie, les allées et venues de personnalités libanaises, tout s'est produit sous les regards inquiets de l'amiral soviétique Kotov qui a longuement craint d'être le héros d'une « journée des dupes ». Ainsi, les Séoudites règlent-ils à leur gré les affaires du Moyen-Orient. Ils délivrent des brevets de non-communisme à la Syrie, rassurent ses voisins quant aux intentions des hommes en place et raffermissent les anticommunistes syriens. En outre, ils promettent de défendre la Syrie contre toute agression et cette garantie à portée mondiale doit embarrasser les Soviets. Ils vont même jusqu'à refaire, au moins en apparence, cette entente des pays arabes qu'Abdel Nasser avait compromise. Quels qu'en soient les résultats à longue échéance, la visite qu'il vient de faire à Damas a accru sensiblement le prestige du roi d'Arabie. C'en est trop pour le Bikbachi qui ne pouvait plus rester dans l'ombre sans mettre son régime en péril. Il vient d'accorder une interview au correspondant de l'*Associated Press* et au représentant d'une chaîne de radio américaine. Ses déclarations méritent une longue étude que les services du Département d'Etat vont, paraît-il, entreprendre. En attendant, il n'est peut-être pas inutile d'en rechercher les mobiles et d'en évaluer les effets.

Le colonel Nasser veut donner aux journalistes une leçon de politique en les priant de distinguer entre « nationalisme » et « communisme ». Cela est fort bon. On nous permettra cependant de penser qu'Abdel Nasser est mal venu à enseigner la clarté politique. Sa *philosophie de la Révolution* est un obscur mélange de national-socialisme, de marxisme, de panarabisme raciste sans les Arabes et de panislamisme sans esprit religieux. Si le colonel Nasser ou ses successeurs choisissent entre le nationalisme et le communisme, les nations d'Occident pourront alors renoncer à leur méfiance. Ce choix n'est pas encore fait.

D'autre part, le dictateur égyptien ajoute : « Je connais personnellement la plupart des officiers supérieurs de l'armée syrienne et je sais qu'aucun d'eux n'est communiste. »

Tenons à l'écart tout ce que cette phrase peut avoir de comique pour nous rendre compte d'abord qu'elle ne représente qu'une affirmation très limitée. En examinant son contenu explicite – si les Etats-Unis veulent tenir compte de l'expérience de M. Christian Pineau, de celle des pays arabes « frères » et « voisins » et de leurs propres aventures – ils sauront qu'Abdel Nasser a largement démontré que sa parole ne valait rien et qu'il n'avait pas d'honneur. Pour nous en tenir à des inexactitudes grossières et facilement détectables, notons au passage cette affirmation : « … L'économie égyptienne se trouve dans une meilleure situation qu'il y a deux ans… » ce que toutes les sources égyptiennes démentent. Si l'on veut achever par un trait qui révèle une sorte de menteur très complaisant à lui-même, à sa pratique et à ses collègues en menterie, on notera qu'il se prend pour le plus grand connaisseur du bourguibisme : « Je suis peut-être le seul au monde à pouvoir apprécier la situation du président de la République tunisienne. »

Malgré l'expérience fraîchement et péniblement acquise, et les mises en garde qui leur viendront de tous côtés, il ne serait guère surprenant que la récente profession de foi capitaliste venue d'Abdel Nasser n'ait pris pour bien des oreilles au Département d'Etat et à Wall Street la suavité d'un air de « blues ». Loin d'avoir perdu tout jugement, le Bikbachi ne rejoint pas le camp de la liberté, cela serait saborder son propre régime. Mais le camp du « socialisme » fournisseur de l'Egypte en canons et en discours n'a pas donné le moindre dirhem (quelques grammes) de ce beurre marxiste dont Nasser se serait contenté à défaut d'argent occidental. Le « capitalisme » du dictateur égyptien s'entend parfaitement : il signifie un appétit de capitaux, un capitalisme de consommation. Pour donner à ce capitalisme une ombre de vraisemblance, le régime des colonels fait arrêter des communistes et après des procès très publics, les condamne assez fortement. Peu importe en fait que les militants communistes soient pourchassés : la même vigilance théâtrale ne s'exerce pas à l'endroit des journaux égyptiens qui analysent toute espèce de situation politique ou économique avec une terminologie marxiste dégoisée sans avoir été assimilée mais présente dans toutes les publications. Cela compte aux yeux des Soviets et il ne leur coûterait guère de livrer les têtes de tous leurs militants égyptiens à condition que le Bikbachi poursuive sa politique systématiquement hostile au monde livre et si pratiquement néfaste à l'avenir égyptien.

Depuis 1952, le système des Colonels fonctionne en Egypte comme un leurre qui trompe les puissances occidentales sur des problèmes essentiels. A ce jeun, elles usent non seulement leurs forces, mais aussi leur réputation. Il est temps d'encourager des nationalismes arabes authentiques. On aura à moitié résolu la question d'Orient de années 60 en se refusant à traiter quoi que ce soit d'important avec Abdel Nasser. Il n'et pas de ces malfaiteurs dont l'âme est changée quand on leur montre de la bienveillance et de la confiance. Il importe de se souvenir de Suez et des menaces sur la Jordanie. Il est urgent d'en tirer les leçons.

A ce propos que l'on médite ce beau précepte de Jean Paulhan dans *Les Fleurs de Tarbes* : « Il est une façon de résister aux moustiques qui consiste à s'envoyer de grandes claques sitôt que l'on se sent piqué. » Ce comportement n'est pas sans ressembler à celui des Alliés à l'égard de Nasser. Jean Paulhan le juge quand il dit que : « Outre qu'elle est tardive et grossière, l'on voit bien l'inconvénient de cette méthode : c'est qu'elle agit à sa façon (avec plus de violence) comme le moustique. » Que le Département d'Etat tire la leçon de la dernière phrase avant que nous ne tirions celle d'une irréflexion continentale : « Mais il est une défense subtile et prévoyante qui répand du pétrole sur les mares. »

--

LA PLAINTE LIBANAISE CONTRE NASSER
11 juin 1958

Abdel Nasser aurait déclaré au journaliste Desmond Stewart qu'il a pour Voltaire de l'admiration. Mais jusqu'à présent, il n'a voulu en aucun cas imiter Candide et se résoudre à cultiver son jardin. Il s'est plutôt ingénié à mettre le Liban à feu et à sang quand, il y a quelques mois à peine, tous ses fils vivaient en bonne intelligence. Après beaucoup d'hésitations, le gouvernement de Beyrouth s'est finalement décidé à déposer une plainte contre la « République arabe unie » auprès du Conseil de Sécurité. On ignore ce qu'il adviendra de l'indépendance libanaise ; on sait trop que le rôle de Mgr Méouchy, le patriarche maronite, a été extraordinairement funeste et comme il n'existe pour l'heure aucun élément de prévision, il faut se borner à examiner la situation actuelle. L'intervention cocasse du délégué syro-nassérien, M. Omar Loutfi est extrêmement révélatrice de l'action du Caire et de Damas.

Devant le Conseil de Sécurité, M. Omar Loutfi déclare que le gouvernement libanais « a déposé une plainte sur le plan international quand il n'a plus été en mesure de juguler les troubles nés de l'opposition intérieure. » Quand on sait que la presse nassérienne prend activement fait et cause pour l'opposition, on voit que les Libanais ont mauvaise grâce à se plaindre.

M. Loutfi rejette catégoriquement l'accusation selon laquelle la R.A.U. a fourni des armes aux membres de l'opposition au Liban et ajoute sur un ton papelard : « Il n'est pas difficile de se procurer des armes légères. Le trafic d'armes s'est toujours fait partout… » On voit par là que M. Loutfi, plein d'expérience et sans illusion, professe une morale assez laxiste.

Selon lui, le gouvernement du Caire aurait pu lui-même porter plainte à la suite de l'expulsion du Liban de milliers de ses ressortissants, sans explication ni procédure légale. En effet, où diable a-t-on vu le vertueux Nasser causer tort à qui que ce soit ? Par rapport au Liban, l'immense victime, c'est lui.

M. Loutfi déclare enfin que la situation au Liban « qui ne saurait d'ailleurs menacer la paix internationale, peut être réglée par les Libanais eux-mêmes ». Cela est fort beau. Le malheur veut que M. Saad Afra, chef du département égyptien de l'Information dise le même jour presque exactement le contraire. « Le débarquement de troupes étrangères au Liban pourrait mener à une guerre mondiale. » Comme le mensonge et le bluff sont des arts difficiles, et combien la maîtrise de M. Khrouchtchev est inaccessible ! Telle quelle, l'argumentation de M. Loutfi rappelle un fabliau connu : c'est la commère qui, ayant fêlé la marmite qu'on lui avait prêtée, se voit traduite en justice. Alors, ruinant le système de défense soufflé par son avocat, elle affirme : « D'abord, on ne m'a jamais prêté de marmite ; puis, quand je l'empruntai, elle était déjà fêlée ; enfin, quand je l'ai rendue, elle était intacte. »

En attendant, si la culpabilité de Nasser et de ses tenants apparaît, le Liban souffre aujourd'hui et risque de disparaître. A moins qu'il ne demande et n'obtienne l'aide de l'Irak et de la Jordanie.

--

LE GOUVERNEMENT FANTOCHE DE NASSER
1er octobre 1958

La formation d'un gouvernement fantoche du F.L.N. au Caire ne modifie en rien la virulence de l'action terroriste des rebelles qui se poursuit dans notre pays des deux côtés de la Méditerranée. En revanche, cette manifestation pourra permettre au gouvernement français de clarifier la situation diplomatique générale et, partant, de ruiner les équivoques qui entretiennent la guerre civile dans la province d'Algérie.

Si l'on veut connaître une appréciation sur la portée juridique de la proclamation du gouvernement fantoche, il convient de se reporter au *Times* de mercredi dernier qui déclare : « ... leur soi-disant gouvernement est l'expression d'un espoir, non celle d'un fait et la loi internationale s'occupe des faits. » Evoquant les reconnaissances qui pourraient venir de certains pays, le *Times* estime que « de tels actes entrent en conflit aussi bien avec la réalité qu'avec les règles de reconnaissance des nouveaux Etats » et conclut en affirmant que « tout pays qui tente de respecter les lois internationales ne peut rien avoir affaire avec le gouvernement algérien en exil. »

Quel peut donc être le mobile d'une reconnaissance du F.L.N. par un Etat étranger ? Nous trouvons ici encore une juste définition dans le grand quotidien britannique : « la reconnaissance est considérée comme une geste de guerre politique, prévu pour frapper la France » et pour renforcer les rebelles. » Nous rencontrons une confirmation naïve, mais précieuse de cette idée dans la *Tribune des Nations* qui dévoile crûment le caractère étranger à l'Algérie de la bande de M. Ferhat Abbas : « l'annonce de la formation d'un ' gouvernement algérien libre' constitue le premier symptôme d'une vigoureuse reprise de l'activité politique égyptienne ». Ces éclaircissements permettent de tracer sans peine les grandes lignes d'une action diplomatique française tenant compte de la situation particulière de chacun des auteurs d'initiatives hostiles.

Dans cet esprit, il nous semble utile d'envisager trois groupes de « reconnaissances » : celles qui émanent de pays arabes et musulmans ; celles qui proviennent des pays communistes ; celles qui partent des pays du monde libre.

Parmi le premier groupe, il importe de ménager une place particulière à la Tunisie et au Maroc. On sait que Rabat et Tunis n'accueillent pas chez eux « d'ambassadeur » du F.L.N. ; les affaires d'Algérie sont censées relever du ministre marocain ou tunisien du Maghreb ; tant que de telles nuances seront perçues dans les anciens Protectorats, il sera inutile de rompre les relations diplomatiques. D'ores et déjà, cependant, on pourrait constituer un séquestre des biens tunisiens et marocains dans la province d'Algérie. En ce qui concerne Le Caire, l'Union soviétique, il ne serait pas inutile de faire savoir au praesidium du Soviet suprême l'inclination du gouvernement français à reconnaître *de jure* les gouvernements en exil des Etats baltes, polonais, tchèques, bulgares, albanais et roumains dans le cas d'une reconnaissance du F.L.N. On ne saurait faire à la Chine communiste de trop véhéments reproches pour a reconnaissance ultra-rapide du F.L.N. : il serait pourtant de très bon goût de borner nos relations avec Pékin à l'économique et d'interrompre la délivrance des visas pour la Chine rouge.

Pour ce qui touche enfin les pays du monde libre, il serait expédient, après avoir rendu grâce à la Grande-Bretagne et aux Etats-Unis pour leur sage comportement d'entreprendre une procédure d'extradition des citoyens français affiliés au F.L.N. qui circulent entre Londres, New York, Hambourg, Genève et Milan et qui s'y livrent à une action ouvertement et explicitement politique. Si l'on tient compte du passé de résistant de M. Couve de Murville et de l'excellence de son ambassade du Caire, il n'est pas interdit de souhaiter qu'il prépare de telles actions.

--

UBU CONTRE ISRAEL

16 mars 1960

Une fois de plus des bruits de guerre viennent du Moyen-Orient. Il semble qu'Abdel Nasser chercherait à en découdre avec Israël, ne serait-ce, tout d'abord, que pour trouver un dérivatif à des difficultés intérieures de plus en plus graves. Mais son expérience, cuisante à deux reprises, ne lui laisse pas espérer un succès d'ordre militaire : il vise en fait à obtenir un conflit « faussé » dans le genre Suez-Sinaï. Dans cette hypothèse, sous le noble prétexte de la solidarité du peuple arabe, il ferait main basse sur la Jordanie, ou il fabriquerait un Etat fantoche de Palestine. Ou même, si les Onusiens sont dans leur délire coutumier, il réussirait ces deux mauvais coups simultanément.

Mais cette menace n'est pas sans parades possibles. Comme le père Ubu de Jarry, Abdel Nasser a des appétits démesurés et une « pensée » simpliste ; comme lui il hésite et renonce face à une résistance délibérée.

Les références ubuesques, grâce à l'effort du T.n.p. n'ont plus rien d'ésotérique pour le public cultivé. Aussi il n'y a rien de malaisé à retrouver, parmi de récents discours d'Abdel Nasser, bon nombre d'analogies avec ce que l'auteur du « Surmâle » faisait dire à sa marionnette.

La peur de l'ours

Le 25 janvier dernier en effet, recevant les journalistes allemands qui accompagnaient le Professeur Ehrard, Abdel Nasser leur dit : « Si maintenant nous ouvrons la porte aux investissements étrangers, quel en sera le résultat ? Nous leur donnerons, chaque année, de grosses sommes sous forme de bénéfices et nous devrons offrir ces bénéfices en devises étrangères. Si nous obtenons des emprunts, nous rembourserons ces emprunts et nous ne continuerons pas à payer éternellement. Mais s'il y a de gros investissements étrangers, nous devrons payer les intérêts indéfiniment. Je crois vous avoir exposé mon point de vue. Mais cela ne veut pas dire que je sois contre les investissements étrangers sur toute la ligne… »

Ce qui signifie en bref que les financiers faibles seront aussi quinauds et jetés à la « trappe ». En revanche, ceux qui sont puissants, dans le modèle du prêteur soviétique, feront respecter leur créance. Ubu a peur de l'ours.

Il est dangereux d'utiliser sans précaution le pluriel de majesté car il peut vite tourner en pluriel ridicule. C'est à ce dernier que l'on pense quand on lit ces creuses énumérations : « nous étudions actuellement la mise au point du Plan quinquennal de la Province Nord. Nous visons à doubler le revenu national là-bas. Nous avons de nombreux projets industriels et agricoles (…) Nous avons aussi des projets pétroliers et une de vos sociétés travaille là-bas. Nous avons aussi des projets de communications, étant donné que là-bas, il n'y a pas de chemin de fer (…) Il y a aussi des projets industriels et agricoles à part les services publics. »

Droit des gens et haut-fourneaux

Ailleurs un mépris extraordinaire de la vérité historique et même de l'honnêteté élémentaire, a poussé Nasser-Ubu à dire en décembre, aux habitants de Port-Saïd : « … nous avons demandé à l'armée syrienne de ne pas entrer dans la bataille afin qu'elle soit prête à défendre son territoire et à défendre le nationalisme arabe. » [79]

En vertu d'une science toute « pataphysique » Abdel Nasser avance des commentaires étonnants sur la mise en place de la sidérurgie : « … ceux-là qui doutent disent que l'usine du fer et de l'acier a deux fourneaux et que l'un d'eux seulement fonctionne tandis que l'autre ne travaille pas encore ; et que cela signifie que l'opération a échoué. Mais la réalité est que nous avons laissé le second haut fourneau pour que nous puissions le faire fonctionner sur des bases saines et solides. Dans quatre ans, nous aurons une industrie parfaite du fer et de l'acier.

L'indépendance

Au voisinage de ces rodomontades de cette politique industrielle démente, d'une démographie traitée par une horrible propagande anticonceptionnelle, il faut bien considérer les mérites d'Israël. Ce jeune Etat se livre à une activité économique intense et raisonnée et se développe malgré les difficultés du blocus raciste que lui impose les nassériens.

La tradition politique française nous invite à faire tout ce qui est en notre pouvoir afin de sauvegarder l'indépendance d'Israël et, partant, l'équilibre et la paix en Orient. En outre, si nous voulions jouer un rôle novateur, il faudrait proposer à l'opinion mondiale l'installation définitive des réfugiés arabes en Jordanie – après indemnisation convenue avec le gouvernement israélien. Dans cette voie, il convient évidemment de refuser les règlements d'exception pris chez Abdel Nasser à l'encontre des Français israélites d'Egypte. Il ne serait pas inutile, d'autre part, de prendre des contacts avec les gouvernements de Jordanie, d'Arabie et d'Irak en leur représentant qu'ils ne doivent pas subir la tutelle d'Abdel Nasser.

---

[79] Tous ces textes sont directement puisés dans la presse publiée en Egypte.

M. David Ben Gourion est allé à Boston parler de « l'éthique : rôle de la Grèce, de l'Inde et d'Israël ». S'il doit reprendre sa conférence dans quelques années, il y ajoutera l'Arabie. Car il n'y a pas de racisme arabe. Et qui n'est pas raciste a vocation universelle. Il y a malheureusement, pour l'heure, un racisme d'Abdel Nasser qui exclut ses esclaves syriens et égyptiens de la communauté des Nations.

--

KHROUCHTCHEV ET SON FANTOCHE DU CAIRE

2 juillet 1961

Abdel Nasser avait claironné il y a peu que l'aide soviétique, superbe de désintéressement, laissait intacte l'indépendance des Egyptiens. De grands « discours-parade » avaient affirmé dans la suite que la R.A.U. se développerait sans se contraindre au travail et aux efforts soutenus mais par la simple vertu des secours moscovites. Et le bikbachi prouvait curieusement son autonomie d'allure en persécutant les militants communistes de Syrie et d'Egypte.[80] Mais il laissait une place considérable aux idées et à la terminologie marxistes dans la presse du Caire. Or, la conférence des pays « non alignés » prévue pour septembre et qui doit se tenir dans la Yougoslavie de Tito, n'a pas la faveur de Moscou. Aussitôt Khrouchtchev tire les ficelles du fantoche : il lui reproche sa persécution des communistes, critique son « nationalisme bourgeois » et conclut en ralentissant l'envoi des Migs et les travaux du barrage d'Assouan.

Le fantoche a réagi par une très vive campagne de presse contre les Soviets. Le public égyptien a pu ainsi compléter ses connaissances sur la répression de Budapest : il avait déjà eu quelques informations dans l'été 1959 où une première brouille s'était produite. D'autre part, il a tenté un rapprochement avec l'Irak dont il a reçu le ministre des

---

[80] On sait que Faradjallah Hebou, secrétaire général du parti communiste syro-libanais a été assassiné en juillet 1959 dans des circonstances particulièrement odieuses. Si les communistes qui sont des techniciens de la « liquidation physique » de leurs adversaires ne peuvent protester, nous pouvons le faire en toute liberté d'esprit.

Affaires Etrangères et il a montré un certain esprit de conciliation à l'égard d'autres gouvernements arabes. Ce faisant, il cherche des appuis dans une querelle très improbable avec Moscou.

En fait, Abdel Nasser s'efforce surtout de coordonner un assaut général contre Israël. Il s'agirait de prendre de vitesse le président Kennedy. Ce dernier cherche à résoudre le problème des réfugiés arabes. Il a obtenu l'accord de M. Ben Gourion. Or, si les réfugiés arabes cessent d'être malheureux par suite des indemnisations qu'Israël se propose de leur fournir, Nasser perd du même coup une clientèle de mécontents, un terrain d'agitation incomparable.

La reprise des hostilités avec Israël (ou un autre pays voisin) devient une grave nécessité pour Abdel Nasser. On peut certes dire, avec les experts financiers que l'échec économique de son régime est pratiquement total. Au lieu de procurer au peuple des salaires et du pain, il faudra donc le nourrir à l'opium. Et l'opium du peuple égyptien, c'est la xénophobie. Une fois de plus les gouvernants de l'Egypte entretiendront le peuple dans la haine, cette diversion tenant lieu de toute nourriture, de toute réforme d'ensemble.

La diplomatie américaine commettrait une faute énorme si elle retombait dans l'ornière de feu M. Dulles, si elle se mettait à secourir Abdel Nasser. Le Bikbachi n'a d'importance – nous l'avons souvent écrit ici-même – que dans la mesure où il est antioccidental. S'il s'avisait de prêcher une coopération avec l'Occident, aucun Arabe ne l'écouterait. En revanche, s'il tombait – et il faut qu'il tombe – sa chute signifierait pour les Soviétiques un échec certain. Il faut des années pour enfler certaines baudruches et mettre certains fantoches au point.

--

LE NASSÉRISME EN ÉCHEC

4 octobre 1961

L'intronisation de Serraj marquait, il y a quatre ans, la fin de l'indépendance syrienne après les palinodies de Choukri El Kouatly et de Khaled El Azem. Après quelques mois d'une communisation tempérée, la chimère biscornue de la République Arabe Unie prenait une existence juridique. Les envoyés de Nasser mettaient la Syrie en coupe réglée. Quand, aujourd'hui, le même Serraj démissionne et s'en va, il renvoie la RAU au néant et rend des chances de vie à un Etat damascène.

On sait que devant nombre d'initiatives impertinentes de Serraj, Abdel Nasser avait réagi en abolissant, le 19 septembre, les organisations régionales de « l'union nationale » remplacées par un organisme commun à l'Egypte et à sa colonie ; de même, était publié un décret qui excluait pratiquement les candidats choisis par Serraj. En ne lui accordant rien d'important, Abdel Nasser confirmait Hakim Amer dans ses fonctions, dans sa suprématie à Damas. C'était donner le signal d'une révolution.

Pris dans ces remous, le Mouchir Hakim Amer gauleiter simplet du nassérisme, a présenté un tableau bien ridicule. Déjà au temps du Sinaï et des succès militaires dont on se souvient, un calembour expressif circulait dans une imprimerie parisienne : « A qui Mamer a confié mon armée ! » Pendant que les officiers nationalistes libéraient Damas, l'homme dormait profondément. Les Syriens ont agi sagement en le rendant à Nasser : la mauvaise étoile de ce dignitaire efflanqué jouera encore quelques tours au Bikbachi.

Lui-même n'est pas en brillante posture. Tous les observateurs politiques ont remarqué sa voix tremblante à la radio du Caire. Ce qu'il a dit ne valait pas mieux que le ton employé : un plat mélodrame dont sa venue devant le micro est l'élément le plus sombre ; un ordre sanguinaire, inexécutable et, vertueux par impuissance, il le rapporte le jour suivant en invoquant « la volonté du peuple qu'il entendait asservir. »

La disparition de la RAU a provoqué une satisfaction quasi générale chez les voisins d'Abdel Nasser. La Turquie et la Jordanie ont reconnu le premier gouvernement de la Syrie libre que vient de former M. Maamoud Kouzbari. La Chine nationaliste a suivi. L'Irak de Kassem a déjà manifesté sa sympathie au mouvement de Damas que l'Iran se propose aussi de reconnaître bientôt. On ne peut fixer, après quelques jours de liberté, dans quelle voie s'engage la Syrie. Il est bien certain en revanche que toutes ses chances lui sont rendues.

A l'égard des Syriens, Nasser avait utilisé les méthodes d'exploitation soviétiques ; il les avaient pillés et leur avaient offert en échange son administration. Les Syriens trouvèrent très pénible d'avoir à subir de continuelles vexations d'amour-propre : les postes clés étaient exclusivement confiés aux éléments égyptiens de la RAU. D'autre part, la mainmise progressive sur tous les biens contribuait à exciter le mécontentement. En même temps, la politique syrienne de Nasser était maladroite. Il n'a pas su se concilier un élément de la population : bourgeoisie ou prolétariat. En outre son choix des fonctionnaires était nul. L'*Economist* de cette semaine écrit que Nasser « recherche la docilité plus que l'intelligence chez ses partisans. » Il ajoute plaisamment que les Syriens de grande envergure manquent autant de la première qu'ils sont pourvus de la seconde. Le choix d'un personnel médiocre aura certainement été une cause de déconfiture qu'il ne faut pas négliger.

Il est une autre cause qui ne peut être passée sous silence. Nous la trouvons dans la prise de position catégorique du Parti communiste syrien qui a formellement condamné le régime de Nasser et qui après une critique assez mordante offre à tous les patriotes syriens de s'unir contre l'ennemi commun en tentant de les rassurer par cette curieuse affirmation : « La Syrie actuellement n'a aucune mission socialiste ou communiste à remplir. » Mais rien ne sera plus riche de conséquences heureuses que la lucidité dont témoignent certains musulmans. Dans *Al Mouslimoun*, revue des Frères musulmans de Damas repliés sur Beyrouth on peut lire qu'il est « … surprenant que l'on puisse pousser l'imposture jusqu'à utiliser l'Islam et que les musulmans l'acceptent. » Ailleurs, la même revue flétrit le personnage de Ramsès II auquel Nasser a fait une place de choix dans son régime et n'hésite pas à identifier en lui le « pharaon de Moïse dont Dieu a associé le nom à la malédiction et au mépris dans la Thora, l'Evangile et le Coran. »

Pénible et maladroite, la domination de Nasser paraît en définitive inefficace. Trois ans d'union forcée se sont pratiquement dissipés en 48 heures de révolution. Cette crise aura de profondes répercutions. Ce qui se passe en Syrie aura des conséquences en Egypte même. Le peuple égyptien aussi est exaspéré par ce dictateur prétentieux et incapable qui a confisqué, saisi ou « nationalisé » toutes les ressources existantes, mais qui n'a pas su en créer de nouvelles. Dans la vallée du Nil aussi, les limites sont atteintes.

La diplomatie française ne doit pas seulement se réjouir. Il convient qu'elle reprenne des relations avec la Syrie, la Jordanie et même l'Irak. Bien mis en évidence, les calamités de Nasser pour le monde libre. Elles seront également un bienfait pour les Arabes débarrassés d'un tyran et d'un imposteur.

--

NASSER L'HOMME MALADE

11 octobre 1961

La débâcle syrienne du nassérisme ne provient guère d'on ne sait quelle malchance imprévisible qui accablerait brusquement un fin stratège et un grand chef. Elle représente au contraire l'aboutissement inéluctable d'une politique de médiocres, dont les appétits déchaînés furent plus vastes que le savoir-faire. Ce n'est pas l'armée égyptienne qui a subi une défaite en Syrie, ce sont la structure et les ordres qui furent imposés par Abdel Nasser qui se sont révélés catastrophiques. Si l'Egypte vit aujourd'hui dans un marasme étouffant, on aurait tort de croire que son économie est condamnée à la stagnation par une chaîne de déterminismes économiques. L'impasse actuelle résulte des méthodes du Bikbachi qui ne valaient rien.

Au lieu de mener à grands frais l'expérience absurde de la province d'Al Tahrir, au lieu de construire de hauts fourneaux qui fonctionnent à vide ou qui ne marchent pas du tout, au lieu de dilapider le budget dans l'entretien d'une armée que l'on ne forme pas, il eût mieux valu se mettre humblement à l'école de l'expérience mondiale et de l'histoire égyptienne. Le Bikbachi a préféré des voies ubuesques pour constituer sa fortune. D'abord les Juifs, puis les Français et les Britanniques furent ses victimes ; ensuite les Italiens et mêmes les Grecs ; enfin les « vrais » Egyptiens jamais assez « vrais, toujours assez riches pour mériter le traitement des proies étrangères.

Il faut dire d'ailleurs qu'un étranger en chasse un autre. Des esprits distingués américains ont trouvé louable le remplacement des premiers par des nazis qui encadrent la police, par des Soviétiques qui gèrent certaines industries et marxisent de façon pédante et drolatique la presse arabe du Caire. Il reste que devant les échecs et les mécomptes qui s'accumulent, on ne propose à l'Egypte, pour remède, panacée, orviétan que les discours d'Abdel Nasser.

Il y a cinq ans que nous les lisons dans leur texte intégral : il n'est pas d'exemple plus parfait du vide agressif, de la redondance lassante. Devant ces textes, les propos de M. Homais paraissent riches de sens. Dans le même genre, feu Adolphe Hitler avait plus d'idées.

Après l'éclatement de la R.A.U., il n'est pas inutile de considérer les suites soviéto-américaines de l'événement ; puis d'en évaluer les conséquences proche-orientales et africaines. En définitive, d'examiner le champ d'action laissé à une entreprise franco-britannique en Orient.

Les maladresses accumulées par Nasser, ses rodomontades doublées de nullité économique et militaire font que, toujours hostile à l'Occident, il n'est plus dangereux pour lui. Comme il est destiné à disparaître assez vite, les Soviets ont préféré ne pas l'arrêter dans sa chute et préparer son remplacement pour en tirer profit ; Delà, la reconnaissance du libre gouvernement de Damas par la Bulgarie et l'U.R.S.S.

Décidément embourbés dans l'ornière rooseveltienne, les Etats-Unis viennent à l'aide, non seulement d'un ennemi de l'Occident, mais d'un ennemi sans avenir. Il faut être deux, bien entendu, deux « grands » pour imposer au monde libre une défaite analogue à celle de Suez et soutenir la débilité nassérienne. Les Etats-Unis seuls ne pourrait pas rééditer leur sinistre exploit de 1956.

Pour les peuples proche-orientaux et africains, c'est la baudruche la plus enflée du Bandoeng que vient de crever l'épingle damascène. La satisfaction des voisins arabes de la R.A.U. a été intense, aussi bien en Jordanie qu'en Irak et au Liban.

Les voisins non arabes de la R.A.U. se sont également réjouis. Israël voit se défaire la tenaille qui le menaçait, mais reste dans l'expectative faute de connaître la politique de la Syrie indépendante. La Turquie et l'Iran se félicitent de voir en mauvaise posture ce pseudo-Saladin. Pays musulmans, ils n'oublient pas l'animosité constante que leur a témoignée Abdel Nasser.

En Afrique blanche, au Maghreb, le roi Hassan II du Maroc et même l'ineffable Bourguiba ne sont pas « peinés » aussi profondément qu'ils le disent. Ils savent qu'Abdel Nasser aurait miné leur pouvoir bien avant de conquérir un seul village israélien.

Le g.p.r.a. éprouve en revanche une grande inquiétude. Il ne pourra courtiser à la fois Nasser et Damas. Comme le soutien arabe chancelle, il devra s'appuyer davantage sur l'U.R.S.S. Au lieu de jouer les uns contre les autres ses hôtes occasionnels, il n'aura plus qu'un seul maître. Et Washington même risque de se désabuser.

En Afrique noire, l'Ethiopie et l'ancien Soudan anglo-égyptien enregistrent avec soulagement cet échec de leur voisin qui n'a cessé de leur procurer des ennuis. Quant aux Etats de l'Afrique noire qui voyaient sans enthousiasme les prétentions nassériennes à l'hégémonie, ils ont tout lieu de se féliciter.

Devant cette situation nouvelle, la France et la Grande-Bretagne devraient concerter leur politique avec l'élément conscient et cultive de la nation égyptienne. Il est urgent, non d'attendre à la manière de Norpois, mais de précéder les Soviets et de choisir avant eux l'équipe et l'homme qui prendront la relève au Caire. Chaque fois qu'il y eut accord franco-britannique passé avec une puissance orientale, les entreprises furent victorieuses. Que l'on se souvienne de l'expédition de Crimée. Encore faut-il que la France ait une diplomatie.

--

LE SUICIDE POLITIQUE DE NASSER
13 décembre 1961

Au mépris du droit de gens, les sbires d'Abdel Nasser ont emprisonné des diplomates français. L'accusation portée contre as quelque chose de dérisoire : à quoi bon attenter à la vie du dictateur de carnaval que subit l'Égypte ? Dans les années 40, les entreprises des Alliés pour saisir Hitler ont toutes échoué. Mais ce dernier mourut dans son refuge berlinois. Emporté par « cet esprit d'imprudence et d'erreur » dont parle Racine dans son *Athalie*, le Bikbachi s'enfonce de plus en plus dans les difficultés et prépare immanquablement son suicide politique.

On sait que les bévues économiques continuelles du régime nassérien commencent à donner leurs fruits empoisonnés. Contre un armement coûteux, extravagant, bien supérieur aux besoins de l'Égypte et souvent inutilisable, le tyran de la défunte R.A.U. avait hypothéqué plusieurs récoltes de coton. Et la dernière récolte a été détruite par les vers. En outre la saisie de toutes les sociétés privées paralyse progressivement la vie économique du pays.

Malgré une baisse tapageuse des loyers, une mesure du gouvernement actuel du Caire a mécontenté les ouvriers égyptiens : à il devient suppression par voie d'autorité « des heures supplémentaires ». Beaucoup de foyers ouvriers comptaient sur cet appoint pour vivre mieux ou pour vivre tout simplement. Si l'on ajoute à ces données l'échec enregistré par Nasser quand il voulut installer une industrie lourde, l'échec de la province d'Al-Tahrir et de ses fermes « modèles », la rareté grandissante des produits pharmaceutiques dans un pays qui recevait naguère tous les médicaments du monde, on voit que le tableau d'ensemble n'est guère brillant.

Ce qu'il y a de pire, c'est que le peuple égyptien, réputé pour sa passivité et sa résignation millénaires, s'est mis à murmurer. Depuis sa défaite en Syrie, le Bikbachi n'est plus considéré comme invulnérable et inattaquable. Il s'est fait lui-même l'écho - dans un discours prononcé récemment – des critiques élevées contre lui. En fait son « prestige » est bien moindre qu'avant la formation de la R.A.U. en mars 1958.

Il y a encore davantage. Les protections américaines dont ils bénéficient vont lui être parfaitement inutiles. Elles ne seront même pas en mesure de freiner sa chute politique.

Nasser, on l'a vu ces derniers jours et on le verra de plus en plus, est en train de multiplier lui-même ses ennemis. Dans l'affaire des diplomates français, il a fait mettre en cause, bien à la légère, des personnalités de l'ambassade de Suisse, des ambassades d'Italie et du Japon. Il a fait inculper, arrêter et emprisonner également des Égyptiens sans la moindre certitude sur leur culpabilité. Il en est donc arrivé au point de suspecter tout le monde, d'avoir peur de tous. Il ne peut même plus être sûr de ses officiers : une défaite militaire et une défaite politique retentissantes à cinq ans d'intervalle, c'est excessif quand on professe les ambitions d'Abdel Nasser. Son successeur, encore anonyme et masqué, existe déjà : il est dans son entourage. Et Nasser peut soupçonner tout le monde, il ne le reconnaîtra que trop tard. Plus exactement, le successeur se déclarera à l'heure qui sera la sienne, celle de la disparition de Nasser.

En attendant, cet individu misérable va continuer selon son expression ridicule mais significative « à porter des coups qui se perdent dans l'air. » [81] Son projet de constitution risible. Ils comptent former des comités qui devront trouver « les meilleurs moyens de rassembler des représentants authentiques des véritables énergies populaires. » Et ses représentants « introuvables » doivent se réunir en janvier 1962.

En d'autres temps, nous aurions été navré de noter les protestations courtoises, mesurées, trop civilisées que le Quai d'Orsay oppose à la piraterie hystérique de Nasser. Nous aurions même éprouvé de la honte à noter le départ d'avocats : leur présence au procès laisserait croire que la France reconnaissait la compétence d'un pays étranger à juger ses diplomates revêtus de l'immunité qui est

---

[81] « L'impérialisme a modifié ses méthodes d'infiltration chez nous, alors que nous n'avons pas changé les moyens de l'affronter. Nous nous sommes opposés et nous continuerons de nous opposer... à ses alliances militaires et à ses bases. Alors qu'il se dissimulait derrière la réaction et dans ses hauts palais érigés grâce à l'exploitation des masses. C'est pourquoi les coups que nous lui portions se perdaient dans l'air. Nous dirigions nos coups vers les alliances et les bases alors qu'ils avaient changé de lieu et se dissimulaient dans les palais et les coffres forts des millionnaires. (Discours du 16 octobre 1961)

reconnue à leur fonction. Mais la conduite de ce procès montre bien le désarroi de Nasser. Il a fait changer plusieurs fois acte d'accusation et il ne sait plus beaucoup ce qu'il va reprocher à ce groupe d'honnêtes gens.

En d'autres temps, nous aurions regretté la persévérance des Etats-Unis dans l'aveuglement. Mais en décembre 1961, la mollesse française et la folie américaine n'ont plus tellement d'importance. Le malheureux peuple égyptien va peut-être recouvrer sa liberté. Abdel Nasser détruit lui-même son pouvoir et rien ne l'empêche plus de disparaître politiquement.

--

LES DERNIERS TOURS D'ABDEL NASSER
3 janvier 1962

On fait grand bruit dans la presse occidentale autour de la visite en Egypte de hauts dignitaires de la marine soviétique. Au Caire même, Abdel Nasser parle avec ostentation des unités navales que les Soviets viennent de lui fournir. Et puisque de bonne gens craignent que ne s'établisse bientôt une base navale russe à Alexandrie, il convient de situer ce nouvel épisode de guerre froide dans la suite de ces dernières années.

Cette visite, ni secrète ni discrète, fut sans aucun doute organisée à l'intention de ceux qui ne voient que ce qui est très apparent, autant dire à l'adresse des diplomates américains et de l'administration démocrate. Un « événement » de cet ordre permet une fois de plus d'apprécier le rôle de M Abdel Nasser dans la progression mondiale du communisme.

Un régime qui rapporte aux Russes

A partir de 1954, le régime du bikbachi a fonctionné en ne coûtant rien à l'Union soviétique, mais en lui rapportant beaucoup. Il a compromis le pacte de Bagdad qui avait certes tous les défauts hors celui de menacer l'Egypte. Il a su installer entre les Alliés du monde livre un malentendu qui date de Suez et que le temps n'a pas encore dissipé. Il a divisé le monde arabe comme il ne le fut jamais auparavant, il y répand une haine qui pour être impuissante aujourd'hui, n'en fut pas moins criminelle. En échange, selon la formule polonaise, l'U.R.S.S. a accepté le précieux coton d'Egypte qu'elle a troqué contre une part de son armement désuet. Moscou a permis également que les tortionnaires nassériens s'acharnent jusqu'à la mort sur une poignée de communistes d'Egypte. Pendant ce temps la presse domestiquée du Caire répandait mythes et slogans marxistes mis en forme pour intellectuels sous-développés. Les officiels américains concluaient que Nasser était un champion de l'anticommunisme.

Et coûte cher aux Américains

Pour les mêmes raisons, on comprendra que l'entretien de Nasser et de sa clique coûte très cher aux Etats-Unis et ne leur rapporte rien. L'aide en nature et en devises a été prodiguée plusieurs fois à ce régime périodiquement menacé de catastrophe économique. Et ce qui est très étrange, cette aide a été accordée parce que M. Abdel Nasser menaçait de l'obtenir en la demandant au camp de l'esclavage.

Chaque fois que Moscou a été invité à donner ses secours, les Egyptiens reçurent force promesses, l'envoi de quelques techniciens-espions et des sortes de prêts consentis à des taux usuraires et gagés en marchandises diverses. Le barrage du Sad-el-Ali reste à l'état de projet cinq ans après la superbe manœuvre du regrettable M. Dulles. Mais Nasser est aux abois aujourd'hui : en rééditant son vieux scénario, avec le même titre farces que de « neutralisme positif », il fait appel à tout ce qu'il peut rencontrer de stupides incurables, de cryptos, ou simplement de veules dans les milieux dirigeants des Etats-Unis.

Les « ennemis du peuple »

Mais en 1962, les affaires ne se présentent pus de même qu'autrefois. Contre tout attente, la Syrie a recouvré son indépendance et du même coup a fait éclater la R.A.U. Quant au Yémen, une prise de position courageuse de son Imam l'a fait sortir du protectorat nassérien. Nasser se voit donc privé de beaux sujets de digression : pour la première fois, il est contraint d'affronter les problèmes de l'Egypte qu'il a ruinée. Ses ennemis extérieurs ne prennent pas la peine de l'attaquer.

Il lui faut cependant se fabriquer des ennemis pour se prouver qu'il existe ; il les trouvera, les recrutera parmi les Egyptiens. Des observateurs ont noté que le régime perd de plus en plus le soutien des classes moyennes. L'*Economist* écrit qu'aujourd'hui « un visiteur du Caire trouve peu d'Egyptiens brûlants d'enthousiasme ou de confiance pour le gouvernement. » Comme le problème de la xénophobie est dépassé ! Nasser a chargé ses comités fantoches de préparation constitutionnelle, de rechercher les moyens d'isoler les « ennemis du peuple ». On peut traduire : les ennemis de Nasser. On peut conclure qu'ils seront légion. On peut aussi espérer que l'Egypte sera sauvée par les Egyptiens.

La place de l'Egypte

Si le Yémen s'est fait exclure aussi rapidement de la fédération égypto-yéménite, cela vient tout simplement du courage de l'Imam qui a tendu au bikbachi un miroir fidèle et par cela même repoussant et insupportable. N'a-t-il pas écrit :
« Je vous vois remplir la terre de discours débordant d'envie et de haine,
Vous hurlez dans le microphone remplissant l'air d'injures (…)
Et pour juger le mode nassérien de socialisation, n'a-t-il pas ajouté :
« … Enlever par la force la fortune des gens est un crime aux yeux de la loi islamique. [82]

Ce faisant, il jugeait aussi le vol du canal de Suez. Il qualifiait en outre la série de spoliations de plus en plus mesquines de Nasser qui

---

[82] Traduction reproduite par *Le Monde*.

ne peut plus pratiquer désormais que l'artisanat. Après le refus de payer la société Philips – qui a installé un spectacle « son et lumière » aux Pyramides – il s'en prend à une société italienne qui a su mettre en valeur l'austère colline du Caire : le Mokattam.

Bientôt il sera réduit au vol à la tire. S'il se livrait à cette activité en Arabie saoudite, on lui couperait les mains. Si la haine aveuglait ce misérable au point de qualifier de « vieux bigot radoteur » un Imam pieux et sensé, on lui trancherait probablement la tête.

Il reste pour l'heure la plaie de l'Egypte. Dans quelques mois l'Occident saura-t-il exploiter sa disparition ?

--

LE TYRAN JUGÉ PAR UN DE SES PREMIERS COMPAGNONS

14 février 1962

On comptera en 1962 dix ans qu'Abdel Nasser s'est manifesté dans l'histoire d'Egypte, sept ans qu'il a imposé le fléau de sa tyrannie, cinq ans que son caractère haineusement antioccidental s'est dévoilé. Mais ce sera aussi la deuxième année de son déclin. Plusieurs ouvrages ont déjà été publiés sur son compte qui, le plus souvent, ne vont pas au-delà de la brochure de propagande, que celle-ci soit dirigée pour ou contre lui. Avec le livre écrit par M. Ahmed Aboul Fath,[83] il s'agit de tout autre chose. Cela provient d'abord de la personnalité de l'auteur qui fut de 1946 au 4 mai 1954, le rédacteur en chef d'*Al Misri*, le grand quotidien du parti wafdiste.[84]

---

[83] *L'Affaire Nasser*, aux Editions Plon.
[84] Le « Wafd » ou « délégation » fut le parti politique dominant en Egypte de 1918 à 1952. Si l'on voulait à tout prix trouver un équivalent français du Wafd, il faudrait parler du parti radical dans une acception qui comprendrait aussi bien Clemenceau que le philosophe

M. Aboul Fath est un ardent patriote égyptien et sa formation idéologique ne s'éloigne pas beaucoup, mutatis mutandis, de celle de Benjamin Constant. Sa double qualité de nationaliste et de libéral explique fort bien le déroulement de son aventure. Nationaliste, il s'intéressa au mouvement des « officiers libres », fit la connaissance du capitaine Abdel Nasser dès 1946, fut le premier journaliste à prendre parti pour le coup d'Etat militaire de juillet 1952. Libéral, il parcourut toute la route du désenchantement depuis la déception, l'abattement jusqu'à l'indignation et la lutte ouverte. Longtemps familier de Nasser pour lequel, il ne s'en cache pas, il éprouva de l'amitié, M Abou Fath qui a un beau talent de journaliste et de conteur, a fait œuvre de mémorialiste. Il convient d'ajouter qu'il dispose d'une forme d'humour spécifiquement égyptienne. Tous les amis de son pays souhaitent qu'elle revive librement après la chute de Nasser.

La constitution déchirée

Le 21 juillet 1952, Ahmed Aboul Fath prévenait Saroit Okacha, son beau-frère, des derniers développements d'une crise ministérielle. Le 26 juillet, Abdel Nasser présentait l'auteur de ces mémoires aux officiers libres en déclarant : « Voici Ahmed Aboul Fath, l'homme qui donna le signal du déclenchement du mouvement. » Il y eut évidemment quelque chose d'exaltant dans ce rapprochement de dates pour le jeune et brillant journaliste qu'était Aboul Fath. Mais déjà naissait une ambiguïté quant à la nature du régime. Une scène que rapporte l'auteur – malgré son air désuet, son style un peu mélodramatique proche du cinéma égyptien – ne manque pourtant pas d'une certaine solennité et d'une dignité estimable. Laissons-le parler.

« Nous nous rendîmes donc au domicile du Dr Raafat. Il avait été mon professeur à la Faculté de Droit et j'avais toujours eu pour lui de la vénération et du respect.

Alain.

« Nous arrivâmes chez le Dr Raafat. De l'endroit où j'étais assis, dans le salon, je pouvais apercevoir l'escalier situé en face de la porte. Et je vis le Dr Raafat, avec son corps chétif et ses lunettes sur le nez, descendre les marches avec lenteur, avec la lenteur d'un homme triste et préoccupé.

« Il entra et me salua ainsi que mon compagnon qui était un de ses proches parents. Il leva ensuite son regard sur moi et dit avec la voix grave que j'avais si souvent entendue dans les amphithéâtres de la Faculté de Droit, mais qui cette fois tremblait :

« La Constitution a été déchirée aujourd'hui. J'ai voulu vous en informer. J'ai voulu que vous le sachiez. La Constitution a été déchirée aujourd'hui... »

« Il se tut. Je demeurai silencieux ne sachant que dire.

« Je voulus dire quelque chose pour soulager sa peine, mais je ne trouvai rien à exprimer. Je me levai donc pour prendre congé. Il me salua en dirigeant son regard vers moi. Il ne parla pas, mais je sentis qu'il m'ordonnait, non comme à un ami, mais comme un maître à son élève, de faire tout ce qui était en mon pouvoir pour la défense de la Constitution. Je courbai la tête et, comme un élève recevant les directives de son professeur : « Je ferai tout pour sauvegarder la Constitution », ajoutai-je simplement. »

Au cours des pages qui suivent, les appréhensions du Dr Raafat ne seront que trop justifiées. Le caractère d'Abdel Nasser se dessinera avec son cynisme, son mépris de l'homme en général et de l'homme égyptien en particulier, son sadisme répugnant, sans parler d'une certaine naïveté risible et d'une vanité telle qu'elle l'éloigne perpétuellement de la noblesse, de l'intelligence, des réussites politiques durables.

Espionnite et magnétophones

Un élément fondamental de la Terreur a toujours été la suspicion de tous à l'égard de tous. A la suite d'un complot de sous-officiers éventé grâce à un magnétophone, l'usage de cet appareil devint fréquent :

« A partir de ce jour, Abdel Nasser commença à s'intéresser à ces appareils et fit acheter les plus perfectionnés. L'Égypte ne tarda pas à en connaître plusieurs modèles dont les plus fameux furent les montres enregistreuses. Il s'agit d'un petit magnétophone placé dans la poche intérieure du veston et relié par un fil mince à la montre bracelet. Dès que quelqu'un parle à celui qui porte l'appareil, ce dernier n'a qu'à approcher la montre en direction de son interlocuteur et enregistre tout l'entretien.

Ces montres enregistreuses se répandirent d'une façon extraordinaire. Bientôt, elles furent utilisées par les domestiques des grands hôtels et des clubs importants ainsi que par de nombreux civils dans les usines, les administrations et même parmi les étudiants. Le peuple égyptien en fut rapidement informé ; aussi lorsque quelqu'un parlait de politique avec un ami, il observait avec grande attention la montre de son interlocuteur, et il arrivait souvent qu'il lui dise : « J'espère que tu ne portes pas d'appareil enregistreur sur toi. »

Ce n'est pas tout. Le régime nassérien installa des commissions d'épuration de fonctionnaires dont M. Aboul Fath déclare : » qu'elles firent la fortune des âmes veules, des flagorneurs et des imposteurs ; elles eurent pour effet de pousser la plupart des fonctionnaires à proclamer leur appui au Conseil de la révolution, souvent dans des formes de bassesse et d'hypocrisie flagrante. » Il ajoute :

« Certains d'entre eux allèrent jusqu'à inventer de toutes pièces les accusations contre leurs collègues pour la seule raison qu'ils savaient que l'officier délégué au ministère n'éprouvait pas de sympathie envers ceux-ci.

« Malheur au fonctionnaire qui essayait à cette époque de garder sa dignité en s'abstenant de toute bassesse et en n'espionnant à ses collègues.

Les Commissions d'épuration poursuivirent leurs activités pendant quelques semaines. Des centaines de fonctionnaires perdirent leur place tout simplement parce qu'ils ne connaissaient pas d'officier pour les défendre ou les protéger. Ils avaient cru que les commissions d'épuration étaient réellement justes et honnêtes et n'avaient pas essayé de se concilier les officiers ou les membres de ces commissions. »

Une presse serve

Il va sans dire – il va encore mieux en le disant – que la presse égyptienne naguère réputée pour sa vivacité, sa variété et sa liberté de faire chaque jour plus serve. Aboul Fath écrit :

« Cette crainte de mesures brutales conduisit petit à petit les journaux à une complaisance qui prit parfois des formes odieuses et repoussantes. »

C'est ainsi qu'El Sawi que les propriétaires d'*Al Ahram* avaient nommé et rédacteur en chef, décrivant la visite que rendit le général Mohamed Néguib à la ferme où il est élevait quelques volailles, écrivit : » dès que les volailles aperçurent le président Mohamed Néguib, elles manifestèrent leur allégresse de la venue du président. »

« El Sawi écrivit une autre fois sur Gamel Abdel Nasser accomplissant ses dévotions du vendredi : » Abdel Nasser la scène était debout parmi la foule, comme le reste des mortels. »

De telles expressions provoquaient la risée du public. Mais elles trouvaient malheureusement bon accueil auprès des officiers.

Plus loin, l'auteur rapporte le récit des tortures subies par l'officier El Damanhouri :

« Un officier, qui faisait à l'époque partie du Conseil de la révolution (…) m'appris que les interrogatoires s'accompagnaient de brutalités de toutes sortes allant jusqu'à la flagellation, l'humiliation et épuisement des nerfs. Il me rapporta également qu'un de ses collègues avait assisté à l'interrogatoire d'un des officiers inculpés et qu'il avait été roué de coups de pieds, en présence et même avec l'aide des soldats chargés de la garde du prévenu. Il me raconta aussi qu'on administra à El Damanhouri et aux autres officiers des piqûres provoquant certains effets sur le cerveau et amenant ceux qui les avaient subies à tout avouer. »

Quand l'auteur essaie d'intervenir auprès d'Abdel Nasser, ce dernier montre presque à découvert son hypocrisie et sa duplicité.

« J'en parlais à Abdel Nasser qui se contenta de m'écouter sans infirmer ni confirmer (…) Abdel Nasser a dans ce cas une rare qualité : il sait écouter ce qu'on lui dit sans émettre d'opinion. »

Après en avoir décrit les modalités, l'auteur écrit : « Certains soldats chargés de pratiquer la torture se révoltaient parfois et refusaient d'exécuter les ordres qu'on leur donnait. L'officier faisait alors arrêter le récalcitrant et le soumettait à la torture même qu'il avait refusé d'appliquer aux détenus.

« J'ai rencontré un médecin qui était attaché aux prisons. Il m'a parlé de choses absolument inimaginables.

Qu'importe cent mille vies ?

Les Frères Musulmans du Liban et de Syrie possèdent des dossiers très complets sur ces atrocités « absolument inimaginables ».

Mais à propos de ses atrocités, ce qu'il faut bien voir c'est qu'elles ne sont en rien un accident du régime : elles correspondent parfaitement aux caractères d'Abdel Nasser et à ses idées.

Ainsi, quand les frères de Serag Eddine [85] vinrent supplier ses juges pour obtenir la suspension du jugement, voilà ce que leur dit Nasser :

« Savez-vous ce que j'ai répondu quand ils sont venus intervenir auprès de moi ? J'ai été franc. Je leur ai déclaré que le Conseil entérinerait le jugement et qu'il serait exécuté. Comme ils insistaient, je leur ai fait comprendre qu'ils perdaient leur temps. Comme un de ses frères essayait de m'apitoyer. Je lui ai dit : « Ne vous fatiguez pas, la sentence sera exécutée. »

Dans la même page, l'auteur témoigne d'une réponse de Nasser qui classe moralement un « être humain » (si le mot peut être risqué) :

« J'ajouterai que dans les nombreuses crises au cours desquelles Abdel Nasser frappait avec une brutalité terrifiante, lorsque je lui reprochais la brutalité de ces répressions, il me répondait toujours :

« Nous sommes dans un pays dont la population augmente à un rythme effrayant. Qu'est-ce que cela peut bien faire que nous réduisions même de cent mille le nombre de ses vingt quatre millions d'habitants ? »

En conclusion, Ahmed Aboul Fath affirme que les jours de pouvoir du tyran sans comptés. Il estime judicieusement « qu'il disparaîtra et que sa disparition doit venir de l'intérieur de l'Egypte et comme conclusion de la lutte des Egyptiens eux-mêmes. » Son livre est un acte qui prépare la libération de son pays.

--

---

[85] Ministère de l'Intérieur dans le dernier cabinet Nahas Pacha.

UN BRUSQUE RETOURNEMENT DE SITUATION

11 avril 1962

Un brusque retournement de situation a sauvé la Syrie. Le général rebelle Nahlaoui a obtenu l'aide morale et radiophonique du Caire, mais non son appui matériel (car Nasser a abandonné ses séides, craignant un échec militaire voyant et inconvertible.)

D'autre part, le général Zahreddine, qui a contraint les rebelles d'Alep à se rendre, refait l'unité de l'armée. A Damas, jeudi dernier, le correspondant du *Monde* relate que la foule a manifesté aux cris de « Nasser, ennemi de Dieu, Nasser, ennemi des Arabes. Le sang des martyrs exige une vengeance contre Nasser. »

Toute menace n'est pas écartée cependant puisque l'on a libéré le sinistre colonel Serraj.

Les numéros 14 et 15 de *Mijûlgeha Kurdi* publient les éléments d'un « Livre Jaune » sur la question kurde. On sait que la résistance kurde a connu, la semaine dernière, une brusque recrudescence aux confins syro-irakiens. Selon les termes des promoteurs de cette revue, elle défend « l'indispensable notion de patrie sans laquelle s'éteignent les civilisations.

--

QUAND NASSER CHERCHE
DE L'ARGENT EUROPÉEN

30 mai 1962

Il paraît que nous sommes presque réconciliés avec Abdel Nasser. C'est-à-dire que notre diplomatie, après avoir cédé sur la plupart des points litigieux – sans oublier le désastre en Algérie – entendrait verser de larges subventions au tyran de l'Egypte.

Nous ne serons pas en reste de prodigalité. A propos du Bikbachi, nous évoquerons quelques grandes ombres et nous allons suggérer une classification des personnages célèbres d'après leurs talents d'écrivains et leur vertu d'hommes d'Etat. Dans la catégorie de la perfection, nous pouvons évidemment placer César et ce capitaine Bonaparte qui, disait Bainville, « est peut-être devenu empereur par sa plume autant que par son épée ». Staline se classera dans la deuxième catégorie : s'il a gouverné avec énergie, il a écrit sans talent ; Trotski déclarait même qu'à lire ses discours,, on avait, révérence parler, « l'impression d'avaler de la soie de cochon hachée. »

Au plus bas étage, nous laisserons Nasser car il gouverne mal un peuple résigné depuis deux mille ans et il écrit encore plus mal que Staline. Les mille cinq cents délégués du « Congrès National du Pouvoir Populaire » ont récemment écouté pendant sept heures la lecture de son projet de Charte d'Action Nationale. Nous n'aurons pas la même patience contrainte que les délégués. Au lieu de cet exposé marxiste pour intellectuels sous-développés, nous essaierons de présenter quelques-uns des préparatifs du Caire.

En ce qui concerne l'Egypte, Abdel Nasser recherche de l'argent occidental et, plus précisément, de l'argent européen. Le marasme économique croît au point d'atteindre jusqu'aux plus pauvres des fellahs qui se retrouvent encore plus pauvres. Le temps perdu à cause de Suez aggrave les conditions générales. Il entraînera de nombreuses années de subordination matérielle. L'URSS n'est pas prêteuse et se fait payer chèrement les armes qu'elle a livrées. Les Etats-Unis n'ont pas encore sauté le pas, mais il y aurait toujours à craindre avec un aussi puissant prêteur. L'Europe, riche et énervée, se laisserait dépouiller à nouveau. Cela explique les nombreuses démarches entreprises et le prochain rétablissement des relations diplomatiques entre Belges et Egyptiens. C'est la France, dupe présumée, qui est visée une deuxième fois.

En attendant, il est infiniment plus facile d'installer la subversion et le terrorisme chez les « pays arabes frères » que d'élever le niveau de vie égyptien. Aujourd'hui, le Liban n'est plus qu'à demi indépendant. Quelques journalistes de Beyrouth aux gages de Nasser, par les menaces et le chantage, ont diminué la liberté de la presse. La Jordanie et l'Arabie séoudite, toujours menacées, ont droit aux injures quotidiennes que déverse la prétendue « *Voix des Arabes* ». C'est pourtant la Syrie qui se voit le plus menacée.

Loin d'avoir trouvé de la compréhension et des encouragements auprès des Occidentaux, la Syrie indépendante n'a rencontré que des chancelleries bornées et inertes. Les Etats-Unis ont pris toutes sortes de ménagements pour la vanité de Nasser, en octobre dernier, juste après la libération facile et heureuse de la Syrie. Un allié fidèle et scrupuleux du monde libre n'a jamais été traité par les Américains avec autant d'égards que cet ennemi stupide et systématique de l'Occident.

En France, on n'a pas osé se réjouir ouvertement du retour de Damas à l'indépendance. Les résultats de cette politique insensée commencent à se faire sentir. Les Syriens essaient de s'entendre avec leurs ennemis acharnés puisque leurs amis les abandonnent sans remords à la sujétion. Comme nous l'avions déjà noté, [86] la libération du colonel Serraj permet de redouter le pire à Damas.

Ce n'est pas tout, le journaliste de Nasser, Hassanein Heïkal, vient de publier dans *Al Ahram* le rapport d'une discussion du cabinet égyptien. Son maître y déclare explicitement : « Il ne faut pas oublier qu'Israël n'est pas seul et que la France, pour le moins, est à ses côtés, surtout tant que dure la guerre d'Algérie (…) » Il ajoute : « Je crois que l'année décisive sera 1963 ou 1964 (…) Lorsque le moment sera venu de nous battre, nous ferons une guerre complète. »

---

[86] Dans *La Nation française* du 4 avril dernier

« Quand j'entreprendrai la guerre, je veux qu'elle aboutisse à la seule issue possible : la victoire. » Une telle déclaration guérira peut-être les aveugles volontaires qui savent désormais quels nuages de sang se préparent en Asie mineure après nos abandons en Algérie.

Un hebdomadaire parisien vient de publier une interview d'Abdel Nasser accordée à Edouard Sablier. C'est un document important dans la mesure où la fermeté du journaliste français a suscité de curieuses réponses chez son interlocuteur. Elles témoignent chez Abdel Nasser d'une mentalité prélogique. A la question : « Quelle est la vérité sur l'étendue de l'aide égyptienne à la rébellion ? » Nasser répond : « Comme tous les Arabes, comme tous les peuples, nous avons souhaité la victoire des nationalistes (sic) algériens et appuyé leur lutte. Mais j'ai toujours souhaité la fin rapide des combats (…) » Ainsi, ce grand personnage est incapable de lier l'idée de « fin rapide des combats » à celle de l'arrêt de l'aide étrangère à des Français rebelles.

On n'imagine vraiment pas comment des financiers français ou européens – parce que notre Etat se livre à une diplomatie de cauchemar - iraient remettre des gages à Abdel Nasser. Ce dernier a été une des causes déterminantes de la guerre d'Algérie et, de son propre aveu, a contribué à l'entretenir longuement. Il a en chantier trois ou quatre intrigues meurtrières destinées à ses frères des Etats arabes en attendant de monter en grand l'attaque contre Israël. Ce serait un crime que de subventionner ce malfaiteur.

LA PRIMAUTÉ DU FAIT NATIONAL
6 juin 1962

En même temps que des négociateurs de « rencontre » paraphaient une capitulation dans une ville d'eau, un journal du soir très répandu en France publiait une enquête sur l'euthanasie. Les deux délégations d'Évian entendaient en finir discrètement avec la France qu'ils voulaient amputer de sa province d'Algérie. De bonnes paroles anesthésiantes furent utilisées à ces fins criminelles. Le mensonge par omission permit d'abuser quelque dix-sept millions d'électeurs : on leur impartissait la tâche ingrate de fournir caution morale et alibi aux auteurs du crime. Malgré ces tentatives, la sinistre vérité des « accords d'Évian apparaît aujourd'hui de façon éclatante. La multiplication des malheurs, le cortège des réfugiés qui refluent en Europe montrent à l'opinion de métropole la qualité des « accords » et précise le genre de confiance que le FLN inspire aux populations civiles… Si leur meurtre de la patrie se commet, il ne pourra se perpétrer sans douleur, dans l'ombre et le silence complices et sur une victime inconsciente. L'éveil même de la nation rend peut-être le crime impossible. Il est déjà acquis que l'euthanasie n'aura pas lieu.

La résistance des faits sociaux en Algérie provient d'une cause essentielle : c'est que le problème algérien n'est pas un problème colonial. Il ne s'agit en aucune manière d'une affaire de « colonisation ».

Employer le langage de l'ennemi, adopter ses raisons ne suffirait pas à transformer la réalité. Irréductible aux chimères des collaborateurs de l'ennemi, l'Algérie leur impose peu à peu sa vérité profonde : le fait national français.

Cette existence s'exprime tout d'abord en termes économiques. Les instituteurs marxistes des rebelles ont bien vu que l'économie de l'Algérie se ruinerait dans une asphyxie rapide si les Européens et les musulmans cessaient de coopérer. Le FLN lui-même en est parfaitement conscient. Il ne saurait admettre – ce qui n'en est pas moins vrai – que la nationalité française constitue le régime juridique le plus favorable à cette économie. Mais il veut tout au moins freiner l'exode des populations européennes.

La primauté du fait national français se traduit dans des domaines plus importants. On verra un exemple probant de la cohésion nationale française devant l'échec d'une manœuvre FLN : malgré ses tentatives de séduction et ses menaces, la communauté israélite d'Algérie reste solidaire des Français des autres confessions.

De plus, les Français musulmans patriotes n'ont aucune confiance dans la parole des bourreaux du FLN. Parce que Français, ils tentent de s'établir en métropole, dans le cas où ils n'ont pas déjà pris maquis. Et si le gouvernement actuel de la France ne les encourage pas à persévérer dans leur qualité de Français, les organismes du pays réel ont su trouver spontanément le langage et la pratique de l'entraide nationale. L'assemblée permanente des présidents des Chambres d'agriculture (a.p.p.c.a.) devant « le rythme accéléré des départs des Français européens et musulmans vers la métropole » manifeste « son entière solidarité aux agriculteurs d'Algérie, quelle que soit leur confession. »[87]

Il faut également constater que la secte équivoque qui se dénomme elle-même « les Français libéraux » ne compte pour ainsi dire aucun représentant dans les départements d'Algérie. (Il est cependant certain que cette curieuse variété de Français pullule dans les territoires qui étaient effectivement des colonies : Maroc et Tunisie, par exemple.) On voit par là que la résistance au FLN qui se manifeste en Algérie apparaît comme la résistance de tout un peuple. Les moyens euthanasiques ne suffisent pas à briser une résistance nationale ;

Le président Monnerville a fort bien dit, en parlant des réfugiés « (…) pour moi, ce ne sont pas des rapatriés, puisque quittant un département français pour un autre département français. Vous devez accueillir les harkis et les Algériens de souche métropolitaine comme des frères (…) » Il a ajouté avec une lucide générosité : « Accueillez à bras ouverts ceux qui ont cru dans la France et y croient encore (…) »

---

[87] Cf *Le Monde* daté du 31 mai 1962.

C'est justement parce qu'ils y croient encore que la France continue d'exister. Et le fait national français dépasse le 1ᵉʳ juillet 1962.

--

UN CRI D'ALARME

27 juin 1962

La situation de nos compatriotes d'Algérie – musulmans, chrétiens et israélites – devient de plus en plus dramatique à mesure que s'approche la date arbitraire du 1ᵉʳ juillet 1962. Dans une conférence de presse à la fois objective et poignante, M. Pierre Battesti, député de Seine-et-Marne et président de l'a.n.f.a.n.o.m.a. [88] a suggéré une « véritable mobilisation nationale en faveur de nos compatriotes menacés. » Seule une mesure de cette ampleur pourrait répondre à leurs difficulté qui ne sont pas insurmontables dans l'ordre matériel.

Pour le plan de son exposé, l'orateur a suivi l'ordre rigoureux que les faits eux-mêmes imposent.

Tout d'abord les besoins : « Depuis plus d'une semaine les rapatriements d'Algérie (…) ont atteint une moyenne quotidienne de 10.000 se répartissant entre 4.000 et 5.000 arrivées par voie de l'air dans les différents ports et aérodromes de la métropole (…) On eût pu croire, qu'à la suite des circonstances que l'on sait, le nombre des départs pouvait diminuer. Il n'en est rien. Il ne fait au contraire qu'augmenter et les renseignements que nous rapportent nos compatriotes rapatriés Européens ou musulmans, conduisent à penser que le mouvement ne fera que s'accroître au cours de la semaine qui vient.

---

[88] Association Nationale des Français d'Afrique du Nord, d'Outre-Mer et leurs Amis.

Il est à craindre que ce ne soit pas seulement à 10.000 rapatriements par jour que nous devrons prochainement faire face mais à 20.000 et probablement plus (…)

« Ces Français (…) ont le droit, en tant que citoyens de la France, de regagner la métropole. S'ils en expriment la volonté, c'est qu'ils ont des doutes légitimes sur le cadre de vie morale, politique et matérielle qui leur sera proposé demain (…), si, des Français en aussi grand nombre, n'hésitent pas à abandonner brusquement leurs tombes, leurs biens et tout ce qui fut l'espérance de leur vie, c'est que de graves dangers se profilent et se précisent. Pour pressentir, jauger et mesurer les risques qui pèsent sur eux, ils sont (…) mieux placés que nous qui vivons trop souvent ici dans une douillette indifférence ! Comment ne pas partager leur anxiété à l'idée que la création de droit, d'un visa de sortie ou la raréfaction de fait des moyens de transport pourraient, au lendemain du 1er juillet, maintenir de force nos compatriotes sur une terre désormais étrangère ?

« Il suffit que la menace existe pour que nous ayons l'obligation impérieuse de fournir aux Français d'Algérie les moyens matériels de regagner la métropole. Le premier devoir de l'Etat est d'assurer la sécurité de ses enfants, de tous ses enfants. »

En ce qui concerne les moyens, M. Battesti constate que trois aérodromes seulement fonctionnent : Telergma (Constantinois), Maison-Blanche (Algérois), La Sénia (Oranais) quand ceux de Tebessa, Bône, Philippeville, Sétif, Blida, Boufarik, Tiemcen restent inemployés.

Pour la voie maritime, on ne peut s'embarquer que de Bône, Alger et Oran, quand Mostaganem, Bougie, Djidjelli, Philippeville demeurent inutilisés.

Il importe d'autre part qu'une protection effective soit exercée par l'armée française – qui est forte encore de quelques deux cent cinquante mille hommes - sur le tracé des itinéraires et aux points d'embarquement.

Il convient enfin de ménager des moyens de transport suffisants. Le taux de deux valises par émigrant a quelque chose de sinistre quand on songe à tout ce qui pourrait être sauvé. Il aboutit à la « clochardisation. »

Pour effectuer le rapatriement des Français qui le demandent, il faudrait mobiliser toute la flotte maritime et aérienne ; si ces moyens ne suffisaient pas, il conviendrait alors de faire appel à des compagnies étrangères.

M. Battesti conclut cette conférence de presse par une exhortation émouvante adressée à la presse. Il donne la parole à M. Borja, syndicaliste cheminot et à M. Ioualalène, député de Grande-Kabylie qui apportent des précisions étonnantes sur la situation en Algérie. M. Ioualalène déclare notamment que les préfets français ont été remplacés par des préfets FLN, que des municipalités élues ont été supplantées par des délégations spéciales FLN et que la volonté de départ des Français musulmans est contrariée par le freinage « administratif ».

--

LA LIGUE ARABE CONTRE NASSER
5 septembre 1962

Il n'y a pas encore un an que la Syrie s'est libérée de la tyrannie nassérienne. En butte aux provocations du même Nasser, elle vient de demander et d'obtenir la réunion du Conseil de la Ligue arabe à Chtaura, station estivale du Liban. Là, les délégués syriens ont tenté de faire blâmer le bikbachi en raison des menées criminelles de ses agents au temps de la défunte R.A.U. et aujourd'hui encore à Damas, Alep, Homs et surtout Beyrouth. On sait que les délégués « égyptiens » ont riposté en déclarant que l'Egypte quittait la Ligue arabe. Aussitôt après on a pu lire, particulièrement dans la presse française, que la fameuse Ligue arabe était morte. Cela n'est pas si certain et d'abord parce que les statuts de la Ligue prévoient qu'une démission ne prend effet qu'un an après avoir été donnée. Il convient aussi de tenir compte de la personnalité du secrétaire égyptien de la Ligue, M. Hassouna qui a le génie du compromis et des accommodements. Il faut voir enfin que, depuis sa création au palais Antoniadis d'Alexandrie le 25 septembre 1944, on menace de quitter la Ligue exactement comme M. Herriot menaçait de quitter la présidence du parti radical. Ce qu'il importe de retenir de la réunion de Chtaura, c'est qu'Abdel Nasser s'est vu démasqué et qu'il s'est trouvé seul contre les délégués des autres pays arabes. Ce n'est pas la première fois. Mais jamais auparavant cela ne fut pour lui aussi dangereux.

Devant les représentants de la Jordanie, du Liban, du Yémen, de l'Arabie séoudite, de la Tunisie, du Maroc, de la Libye et du Soudan, les délégués syriens ont présenté un dossier précis sur les exactions policières et les atrocités commises au temps de la r.a.u. Ce dossier est accablant pour M. Nasser. Il est irréfutable et il n'a pas été réfuté.

Seuls les optimistes incurables s'imaginent maintenant que M. Nasser voue sa sollicitude au peuple d'Arabie séoudite. Il en veut au pétrole, aux richesses qu'il estime devoir posséder à la place de la dynastie wahabite de Ryad. Le moyen de parvenir à ces fins serait d'en appeler aux peuples arabes en négligeant leurs gouvernants et de remplacer la Ligue arabe actuelle par une Ligue des peuples arabes. Ces ambitions sont dès à présent dénoncées.

D'ailleurs, Abdel Nasser a perdu l'initiative : le boomerang de l'appel au peuple lui revient. En effet, le 29 août, à Damas, un comité égyptien de libération nationale en exil a été constitué. Deux de ses membres se sont manifestés : M. Ahmed Abdallah Khalil et le commandant Zaghloul Abdel Rahman, attaché militaire égyptien à Beyrouth qui s'est réfugié en Syrie. De la sorte, tout ce qui subsiste de l'intelligence égyptienne, tout ce qui n'accepte pas l'esclavage, trouve quelque raison d'espoir.

Malgré la gravité des agissements nassériens, les délégués arabes à l'Assemblée de la Ligue étaient disposés à fermer les yeux, c'est-à-dire à laisser bénéficier Nasser d'une indulgence aveugle. Or il n'en sera rien parce que les représentants de la Syrie ont apporté la preuve d'un acte commis par la r.a.u., acte sans rémission dans une perspective arabe bornée. Il s'agit non pas d'une collusion avec Israël mais d'une modération recommandée par le ministre nassérien des Affaires étrangères à l'égard d'Israël. Lundi dernier, les délégués de Damas ont fait circuler la copie du document qui recommandait aux diplomates de la r.a.u. d'éviter toute discussion sur la question des réfugiés arabes. Du même coup, Nasser était déconsidéré parmi les chefs de la Ligue arabe. Et comme le remarque avec un humour désabusé un éditorialiste israélien [89] c'est pour une action raisonnable que M. Nasser encourra le blâme de l'opinion arabe. Mais ce n'est guère la saison de déplorer ce qui porte un coup très grave à ce fléau des Arabes, compromet son projet de colonisation de l'Arabie séoudite, et gêne ses préparatifs d'agression.

La stupide protection américaine de Nasser devient par contrecoup plus difficile à exercer. Presque tous les gouvernements arabes, et tous les gouvernements musulmans non arabes se méfient de cet aventurier hystérique. Les Américains ne pourraient donc que malaisément recommencer Suez à son profit. L'*Economist* ironise à propos de l'alliance militaire des rois Hussein et Séoud tout simplement parce que ce journal a partagé naguère l'aveuglement américain. Cela l'empêche de voir objectivement que les pays du Moyen-Orient, s'ils n'ont plus d'illusions sur son compte, ont trouvé en eux-mêmes beaucoup plus de ressources contre leur ennemi.

--

[89] Cf *L'Observateur du Moyen-Orient* du 31 août 1962

LES VISÉES COLONIALES DE NASSER

24 octobre 1962

Près d'un mois s'est écoulé depuis le coup d'Etat militaire survenu au Yémen. On se souvient que l'équipe du colonel Sallal – lui-même brusquement promu au généralat par ses soins diligents – s'est emparée de la capitale administrative du royaume. Les communiqués martiaux de Radio-Sanaa, relayés par Le Caire, ont répandu sans arrêt des informations contradictoires sur le coup de force. Sallal a d'abord affirmé que les « révolutionnaires » (sic) avaient tué l'imam El Mansour Billah. [90] Quelques jours plus tard, on apprenait par d'autres sources que l'imam avait survécu : c'est aujourd'hui confirmé, même par Sanaa. Réfugié en Arabie séoudite, l'imam dirige la résistance contre les hommes du complot. Les forces royales yéménites ont poussé l'insolence jusqu'à capturer sept pilotes russes qui n'avaient pas été envoyés par le tsar. Fort heureusement nombre de bons apôtres disent qu'il ne faudrait pas exagérer l'influence d'un Nasser ou des Soviétiques dans ces événements. L'ambassadeur de Sallal [91] à Beyrouth – a expliqué, contre toute évidence, qu'il s'agissait d'une affaire purement yéménite. Pour rassurer le capitalisme bête, la *Tribune des Nations* déclare gentiment que la « révolution » yéménite a été menée par des « émigrés et des jeunes patrons ». Elle avoue en même temps que les Yéménites de l'intérieur n'y ont pris aucune part. En réalité, le régime national du Yémen a été attaqué de l'étranger avec l'appui d'importantes forces nassériennes et soviétiques. Il ne pourrait dont être rétabli que par l'aide de puissances extérieures au Yémen, en particulier par l'assistance de l'Arabie séoudite. Le roi Séoud n'a pas marchandé son aide. Mais la diplomatie américaine, une

---

[90] Plus connu sous le nom d'émir El Badr. L'émir avait cru trouver en Abdel Nasser un ami du Yémen et un allié.

[91] Précédemment ambassadeur du Yémen, M. Tarcissi semble disposé à représenter n'importe qui et n'importe quoi sous la menace ou contre de l'argent.

fois de plus, perd un temps précieux avant d'accorder la sienne aux alliés des Etats-Unis et du monde libre.

On aurait grand tort de négliger ce qui se passe au Yémen sous le vain prétexte que c'est un petit pays très éloigné, mal connu et que l'URSS nous fait dire qu'il ne sera pas communiste dans les huit jours. L'Arabie séoudite est menacée directement par le naufrage du Yémen et le destin de ce petit pays peut entraîner celui de tout le Moyen-Orient arabe.

Au temps de Farouk, les émirs séoudiens investissaient des fonds importants au Caire en y achetant des immeubles. Depuis la prise de pouvoir de Nasser, le nouveau régime de l'Egypte a su utiliser systématiquement tous les moyens de chantage politique et policier. Ahmed Aboul Fath l'a montré dans son livre remarquable sur *L'Affaire Nasser*. Il n'y aurait rien d'étonnant si la police nassérienne s'était assuré une influence particulière sur quelques émirs dégénérés de la dynastie wahabite : cela expliquerait le comportement au Caire de Halal, frère du roi Séoud, qui sert de marionnette docile aux ennemis de son frère et de son pays.

Le remaniement ministériel auquel le roi Séoud vient de procéder doit s'interpréter en fonction de la crise yéménite. Le roi a confié le poste de Premier ministre au prince héritier, son frère, l'émir Fayçal. Il n'y a pas si longtemps, Fayçal était en bons termes avec Nasser. Et la décision royale pourrait impliquer un certain fléchissement dans la lutte de Séoud contre l'ennemi des rois et des peuples arabes. Si par malheur la monarchie séoudite disparaissait, dans l'état politique actuel, la puissance pétrolière de l'Arabie passerait aux mains de l'hystérique Nasser De plus – et cela nous paraît infiniment plus grave – les lieux saints de pèlerinage de l'Islam tomberaient sous le pouvoir du monde communiste.

Il convient ici, une fois de plus, avec patience et sans lassitude, de rappeler ce qui guide l'action d'Abdel Nasser. On dit parfois du

Bikbachi qu'il est intelligent et que l'on aurait tort de surestimer son influence. L'expérience prouve, autant la lecture de ses discours que l'examen de ses actes, que son intelligence se situe un peu au-dessous du médiocre mais que sa haine de l'Occident et du monde libre est infinie. Sous-estimer cette haine serait une erreur coûteuse et mortelle.

Pour peu de temps encore, les Etats-Unis auront la possibilité de redresser une situation que leurs hésitations et leurs erreurs ont dangereusement compromise. Quoi qu'il en soit, ils en auront à la fin les conséquences. Le castrisme est fils de feu Foster Dulles et de Suez. Ce ne sont pas les forces modestes de la France qui pourraient dissuader les Etats-Unis de se suicider par l'usage de moyens libéraux et progressifs. Au fond, que reprocher à M. Kennedy ? Il n'a jamais prétendu sauver ses compatriotes. Alors, le Yémen…

--

UN CONDOMINIUM NASSÉRO-AMÉRICAIN AU YÉMEN
26 décembre 1962

Le « général » Sallal, le célèbre auteur présumé du coup d'Etat yéménite, vient de s'élever lui-même au maréchalat. C'est là une nouvelle, comme fut son accession au grade de général survenue dans des conditions identiques. Mais la reconnaissance par les Etats-Unis d'un régime républicain à Sanaa constitue un événement. Il n'est pas inutile d'en examiner les causes et d'en évaluer les suites.

Une première suite probable serait sans doute la promotion du « maréchal » El Sallal au rang de « maréchal-chef », comme dans le théâtre de Ionesco.[92] Mais cette fois le décret de nomination porterait deux signatures : celle du président Kennedy et celle de Nasser. Déjà les Etats-Unis et les nassériens ont établi un véritable condominium dans ce qui était l'imamat du Yémen. Le colonialisme, on le voit, prend des formes inattendues. Mais il est honnête de constater, à propos de l'installation de cette colonie nouvelle, que si le régime des Imams était passible de critiques graves, il n'en représentait pas moins l'histoire et la religion du peuple yéménite. Deux puissances étrangères lui imposent aujourd'hui leur domination. On comprend que la police ait un rôle important dans un pareil système et que le ministre de l'Intérieur républicain Abdel Latif Deljallah se soit entouré des conseils de spécialistes nassériens, les commandants Mohammed Abdallah et Gamal Tammam. L'armée et la police républicaines, qui ne sont évidemment pas mercenaires, ont vu les traitements élevés de cent cinquante pour cent.

Malgré les conseils de la Grande-Bretagne, la réserve de la France, les craintes légitimes et mêmes les objurgations des nations arabes libres, le gouvernement américain vient une fois de plus de renflouer un ennemi de l'Occident au moment de sa déconfiture. Ce phénomène est intéressant et recoupe selon plusieurs plans la politique européenne des Etats-Unis. Il n'a jamais été aussi clair en effet, depuis que M. Truman a quitté les affaires, que les grands succès de politique extérieure de Washington sont exclusivement remportés contre leurs Alliés. Cela est plus facile que d'autres entreprises plus honorables, mais cette facilité pourrait ne pas être éternelle.

L'impatience de la Maison-Blanche grandit à l'égard des nations européennes qui n'ont pas compris le développement économique à la manière de Pleven et de Jean Monnet et qui approchent – ce qui est consternant – de l'indépendance politique. Cette rentrée partielle et

---

[92] Il ne se contenterait pas de pareille fortune. La semaine dernière, dans une harangue aux rois arabes, il a dit : « Je m'adresse à vous au nom de la République de la Péninsule Arabe. *Ecoutez cette voix qui est la voix de Dieu* (sic). Le malheureux n'a plus le sens des proportions ou redoute une forte opposition musulmane.

timide des Etats européens gêne le marchandage planétaire entre Washington et Moscou.

Cependant, qui ne se réjouirait d'un *modus vivendi* intervenant entre les Etats-Unis et l'U.R.S.S. ? Mais quand il s'agit de livrer des populations entières à l'U.R.S.S. par une politique malheureuse et imbécile, ou suivant un propos délibéré, il faudrait que les milieux dirigeants des Etats-Unis comprennent que, pour capituler devant l'U.R.S.S., il n'est nul besoin du courtage de Washington. L'alliance américaine n'a de valeur et de sens que si elle organise la résistance commune pour la liberté.

Revenons au théâtre proche-oriental. La reconnaissance du régime de Sanaa renforce le tyran du Caire et fait vaciller tous les autres gouvernements arabes qui, monarchies ou républiques, ne pratiquent pas la dictature hystérique de la prétention et de l'ignorance. Le gouvernement marocain a osé désobéir à l'ordre du Caire et n'a pas reconnu le nouveau régime de Sanaa. Les conséquences n'ont guère tardé. Nasser a fait ajourner la conférence des chefs d'Etat du groupe de Casablanca qui devait se tenir à Marrakech le 17 décembre. Il a, d'autre part, commandé un article d'*Al Ahram* pour attaquer la constitution marocaine qu'il prétend « contraire aux intérêts du peuple » ; il ajoute qu'elle « ignore les revendications populaires pour des changements fondamentaux dans la société marocaine ». Le journal cairote s'est attiré la réplique cuisante du marocain *Al Alam* : « Ceux qui s'érigent en ennemis de la liberté et qui la considèrent comme un danger pour eux, souffrent de voir le Maroc en bénéficier… »

A un autre niveau, l'humiliation britannique à propos des *Skybolt* trouve ici une application immédiate. Demain on imposera à la France la reprise des relations diplomatiques avec l'Irak de Kassem et puis avec Nasser. Tout est d'ailleurs pour le mieux. Le vice-président républicain du Yémen promet son amitié aux Etats-Unis ; le « maréchal » Sallal, président de cette même république, déclare au correspondant de l'agence soviétique *Novosti* : « Désormais le Yémen et l'Union Soviétique sont amis à jamais. » M. Kennedy éclate d'intelligence. L'U.R.S.S. est fière de lui.

--

CONTRE L'ÉGYPTE,
LA RÉPUBLIQUE ARABE UNIE

27 mars 1963

Il existe une nation égyptienne dont la tradition, ancienne et vénérable, appartient à l'histoire de l'humanité. Au cours du Moyen Âge, les Égyptiens ont apporté des pages glorieuses À l'islam, mais dès l'aube des temps modernes la domination ottomane installait la vallée du Nil dans une torpeur que l'expédition de Bonaparte devait dissiper après deux siècles. Le réveil de l'Égypte date de cette époque. M. Anouar Abdel Malek a tenté ambitieusement de formuler une théorie de *l'Égypte société militaire* [93] depuis l'époque pharaonique jusqu'à nos jours. Cette tentative ne manque pas d'intérêt, ne serait-ce que par son exigence de méthode. Nous ne chercherons pas à présenter ici l'analyse d'une œuvre exubérante mais inégale. Nous nous attacherons simplement à mettre en valeur la contradiction qui oppose le destin spécifique de l'Égypte à la politique contre nature qu'elle subit aujourd'hui.

Anouar Abdel Malek prend soin, chaque fois qu'il utilise l'expression, de placer entre guillemets, le « nationalisme arabe ». Les journalistes occidentaux qui traitent des questions devraient s'inspirer de cette démarche, s'interroger sur cette notion ambiguë, et comprendre qu'il s'agit essentiellement d'un impérialisme à base raciste.

---

[93] Aux Editions du Seuil.

Il suffit de se reporter au « Mein Kampf » nassérien, plus particulièrement à ce que le bikbachi appelle les « trois cercles arabe, africain, islamique. » L'auteur montre alors que : « dès Suez, mais surtout à partir de l'union syro-égyptienne, le nationalisme arabe apparaît aux yeux des dirigeants militaires comme le moyen le plus sûr d'opérer la jonction entre les trois « cercles » (…) Il ajoute aussitôt après : « Où qu'il cherche, Abdel Nasser ne trouvent guère, dans ce sentiment national, de racines profondes à l'arabisme, dans cette Égypte qui est bien pourtant, objectivement – par la géographie, la culture et le poids économico-politique - le centre du monde arabe ». A défaut de ces racines qui n'existent pas, il faudra bien procéder à un trucage de la réalité. L'auteur mentionne ici un certain nombre de faits égyptiens totalement ignorés par la grande presse occidentale : « en 1956, Ahmed Bahâ Eddine voit dans le livre de l'égyptologue Moharram Kamal, alors conservateur du musée égyptien du Caire sur les *influences de la civilisation des pharaons dans l'Égypte d'aujourd'hui* un travail nocif (sic) qui y risquent de fournir une plate-forme scientifique aux adversaires de la dissolution de la personnalité égyptienne au sein de l'arabisme.

« Le nom même de l'Égypte disparaît des timbres postaux le 23 février 1960. Les nouveaux programmes au niveau du primaire et du secondaire, dus à l'inspiration de Mohamed Saïd El-Eryân et de ses experts, Font une portion congrue à l'Égypte préislamique, ignorent totalement six siècles d'histoire copte et évoquent en termes allusifs l'Égypte pharaonique.

« De même, l'époque 1919-1952, qui marque la prédominance de la tendance libérale et humaniste avec le Wafd, est pratiquement rayée de l'existence (…) »

Il n'est pas mauvais, à propos du « nationalisme arabe » nassérien, de rappeler un épisode de la biographie de Nasser. Peu de gens se souviennent que ce personnage a appartenu, de 1936 à 1938, au parti Mis Al-Fatat (Jeune Egypte). Ce parti avait constitué des « chemises vertes » et son chef Ahmed Hussein, a assisté à

Nuremberg, en 1936, au congrès du parti nazi. En 1946, le parti « jeune Égypte » prenait l'étiquette plus commode de « parti socialiste ». De bonnes âmes indulgentes diront que l'appartenance de Nasser au parti nazi d'Égypte doit être considérée comme une peccadille de jeunesse.

Nous ne demandons pas mieux, à condition que les bonnes âmes indulgentes veuillent examiner un fait plus récent. On se souvient de l'incendie criminel du Caire qui eut lieu le 26 janvier 1952. À ce propos, « des faits étranges se produisent (…) Ahmed Hussein, chef du parti socialiste, sera inculpé, arrêté puis élargi par les autorités du régime militaire, au moment précis où le colonel Abdel Nasser est ministre de l'Intérieur. Ahmed Hussein publie même un gros volume sur le procès où il se refait une âme de héros. Sept lampistes sont condamnés à de lourdes peines de travaux forcés ; mais en janvier 59, ils sont absous par une haute juridiction militaire et relâchés sans bruit (…) »

Dans sa préface, Anouar Abdel Malek s'interroge douloureusement sur le sort de l'intelligence égyptienne : « l'histoire de l'Égypte contemporaine a été une terriblement mangeuse d'intellectuels. La plupart survivent encore, de ceux qui ont été la chair vivante, le cœur et le cerveau de l'Égypte de 1939 à 1959, parqués dans les camps ou reconvertis, à la tête des comités et bureaux de l'État, réduits au silence, à l'exil, au reconditionnement psychologique (…) »

Si l'on considère l'ouvrage dans son ensemble, on estimera que cet essai est louable parce que nous sentons, au cours des pages, que M. Abdel Malek est un patriote égyptien sincère et tourmenté. En dépit d'une certaine emphase, de quelques préciosités, d'un marxisme sentimental qui lui procure à la fois un vocabulaire systématique et une religiosité trouble, de ménagements pris à l'égard du despote criminel qui, depuis neuf ans, fait peser sur l'Égypte une terreur larvée, le livre de M. Abdel Malek et le résultat très intéressant d'un long effort de recherche et de réflexion patiente. Il donne une mesure assez exacte du péril couru par l'Égypte qui risque de disparaître, à commencer par les temples d'Abou-Simbel, dans le torrent exécrable du racisme pseudo arabe nassérien. Ce racisme-là ne correspond guère à la haute idée que nous nous faisons de la culture arabe. Mais son analogie reste frappante et ce n'est pas un hasard, avec la forme hitlérienne du racisme. La R.A.U. tuera l'Égypte. Ou bien l'Égypte, plusieurs fois millénaire, détruira la R.A.U.

--

NASSER ET LE
« GOUVERNAIL DE LA SITUATION »

12 juin 1963

Le texte suivant a paru au Caire, en version française officielle, le 22 avril dernier :

« Le président Gamal Abdel Nasser a adressé hier la dépêche suivante au général Anouar El-Kadi, commandant des forces de la R.A.U. au Yémen, en réponse au message que ce dernier avait envoyé au président de la République, le félicitant à l'occasion de la fondation du Nouvel Etat Fédéral Arabe :

« C'est avec grande fierté que j'ai reçu vos félicitations et celles des forces arabes placées sous votre commandement au Yémen, à l'occasion de la proclamation du grand Etat de l'Union.

Nul n'est besoin d'attendre le jour où s'écrit l'histoire pour affirmer que la campagne héroïque et victorieuse menée par les forces de la République Arabe Unie au Yémen, aux côtés de l'armée révolutionnaire yéménite, a été un point tournant décisif dans la guerre violente menée par l'ensemble de la Nation Arabe contre l'impérialisme et la réaction.

Votre campagne s'est déroulée à un moment où les adversaires de la Nation Arabe s'imaginaient, après la régression criminelle de la sécession, se trouver au gouvernail de la situation. Mais la bravoure des héros, qui s'est manifestée dans les conditions les plus difficiles et les plus pénibles, a affronté le défi et a prouvé sa capacité d'arracher des mains des ennemis de la Nation Arabe, à la fois la victoire et le gouvernail de la situation, pour remettre ensuite ce dernier, dans une modestie spectaculaire et une abnégation sincère, aux mains des masses arabes, et continuer à forger le destin en hissant les bannières du Nationalisme et de l'Union arabes à Bagdad et à Damas, ranimant ainsi l'idéal de l'Union et lui restituant sa place vis-à-vis du mouvement progressiste révolutionnaire arabe.

Je suis sans ignorer (sic) les sentiments de la Nation Arabe tout entière à l'égard de ces contingents d'hommes qui ont versé leur sang au Yémen pour que demeure intact le flambeau de la liberté qui illumina Sanaa à l'aube du 26 septembre dernier par la Révolution du peuple et de l'armée du Yémen contre l'oppression et le sous-développement.

Je sais parfaitement que la Nation Arabe tout entière nourrit à l'endroit de ces hommes une affection profonde et une grande reconnaissance pour avoir réalisé par leur courage, leur volonté réelle.

Au moment où j'ai eu l'honneur d'apposer ma signature sur la proclamation de l'Union, ma pensée était avec les officiers, les sous-officiers et les soldats luttant au Yémen, sur terre, dans les airs et sur mer. Ils étaient dans ma pensée comme dans celle de leur patrie arabe immortelle, car ce sont les soldats de l'Union et ses héros.

Vous êtes partis sous le drapeau de votre petite patrie et vous voilà aujourd'hui à la veille du retour, au lendemain de la victoire, brandissant un drapeau à trois étoiles.

Je vous félicite, héros de votre patrie et avant-garde de son progrès glorieux ! Soldats de la grande Révolution arabe en faveur du citoyen arabe libre.

Gamal Abdel Nasse

Bref commentaire

Un pareil texte d'Abdel Nasser se passe évidemment de glose Il n'est pas trop long. On peut en outre affirmer qu'il est composé de manière suivie par le bikbachi, puisque ce n'est pas un discours. Enfin, cette traduction française a paru avec l'autorisation des censeurs à sa solde et procède du type « d'éloquence » arabe qu'il emploie et qui suffit à extasier un Vincent Monteil. Nous choisissons cependant d'en présenter quelques points, non pour nos lecteurs avertis, mais à l'usage des Européens ou des Américains qui prennent Nasser pour un homme et parfois pour un grand homme

Abdel Nasser a largement raison de ne pas attendre le « jour où s'écrit l'histoire ». Ce jour-là, en effet, on pourrait ne trouver ni « héroïque » ni « victorieuse » l'expédition coloniale de la R.A.U. au Yémen. On peut dès à présent blâmer la multiplicité des « points tournants décisifs » dans les textes officiels nassériens : un « point tournant » est ce qui se répète – et qui est plusieurs fois décisif – laisse rêveur.

Il faut dire un mot de l'imagerie nassérienne. Ce « gouvernail de la situation » aurait fait la joie du père Ubu qui s'embarquait de la sorte : il fait certainement partie des accessoires de Joseph Prudhomme avec « ce sabre qui fut le plus beau jour de sa vie » et « le char de l'Etat qui naviguait sur un volcan ». Sans doute ne faut-il pas exagérer la bravoure des « héros » puisque la presse nassérienne nous a expliqué que les troupes loyalistes de l'Imam El Badr étaient en petit nombre et qu'elles résistaient sans conviction au superbe assaut des mercenaires de la R.A.U. Il convient de préciser également que nous comprenons de quel type de « modestie » il s'agit, puisque le bikbachi la trouve lui-même spectaculaire. Il est indispensable de déclarer qu'il faut une abnégation, pour le moins sincère, si l'on veut remettre le gouvernail de la situation « aux mains des masses arabes » et forger le destin « en hissant les bannières » en « ranimant ainsi l'idéal » et en « lui restituant sa place ».

Quant au « flambeau qui illumina Sanaa » le 26 septembre, tout le monde sait qu'il s'agit d'un coup d'Etat préparé par quelques officiers yéménites. Alors, si ledit flambeau ne restait pas intact, il serait douteux que le peuple yéménite en demeurât affecté. La lutte du peuple yéménite a justement lieu contre l'oppression d'un Etat impérialiste et sous-développé : la R.A.U.

La volonté tout court des Yéménites doit différer de ce que Nasser appelle leur « volonté réelle ». Cela se devine par l'ensemble du texte.

Un homme de cœur a toujours scrupule à parler du combat d'autres hommes, surtout s'il n'y a pas participé et même s'il a donné quelques belles preuves de sa valeur militaire. On constate que Nasser n'est guère paralysé par le scrupule. Autre apparition de l'imagerie nassérienne : « le drapeau de la petite patrie » est devenu un « drapeau à trois étoiles ». Malgré les progrès depuis la dynastie de Mohamed-Ali, sous laquelle le drapeau égyptien était vert frappé d'un croissant et de trois étoiles…

Enfin toutes ces glorieuses révolutions sont faites en « faveur du citoyen arabe libre ». Ce socialisme-là est joliment petit-bourgeois.

Les Nassériens d'Europe ont désormais la preuve de la profondeur de pensée de Nasser. Ils ont désormais un texte. Et quel texte !

--

UN TERRITOIRE ET PAS UNE NATION

29 janvier 1964

Ce n'est pas dans une tribune de partisans de l'Algérie française que nous avons trouvé cette constatation : « De tous les grands problèmes qui se posent au pays et qui nécessitent une action vigoureuse du gouvernement, celui du chômage est en effet le plus dramatique. » Nous la lisons en fait dans l'organe officiel du FLN, *Le Peuple*, à la date de jeudi dernier. La surprise cessera très vite quand nous saurons que l'auteur de l'article ne préconise nullement des solutions efficaces. Pour lutter contre le sous-emploi (ou le non-emploi), il se contente d'une logomachie fumeuse, d'un verbalisme inquiétant pour l'avenir proche des travailleurs de l'Algérie. Un patriote français (musulman ou chrétien) aurait d'abord recherché les causes réelles de la crise ; il aurait ensuite, sans démagogie semble-t-il, proposé quelques remèdes adaptés à la nature de la crise et à son ampleur ;

Si ce même patriote dénonçait le « vide technique et administratif » de l'Algérie occupée par le FLN, les bonnes âmes du progressisme ne le croiraient pas. Mais elles croiront, il faut l'espérer, le docteur du FLN qui découvre « à tous les échelons dans le monde du travail (…) le vide technique et administratif. »[94]

Mais laissons, pour un instant seulement, le patriote et les bonnes âmes à leurs soucis respectifs. Faisons simplement appel aux personnes de bon sens, sans les interroger sur leurs étiquettes, et demandons leur d'examiner la liste des causes invoquées par le journaliste FLN.

Selon lui « les destructions de la guerre, les regroupements des populations, l'exode rural » auraient « aggravé le chômage ». Ces assertions sont tout à fait contraires aux vérités économiques. Quand il s'agit de reconstruire, on craint toujours de manquer de main-d'œuvre. D'autre part, les regroupements et l'exode rural constituent

---

[94] Voir *Le Peuple*, 23 janvier 1964.

des accidents dont on peut tirer un parti très favorable pour la remise en marche de l'économie : ils procurent une masse abondante de main-d'œuvre. Cette abondance permet une organisation rationnelle du travail. Elle est une des conditions de développement d'une grande industrie qui procurerait plus d'emplois et produirait plus de biens que les bricolages « socialistes » improvisés un peu partout en Algérie. Surestimer dans leur résultat économique, « les pillages et sabotages de l'OAS » est parfaitement vain ; cette résistance qui n'a pu empêcher la capitulation n'a pas réellement voulu détruire le potentiel économique de l'Algérie. Mais on ne saurait faire la part assez belle à la cause principale que le journaliste FLN nomme pudiquement « la confusion des premiers mois d'indépendance. »

La confusion des premiers mois d'une indépendance prétendue semble bien partie pour durer, puisque cette « indépendance » même entraîne cette « confusion ».

Justement alarmé devant cette misère croissante, on peut s'interroger sur les remèdes proposés par le commentateur FLN. Pour les désigner, il se sert de termes très vagues précédés d'adjectifs très enflés. Il convient d'entreprendre une action : nous ne savons pas laquelle, contentons-nous d'apprendre que ce sera une vaste action. Contentons-nous d'être informés que « d'importantes mesures » sont prises, qu'un « vaste plan d'ensemble » est appliqué et qu'il sera le « propulseur » d'une « marche vers le socialisme ». On craint que cette marche ne mène nulle part. Et l'image la plus exacte de ce nulle part nous est donnée par le « vide technique et administratif » d'aujourd'hui.

La maladie de l'Algérie, on aurait grand tort de la voir dans le « vide technique ». Elle procède d'un vide plus grave. Il s'agit simplement d'un vide national.

Aujourd'hui l'Algérie victime de la domination tyrannique et incohérente du FLN représente assez bien un territoire sans nation.

Attribuer les difficultés présentes aux séquelles de huit ans de guerre larvée serait commettre une lourde erreur. Un pronostic raisonnable, fondé sur les mesures prises aujourd'hui par les grands chefs du FLN laisse prévoir une évolution catastrophique. Le « ministre » de l'Education nationale, M. Chérif Belkacem, annonce « une culture algérienne, nationale, révolutionnaire et scientifique ».

Il a la bonté de sortir le public d'embarras en précisant sa pensée : « Nous avons recruté en masse de jeunes Algériens souvent avec un niveau culturel assez bas (…) » On peut craindre ainsi que M. Belkacem récolte ce qu'il est en train de semer et que cette « culture » révolutionnaire n'ait que des rapports très lâches avec la culture scientifique. On peut redouter une certaine absence, un certain vide culturels.

Les sombres tractations économiques autour du troisième oléoduc saharien, le lâche assassinat du jeune Français européen Noël Rozier, soldat du contingent et sentinelle sans arme, proviennent de la même cause : le vide national en Algérie. On n'y trouve aucune autorité responsable parce qu'il n'est pas toujours possible de fabriquer un Etat sans nation.

Les physiciens apportent de nos jours une traduction rationnelle à la formule ancienne des scolastiques : « La nature a horreur du vide. » Il ne sera pas aventureux de penser que les historiens de l'avenir exprimeront d'une manière plus élaborée ce que nous dirons aujourd'hui, en y mettant davantage un sens physique que polémique : « La nature de l'Algérie a horreur du FLN. »

--

NASSER PRÉPARE L'AGRESSION

15 avril 1964

« Les probabilités de l'avenir représentent… une guerre avec Israël, dont nous imposerons le temps et le lieu. » Voilà l'affirmation péremptoire du Führer nilotique, un des principaux ornements de son avant-dernier discours fleuve prononcé le 22 février 1964. La presse occidentale s'est bien gardée de citer cette belle formule, qui a retenti dans la salle des cérémonies de l'université du Caire. Jadis aussi les partisans du « Front Popu » refusaient de lire le *Mein Kampf* hitlérien, décrivant d'avance comment devaient se produire les malheurs de l'Europe.

Comme nous n'avons pas hissé l'autruche au sommet du mât totémique, nous tenterons simplement de découvrir et de montrer ce que contient le discours du Bikbachi.

Une lecture intégrale de ce texte assez indigeste permet de retracer les grandes lignes de la politique de la « R.A.U. » : Nasser prépare la guerre par tous les moyens. En attendant le déclenchement du conflit, il s'applique à détruire – ou seulement à miner – l'indépendance de tout Etat arabe. Et pendant que mûrissent ses plans criminels, il ne dissimule pas trop mal les moyens qui y conduisent – tout en proclamant sans cesse les fins qu'il veut atteindre.

Ce fut un beau sujet d'étonnement, dans le monde arabe, quand on apprit, après la conférence de réconciliation générale, que l'anniversaire de la « R.A.U. » serait célébré : on commémorerait la tentative ridicule et malheureuse d'union forcée de l'Egypte avec la Syrie. Pourquoi ces fêtes ? La réponse est donnée par Nasser : « Nous portons un intérêt particulier à la Syrie, c'est une chose que nous ne pouvons négliger. » Quant aux honnêtes gens des pays arabes qui s'imaginaient que Nasser allait désormais se conduire en bon voisin, quelle désillusion ! « Après la conférence des souverains et des présidents arabes, notre attitude a-t-elle changé ? Je dis que non, rien n'a changé après la conférence. »

Mais, après ces déclarations, Nasser se rétracte. Non, il n'a jamais été l'agresseur. Ses nombreux actes de piraterie n'ont été commis que par représailles. Et quel calomniateur pourrait prétendre que Nasser exporte les révolutions ? D'ailleurs, ajoute le bon apôtre satanique : « Nous ne pouvons pas fabriquer la révolution dans n'importe quel pays, car si quelqu'un peut faire une révolution, ce n'est que la population même du pays. » On le comprend, il s'agit exactement du contraire de la vérité et, si l'on devait attendre « la population même », Nasser et sa clique ne seraient jamais parvenus à opprimer le peuple égyptien.

Il convient de noter que l'expérience de « l'Anschluss » manquée avec la Syrie a servi : il n'est pas un instant question d'abandonner la subversion violente, mais de la répudier verbalement « il n'est pas dans mon rôle, déclare Nasser, d'aller dans chaque pays arabe et de tenter d'y organiser des mouvements arabes unifiés… jamais… la responsabilité appartient aux révolutionnaires militants et vaillants… » Notons en outre que Nasser se contente désormais, sans précipiter les événements, de placer quelques hommes de main dans les différents pays arabes.

Citons-en ici une liste qui n'est pas limitative : chez M. Bourguiba, il est représenté par le nassérien Ahmed Ben Salah ; en Libye, Montasser travaille pour lui ; en Algérie, Boumédiene ; en Irak, Aref aussi bien que Sobhi Abdel Ahmid ; au Yémen, Al Baydani et Sallal.

Il y a dans cette méthode plus d'habileté que naguère : mais la violence, la haine et le danger de guerre demeurent intacts. En effet, Nasser formule joliment son principe d'ingérence permanente dans les affaires qui ne sont pas les siennes : « Nous appuyons les révolutions ou tout mouvement révolutionnaire établissant leur authenticité (…) nous soutiendrons tout mouvement arabe révolutionnaire, mais en même temps nous n'exportons pas de révolution (sic). »

Forte de l'appui lucide de l'U.R.S.S. (Nasser rend depuis dix ans des services incomparables au monde soviétique), plus forte encore de l'appui aveugle des Etats-Unis, cette impudence intervient dans chaque pays arabe. Dans ce même discours du 22 février, Nasser donne l'ordre aux Libyens d'éliminer les bases britanniques et américaines dans un premier temps. Et si le gouvernement libyen a la lâcheté d'obéir, Nasser ordonnera ensuite que l'on se débarrasse de la dynastie senoussie. Déjà, des manifestations télécommandées ont eu lieu. Mais les tribus libyennes comme le gouvernement de Tripoli, ont supplié le roi Idriss de ne pas abdiquer. En Libye comme au Yémen, Nasser n'a oublié qu'une chose : c'est que la dynastie régnante exerce un rôle religieux, qu'il est dangereux de sous-estimer.

En Syrie, les petits-bourgeois damascènes, oublieux de leur misère récente, rêvent d'une férule qu'ils ne supporteraient pas trois mois. Mais le nassérisme, trop faible pour occuper Damas, arrive cependant à empêcher que le pays soit gouverné.

Pour l'Irak, où la situation reste confuse, la médiation de Nasser dans le conflit kurde a sauvé Aref de justesse. Mais le Bikbachi goûte un pouvoir faible à Bagdad et entend qu'il reste débile afin que les Irakiens ne s'opposent plus à son hégémonie.

En Arabie séoudite encore, le bon Nasser tente de manœuvrer la famille du roi Séoud. Le triomphe « ministériel » de l'émir Fayçal n'est pas une catastrophe dans l'exacte mesure où l'émir a appris à se méfier de Nasser.

Quant au Yémen, [95] Nasser a eu l'excellente idée de ne pas tenir son engagement d'évacuer l'armée égyptienne.

Dans cette conjoncture, où les menées de Nasser préparent la ruine de l'Egypte [96] et menacent la paix internationale, parler d'une

---

[95] Depuis quelque temps, les journaux d'Egypte ont cessé de publier des nouvelles militaires du Yémen, afin de ne pas « démoraliser » les masses.

[96] Les Egyptiens du Caire s'étonnent que l'on parle de Nasser en Europe : la réalité du pouvoir, selon eux, réside depuis plusieurs

« libéralisation » du régime parce que le parti unique gouvernemental a présenté des candidats aux élections [97] directement guidées par les ministres relève, soit d'une joyeuse chimère, soit d'une imposture sans nom.

--

ENTRETIEN AVEC LE ROI FOUAD II

décembre 1977

Roi d'Egypte et du Soudan à l'âge de six mois, près d'une année d'un règne légal et légitime interrompu en 1953 par la proclamation de la République – et depuis cette époque exposé à l'exil - : le destin de Fouad II sort à l'extrême de la banalité. De haute taille, de belle prestance, le jeune Roi s'exprime dans un français d'une élégance parfaite, riche des formules les plus précises et les plus raffinées. Disposant d'une culture approfondie en trois langues (l'arabe, le français et l'anglais), le Roi donne à ses propos une note de gravité et de sérieux tempérée de temps à autre par un sourire. D'une grande sûreté de jugement sur les situations et sur les hommes, le Roi Fouad est avide de servir son pays. Il a bien voulu répondre à quelques questions que nous lui avons soumises pour le compte de la Revue Universelle.[98]

---

années entre les mains de trois marxistes, savoir les cousins Mohieddine (Zaharia et Khaled), l'ex-commandant géorgien Ali Sabri.
[97] « M. Hassan Ibrahim, vice-président de la République et secrétaire général du Comité provisoire de l'Union socialiste (…) se trouvent sur place pour organiser les élections (…) Tout se passera dans l'ordre le plus strict. Chaque candidat étant membre de l'Union socialiste, il n'y aura pas de lutte de partis (…) » Journaux égyptiens, février 1964.
[98] Décembre 1977

Sire, êtes-vous royaliste ?

Sans hésiter, je répondrai : oui. Parce que je crois que la monarchie est utile au bien commun dans une situation économique et historique donnée, circonstances que nous pouvons constater pour de nombres pays. Cependant la royauté ne conviendrait pas n'importe où. Les Etats-Unis, par exemple, ont des institutions qui rappellent le système romain – celui du principat à l'époque impériale – et qui leur conviennent. Tout le monde sait que l'idée de nation en Egypte s'est concrétisée autour des souverains de la dynastie de Méhémet-Ali – lui-même à l'origine tenait son pouvoir de la volonté populaire. Pourquoi Méhémet-Ali ne s'est-il pas séparé de l'Empire Ottoman ? C'est parce qu'il y avait alors une très forte union entre tous les Musulmans. L'œuvre de la Famille s'inscrit dans la plus grande continuité historique qui existe, celle de la vallée du Nil et elle a consisté à réveiller le sentiment de cette continuité et développer les potentialités du pays et assurer son indépendance.

Comment Votre Majesté situe-t-elle l'Egypte par rapport à l'arabisme et à l'Islam ?

N'oublions pas la situation particulière de l'Egypte qui intègre plusieurs données fondamentales. Fer de lance de l'arabisme, mais aussi une des clefs de l'Afrique, l'Egypte est également, par le rayonnement d'Al Azhar, un centre spirituel de l'Islam. Ibrahim Pacha, fils de Méhémet-Ali, fut le premier à concevoir l'arabisme comme le rassemblement de tous les peuples arabes. Cela étant, la hantise de l'Egypte consiste à refuser d'être à la remorque de qui que ce soit. Historiquement, dès l'époque pharaonique, les menaces viennent de l'Est, la Cyrénaïque et la Nubie, étant souvent ses alliés. Notons aussi que traditionnellement l'Egypte a été terre d'asile et un foyer de libéralisme (pour la presse, par exemple).

Pour ce qui est de la foi, je suis profondément musulman. Si j'avais à résumer l'Islam, je dirais qu'il tient en deux mots : la *soumission* à la volonté de Dieu et la *tolérance*. J'espère d'autre part que, devant le progrès économique, les nations musulmanes sauront conserver leurs idéaux qui forment en vérité leur principale richesse

Quels souvenirs Votre Majesté a-t-elle gardés du Roi son Père ?

Mes souvenirs sont ceux d'un fils choyé et aimé. Le Roi Farouk adorait sa famille et ses enfants. J'ai eu grâce à lui une enfance très heureuse vivant dans une ambiance familiale. Il a disparu alors que je n'avais que treize ans. Bien que nous ne fussions pas dans notre pays, mon père me faisait sentir que j'étais Egyptien et j'ai retenu cette leçon.

Que pense Votre Majesté du Président Nasser et du Président Sadate ?

Je ne veux pas de malentendu à ce sujet. J'estime que tout Egyptien, lorsqu'il est à l'étranger, doit toujours avoir à l'esprit, l'idée qu'il représente en quelque sorte son pays.

En ce qui concerne le Président Sadate, ce qui est sûr, c'est qu'il a infléchi la conduite des affaires dans un sens plus proche de la politique immémoriale de tous les chefs d'Etat égyptiens. En politique étrangère, le régime a réussi à rétablir la situation, ce qui a rassemblé tous les Egyptiens.

Tout gouvernement qui s'attacherait à améliorer la condition des masses paysannes ne pourrait que mériter des encouragements. D'autre part, le gouvernement égyptien a accompli de nombreux gestes en faveur de la famille, ce pourquoi je ressens un sentiment de gratitude.

Que représente la France pour Votre Majesté ?

La Famille a toujours eu d'excellentes relations avec la France. Il est amusant de remarquer que ma grand-mère paternelle est une descendante du fameux Colonel Sèves (Soliman Pacha) dont les ancêtres étaient jurassiens. Au temps de Méhémet-Ali, les relations étaient très importantes et se sont mêmes traduites par le don à la France de l'obélisque de Louxor ; le Roi des Français offrit alors une horloge qui se trouve toujours dans une tour de la Citadelle du Caire. Au temps du Khédive Ismaïl, l'Impératrice Eugénie a séjourné longuement en Egypte pour l'inauguration du Canal de Suez. Ismaïl vint plusieurs fois en France où l'Egypte envoyait régulièrement ses élites. Il y avait alors une mission égyptienne en France, fondée par Méhémet-Ali, située rue de Vaugirard, à Paris. Mon grand-père, avant la Deuxième Guerre mondiale, vint en visite officielle en France. Mon père entretint des relations épistolaires avec le Général De Gaulle. Je voudrais aussi vous rappeler en quels termes le Roi mon Père terminait un « message à la France » publié dans *Le Temps* du 20 avril 1939 : *Je salue la grande nation à laquelle tant et de si solides liens attachent mon pays et ma Maison.*

Qu'est-ce que Votre Majesté apprécie le plus dans la culture française ?

J'aime Racine, et Molière dont j'estime que le théâtre va bien au-delà de la comédie. J'admire profondément Louis XIV. J'aime aussi les Parnassiens et les Symbolistes, Heredia et Baudelaire et j'apprécie beaucoup Balzac et Zola. Je goûte le théâtre d'Anouilh et les pièces de Boulevard. En musique, je trouve surtout du charme à Rameau et parfois à Debussy. Je regrette de ne pas avoir suffisamment de temps à consacrer aux romans contemporains car je lis tous les jours la presse internationale et égyptienne.

Sire, comment concevez-vous l'avenir ?

En ce qui me concerne, je ne le conçois, cet avenir, que toujours au service de l'Egypte, suivant en cela la tradition de la Famille qui a toujours agi de même. Mon éducation a eu lieu hors de mon pays, mais j'ai toujours été élevé dans son idée, dans l'Islam, dans l'idée qu'un jour je retournerai dans mon pays. Ma formation porte essentiellement sur deux disciplines : l'économie politique et l'histoire.

Je ne sais encore ni quand, ni comment je retournerai en Egypte. Mais c'est là un de mes plus chers désirs. Je sais que j'ai énormément à apprendre à j'irai avec tous mes sens ouverts.

--

Cet entretien terminé, le Roi nous conduit dans une galerie qui contient des portraits des souverains de sa dynastie : de son grand-père, le Roi Fouad 1er, de son père, le Roi Farouk. Et pour finir, une surprise : cette galerie compte également un daguerréotype de Méhémet-Ali, d'une grande finesse de facture, d'une vie exceptionnelle. Nos regards se portent sur le jeune Roi et nous constatons qu'il a les traits de celui que la tradition populaire égyptienne a nommé Méhémet-Ali le Grand.

--

UN ÉLOGE RAISONNÉ DU PRÉSIDENT SADATE

Septembre 1980
Revue Universelle

L'histoire universelle compte peu d'hommes d'Etat. L'époque contemporaine en est particulièrement avare. La deuxième moitié du 20ème siècle aura vu une étrange prolifération de pays nouvellement promus à l'indépendance. Des cohortes d'ambitieux se sont hissés sur le devant de la scène : parmi eux quantité de parvenus qui n'ont su démontrer que l'immensité de leurs appétits et le caractère extrême de leur médiocrité. Les qualités exceptionnelles et discrètes d'Anouar El Sadate le range d'emblée parmi le petit nombre des grands hommes de gouvernement. L'examen de ce qu'il a déjà entrepris et effectué invite le témoin impartial à ce qu'il faut bien appeler de l'estime et même de l'admiration. C'est bien lui, en effet, qui est à l'origine de la paix avec Israël ; c'est encore lui dont on peut dire qu'il a rendu l'espoir à son peuple, et le seul militaire de carrière qui, après la parenthèse nassérienne, a su restituer toute sa place au patriotisme égyptien, on peut affirmer qu'il représente l'Islam le plus authentique et le plus profond.

Il convient d'ajouter une sorte de miracle à ses « travaux » : sa patience, son obstination, son bon sens, font qu'avec lui les choses se passent à peu près comme s'il y avait en place à Washington un président des Etats-Unis et non un fantoche à la dangereuse indécision du nom de Carter.

Si le président Sadate a voulu la paix et commencé à la construire, c'est qu'il a su redécouvrir la nation égyptienne comme ensevelie après seize ans de nassérisme. Avant Sadate, le patriotisme égyptien était négligé au profit d'un racisme pseudo-arabe ; le « panarabisme », en effet, mobilisait toutes les ressources du peuple égyptien, hypothéquait le revenu de plusieurs générations de pauvres et n'obtenait en rétribution que la souffrance des guerres inutiles et l'amertume de défaites cherchées très loin des intérêts nationaux.

La réouverture du canal de Suez marque, outre sa signification proprement économique, un symbole évident de cet esprit nouveau. Après des années d'état de siège, l'Egypte de Sadate s'ouvre à tout ce qui n'est pas invasion. Tout laisse croire que la place faite aux Etats-Unis dans l'économie, la stratégie et l'armement égyptiens est consentie sans illusion sur les réalités américaines. Il s'agit de remettre en route une économie détruite par les pillages et la mainmise soviétiques. Et si les Etats-Unis ne répondent pas à la demande, l'Egypte nouvelle pourrait se tourner vers les Européens, pour le domaine de l'économie, et même politiquement.

On ne sera pas étonné que cet homme de renouveau et de reconstruction soit parfaitement traditionnel. Sa piété religieuse est profonde. Dans le plein sens du terme, c'est un homme de foi, un croyant. Pour lui, comme pour les grands maîtres de l'Islam, sa religion est tolérance et marque des égards particuliers pour le Judaïsme et le Christianisme, autres religions du Livre. Ce n'est pas chez lui que l'on verrait pratiquer une ironie lourde à l'égard de la prière comme le fait M. Khomeiny : « Quant à nous, musulmans, si nous ne faisons rien d'autre que des prières, les colonialistes nous laisseront tranquilles ».[99]

Ce sont justement les officines marxistes et athées qui entendent exploiter et dénaturer la foi populaire en Egypte comme elles l'ont fait en Iran. Les Soviétiques veulent punir l'Egypte d'avoir osé secouer leur joug. D'où le projet machiavélique – de marque excellemment communiste – qui consiste à dresser les uns contre les autres les citoyens qui vivaient en bonne entente. A l'aide d'un faux intégrisme « musulman » manipulé par Moscou, les Musulmans fidèles sont taxés de tiédeur : « Ils n'en font pas assez ! » Bien entendu, par toutes sortes de provocations on oppose l'une à l'autre deux grandes communautés égyptiennes : la musulmane (majoritaire) et la chrétienne (copte minoritaire) dont le caractère national est tout à fait indiscutable.

On le voit, bien des obstacles sont placés sur la route du président Sadate. Il a su jusqu'à présent réagir avec autant de sagesse que de courage. On a vu que devant la lâcheté internationale des anciens amis du Shah d'Iran, il a su noblement lui offrir l'hospitalité, à la manière musulmane, témoignant au souverain iranien ce sentiment si rare chez les hommes : la reconnaissance. Du même coup, M. Khomeiny qui a si bien réussi à répandre la terreur et la haine en Iran en prêchant son faux Islam sécularisé uniquement soucieux du pouvoir temporel, en un mot idolâtre de ce que condamne le Coran, M. Khomeiny s'inquiète, à propos du Shah, de « son refus d'abdiquer même en faveur de son fils. »[100] Ainsi, le militaire Sadate, à la différence des pleutres d'Orient et d'Occident, comprend bien que l'offensive donne la meilleure défense, révèle la plus grande prudence. Les Tartuffes de l'Islam égyptien invoquent M. Khomeiny ; le

---

[99] Préface à *Pour un gouvernement islamique*, traduction de M. Kotobi et Brigitte Simon avec le concours de Ozra Banisadr, Fayolles Editeur.
[100] *Le Monde* du 11 juin 1980.

président Sadate, croyant sincère, ose le défier. Il n'est pas difficile de deviner vers qui s'orientent nos vœux.

NB : Le président Sadate a donné une preuve manifeste de son absence de fanatisme et d'esprit de discrimination en confiant les fonctions essentielles de ministre d'Etat chargé des Affaires Etrangères au Copte Boutros Ghali. Il ne pouvait signifier plus clairement son attachement à l'unité égyptienne.

Ainsi c'est chez son dernier ami qu'est mort le Shah cet été. La vindicte de ses ennemis, la lâcheté de ses anciens amis ont poursuivi la majesté tombée au-delà des portes de la mort.

Les chefs d'Etat qui s'étaient précipités aux fêtes de Persépolis, ou qui avaient courtisé l'Empereur comme Maître du divin Pétrole, ; les mêmes, ou presque, qui se pressaient, rois, présidents, ministres de haut rang, aux funérailles de Tito, se sont abstenus de venir au Caire ; seuls l'ancien président Nixon s'est honoré aux côtés d'Anouar El Sadate en rendant un hommage de fidélité et d'amitié à ce roi trop intelligent d'un peuple trompé qui ne le méritait pas.

--

LA GLOIRE VIVANTE DU PRÉSIDENT SADATE

10 octobre 1981

Les assassins du Président Sadate l'ont installé malgré eux dans une gloire immortelle. Celle-ci ne saurait être diminuée ni par les manifestations d'une haine hystérique à Tripoli ou à Beyrouth, ni par les oraisons tartuffiantes qui émanent de certains Etats occidentaux. Anouar El Sadate est un martyr de la patrie égyptienne foudroyé par ceux qui ont horreur de l'indépendance de l'Egypte ; c'est un martyr de l'intelligence sacrifié par la bêtise universelle ; c'est enfin un martyr du Dieu unique immolé par le matérialisme mondial. L'élévation exceptionnelle de son caractère et de ses actes en fait un héros qui honore son pays natal et appartient en quelque sorte à l'humanité

On se souvient que seize ans de dictature nassérienne (louangée par les « progressistes » de tous bords) avaient conduit l'Egypte à subir des défaites humiliantes, à se soumettre docilement aux ordres de l'Union soviétique, à servir au monde arabe la drogue du panarabisme, élaborée autour des années '20 par le Colonial Office, drogue reprise depuis par les laboratoires moscovites. Le nassérisme avait ruiné l'Egypte, ridiculisé son armée, affaibli le monde arabe dont il attisait les divisions. Sadate, comme il l'exprime dans se Mémoires sut libérer son pays de l'emprise russe, forger une armée digne de ce nom, reprendre pour l'Egypte, au sein du monde arabe une prééminence de bon aloi.

Notre Maurras aurait volontiers situé Sadate sous le signe de Minerve, déesse de l'intelligence, de la guerre et de la paix Il est vrai que le président égyptien a su faire la guerre d'octobre 1973 mais il l'a entreprise en vue de faire la paix. Josette Alia le dit fort bien dans le *Nouvel Observateur* [101] : «... Encore faut-il rendre une fierté à ce pays vaincu. 1973 : Sadate s'attaque à Israël. Alors que personne n'y croit plus, l'armée égyptienne franchit le canal, prend la ligne Bar Lev, entre dans le Sinaï, Israël sent passer le vent de la défaite. Pour la première fois, une armée arabe se bat, et gagne. Inestimable cadeau de Sadate à l'Egypte ! Certes, la situation se renversera ensuite au profit d'Israël. Il reste que la honte a été lavée. L'Egypte peut maintenant négocier dans l'honneur retrouvé. »

C'est alors qu'intervient l'exceptionnel voyage à Jérusalem de novembre 1977. Les téléspectateurs de la planète purent voir sur leurs écrans Sadate proposer la paix en termes particulièrement émouvants. La dignité de ses gestes, de son visage, contrastait extrêmement avec ce que seront les pitreries de M. Carter à Téhéran comme à Camp

---

[101] En date du 10 octobre 1981.

David. A cours des semaines qui suivirent, un immense désarroi s'empara du camp soviétique : les bénéfices de trente ans d'intrigues disparaissaient, la paix, la paix israélo-arabe devenait possible. Pour cela, il fallait faire vite, très vite. C'était compter sans l'épaisseur, la complaisante lourdeur de M. Begin. Ici encore Josette Alia l'exprime clairement : « ... Begin, lui, ne comprendra pas. Au geste fou et généreux de Sadate, il opposera une prudence myope, un déroulement lent, comptable sinueux, là où il aurait fallu un déferlement de passion. Du coup, la paix se grippe. Le monde arabe, après avoir un moment flotté, se détourne de l'entreprise aussitôt baptisée trahison. Les dés de l'échec commencent à rouler. L'Egypte elle-même, après avoir plus longtemps cru à une prospérité retrouvée, se laisse peu à peu gagner par le désenchantement. L'échec se précise. La paix de Camp David n'est plus qu'une procédure sans âme, dont les atermoiements incessants laissent à l'Egypte un relent d'amertume. Sadate, le grand raïs, le vainqueur du Kippour, perd la face devant son peuple... »

Dans ses initiatives de paix qui apportaient tant de bien à l'Egypte, à Israël, à tout l'Orient, le Président Sadate avait tenu à placer ses négociations sous le signe d'Abraham, le père des croyants. Dans une perspective grandiose, il rêvait d'une cérémonie qui se serait célébrée sur le mont Sinaï et qui aurait associé, dans une vue hautement œcuménique, les trois religions du Livre : Judaïsme, Christianisme et Islam. On a parfois reproché à Sadate la complaisance avec laquelle il se comparait à Saladin. En fait, il était plus parfaitement chevalier que Saladin puisqu'il accomplissait la chevalerie dans la perfection de sa foi. En face de lui, il n'aura rencontré que l'ironie sarcastique de certains sionistes athées.

Quelques bons imbéciles ont vivement reproché au Président Sadate d'avoir arrêté des extrémistes musulmans manipulés par les Soviétiques et d'autres puissances étrangères. Les Brid'oison ânonnant « la fo-orme, la fo-orme » estiment que la démocratie fut bafouée par Sadate lorsqu'il prit au début de septembre des mesures de salut public. Il fallait, en effet, choisir entre la vie de l'Egypte et la démocratie. On conçoit que devant ce dilemme, Sadate ait préféré la première. Méfions-nous cependant des bons imbéciles domiciliés aux Etats-Unis : c'est à eux que, de Tripoli, le général Chazli s'adresse quand il fait l'éloge de la démocratie sans leur préciser que, pour lui, elle est synonyme de goulag nassérien. Les bons démocrates de Washington ont d'ailleurs, à plusieurs reprises, empêché l'armée égyptienne d'infliger une correction décisive aux bons terroristes de Lybie.

Laissons cependant ces préoccupations profanes. Citons, une fois n'est pas coutume, M. Jean Daniel : « Ce que Sadate a fait un beau jour de novembre 1977 en se rendant à Jérusalem, personne en effet ne pouvait le prévoir et personne n'a jamais su l'expliquer. A partir de ce moment-là, il était bien certain qu'il en serait de ce miracle comme des autres ; il y aurait des pharisiens pour ne pas le reconnaître, des Judas pour le trahir et des Romains pour en crucifier l'auteur… »

Et en l'honneur de cet homme de la paix, transcrivons ces versets de la LXXXIXème sourate du Coran :

Et toi, âme apaisée
Retourne vers ton Seigneur
Satisfaite et agréée !
Entre parmi mes serviteurs !
Entre dans mon paradis !

--

-L'ÉGYPTE SOUVERAINE DU PRÉSIDENT MOUBARAK

7 avril 2005

L'Egypte d'aujourd'hui, dans une conjoncture difficile, connaît la chance précieuse du commandement unique en la personne du président Moubarak. Il s'agit en somme d'une monarchie de salut public. On comprend donc que pareille situation exaspère les malfaiteurs internationaux.

La chance actuelle de l'Egypte

Hosni Moubarak exerce le pouvoir depuis vingt-quatre ans. Il a succédé au président Sadate, prix Nobel de la paix, assassiné en raison même de ses qualités de chef militaire et d'homme d'Etat. On s'en doute, gouverner durablement un grand pays dans la poudrière du Proche-Orient ne saurait être le fait d'un médiocre.

Quand on parcourt les rues des villes égyptiennes on peut constater leur animation, le mouvement des foules que ne troublent ni altercations, ni violences. On observe aussi la protection effective des lieux de culte (églises, synagogues, mosquées), l'absence de xénophobie. Il apparaît en outre que le prodigieux développement démographique n'a pas entraîné de famine. Partout, l'ordre public se manifeste avec fermeté et bonhommie. D'autre part, l'Egypte actuelle pratique très légitimement la préférence nationale : en effet, les biens et les services de tous ordres coûtent plus cher aux étrangers qu'aux nationaux égyptiens.

Cette paix sociale et politique n'est en rien à dissocier de la parfaite clairvoyance du président qui a condamné à plusieurs reprises l'asile abusif et les encouragements que le gouvernement de Londres a prodigués à des agents subversifs et à des islamistes d'origine égyptienne.

Les pressions des Etats-Unis

Dans une lettre au journal *Al Ahram* (9/3/05), un lecteur particulièrement lucide écrit   :   « Syrie,   Liban,   Palestine, Afghanistan, Irak, Iran, Soudan… La politique des Etats-Unis est-elle de dominer et déchirer le reste de notre unité islamique ? » Il s'agit là d'une bonne question que les observateurs du Proche et du Moyen-Orient devraient se poser. Le lecteur d'*Al Ahram* y apporte une réponse : « Chaque pécheur recherche une justification pour cacher son crime, mais malheureusement ces criminels se servent du terrorisme comme d'un rideau pour perpétrer leurs crimes odieux. »

Comme l'Egypte ne traverse pas une période de troubles, les stratèges de Washington vont essayer de l'y enfoncer. Afin de désorienter l'Orient en général et l'Egypte en particulier – la plus ancienne nation et la civilisation la plus exemplaire – les barbares prédateurs vont s'y employer en introduisant ce qu'ils nomment la « démocratie ». Après tout, ce n'est pas si mal échafaudé : une locution cabalistique va permettre d'infester les victimes d'une sorte de sida psychologique qui fait tomber toutes les auto-défenses immunitaires, elle se formule ainsi : « les nécessaires réformes démocratiques ».

Le chœur des sorcières, de l'excellent M. Bush, jusqu'au nouvel ambassadeur du Canada au Caire, Philippe Mac Kinnon qui, bien chapitré et morigéné, serine le même air : « L'Egypte aussi est en train de changer et il faut comprendre qu'il faut essayer une ouverture du système aussi bien économique que politique. »

Déjà les partis politiques frétillent d'impatience : le parti du Travail d'Adel Hussein, le néo-Wafd d'Ahmed Nasser, le parti nassérien d'Ahmad Hassan…

La fosse une fois ouverte par le sida psychologique, vont tout ensemble s'installer la lèpre démocratique et la syphilis démocratique. La malheureuse victime de la première ne sent rien au début de sa maladie, puisque ses membres se détachent un à un jusqu'à sa mort. Quant à la seconde, métaphore idéologique de la maladie clinique, elle détruit peu à peu le raisonnement et s'achève en des crises sociales de plus en plus violentes.

La démocratie imposée

Comme la démocratie est contraire à la nature, elle ne peut s'installer provisoirement que par la violence. C'est ainsi que le gouvernement actuel des Etats-Unis entend l'imposer – aux pays les plus faibles – à coup de tapis de bombes.

Ce sera un sujet d'étonnement pour les générations futures de savoir que la démocratie la plus corrompue du monde s'est érigée en juge de l'honnêteté.

Il conviendrait d'instituer d'urgence un conseil de surveillance composé d'économistes, de financiers, de juristes, de criminologues qui auraient pour programme d'étudier les ravages de la corruption démocratique aux Etats-Unis. Son champ d'activité serait très vaste mais donnerait leur juste place à ces donneurs de leçons morales qui s'autoproclament professeurs de vertu.

A tous les prosélytes sincères, hystériques ou tartuffiants de la démocratie, il convient de rappeler que Mussolini a pris le pouvoir de façon très démocratique : soulignons aussi qu'Hitler et son nazisme se sont installés en Allemagne démocratiquement.

En contre-épreuve, signalons ce fait récent : les « islamistes » en Algérie, avaient obtenu une immense majorité « parfaitement démocratique » et c'est une chance inespérée de constater que ce péril mortel élaboré dans les officines de la C.I.A. a été combattu avec un bon succès apportant les meilleures chances à l'Orient musulman.

Au début du XXème siècle, évoquant l'idée démocratique, Maurras prophétisait : « Au terme de ces prédications de l'absurde sont apportés le Deuil, la Souffrance et même la Mort des pauvres gens qui auront eu la malchance de s'y confier les premiers.

--

MEHEMET ALI LE GRAND

19 janvier 2006

272

Il y a deux siècles, en 1805, en la même année que la victoire française d'Austerlitz, Méhémet Ali le grand fonde une dynastie : une succession de vice-rois et de rois font entrer l'Egypte dans l'histoire moderne avec des épisodes glorieux. En 1952, un coup d'Etat contraint le roi Farouk 1er à abdiquer en faveur de son fils le roi Fouad II, mais la république est proclamée en 1953.

Le prince Osman Ibrahim, Caroline et Ali Kurkan viennent de publier de précieux *Mémoires intimes d'une dynastie (1805-2005).*[102] Ils constituent un Almanach royal, une sorte de gotha des princes égyptiens, un album de famille, un document historique d'une valeur extrême.

--

POUR L'INDÉPENDANCE
DE LA NATION ÉGYPTIENNE

Automne 2006

Le romancier et dentiste Alaa El-Aswani a déclaré naguère avoir été converti au fanatisme démocratique par un intello français. Son talent littéraire certain ne l'empêche pas d'être en politique un analphabète complet. Son programme se résume à « l'anti-Moubarak », avec un mot d'ordre unique « dégage ». Il jubile en voyant le sort de l'Egypte livrée à quelques braillards mercenaires appointés de la CIA qui occupent la place El Tahrir du Caire.

Un pays sous la coupe des islamistes

Pour lui, l'avenir de l'Egypte, c'est un condominium des islamistes protégés par le gouvernement des Etats-Unis, des avocats sans cause, des intrigants de toute origine. Son programme, c'est évidemment le massacre mondial des juifs, des chrétiens et aussi des musulmans qui refusent de faire des femmes égyptiennes des enterrées

---

[102] Aux éditions Maisonneuve et Larose, Paris.

vivantes, qui ne veulent pas anéantir ce que le président Sadate définissait comme :

> *Notre civilisation égyptienne, qui remonte à sept millénaires et qui est la plus ancienne de l'histoire humaine (…) qui a toujours été inspirée par l'amour de l'homme pour son pays et son attachement à la terre natale.*[103]

Valeur militaire de Moubarak

Un récit du président Anouar El Sadate nous renseigne sur l'attaque aérienne de l'armée égyptienne du 6 octobre 1973 :

> *En vingt minutes exactement, notre aviation avait frappé les postes de commandement de l'ennemi, tous ses quartiers généraux de combat aérien, tous ses centres de défense anti-aérienne et d'équipement électronique (…) Une fois assuré, je félicitai le commandant des forces aériennes qui avait planifié et accompli cette attaque, Hosni Moubarak (…) Je devais plus tard lui demander de quitter l'uniforme et de m'assister en qualité de vice-président.*

Le régime Moubarak

Il faudrait de l'injustice ou de l'aveuglement pour passer sous silence que le régime de ce général vainqueur a procuré trente-quatre années de paix à l'Egypte et à Israël. Quelle différence avec les trois guerres nassériennes perdues, le Sinaï occupé par les Israéliens !

Sous son patronage, le prodigieux édifice de la Nouvelle Bibliothèque d'Alexandrie ressuscite le souvenir de la grande Bibliothèque pharaonique. Détail qui doit irriter nos grands alliés et « amis » des Etats-Unis, la fondation d'une grande institution francophone, l'Université Sédar Senghor. Notons aussi l'ordre public maintenu dans un pays en grand développement démographique. Cependant, des professeurs de vertu sont prodigues de prêches ultra moraux fulminant contre la « corruption » et le « népotisme » du

---

[103] Anouar El Sadate : *A la Recherche d'une identité*. Ed. Fayard, 1978

temps de Moubarak. Il est bien évident que la corruption n'existe pas dans la démocratie américaine où les présidents se font élire à coups de millions de dollars, pas plus que dans notre république « bananière » et que cela nous donne, sans rire, le droit et le devoir moral de donner des leçons aux Orientaux.

La seule faille du régime

On peut estimer que la seule faille du régime provient de l'appui accordé par le Congrès des Etats-Unis aux Frères « Musulmans » qui plombent le gouvernement de Moubarak. Par un machiavélisme digne d'un Gribouille de Café du Commerce, la CIA finançait les ONG qui formaient en Egypte des techniciens d'agitation et de guerre civile. Cela entraînait le chantage permanent « si vous n'êtes pas assez dociles, nous exigerons des élections « libres » et les islamistes deviendront majoritaires. » Le président Moubarak croyait probablement en la loyauté de ses alliés d'outre-Atlantique. Le retour à la royauté égyptienne, s'il l'a envisagé aura été contré par la ridicule prétention états-unienne, « héritière » de l'aversion de l'Empire romain pour les Rois. Ainsi, le rappel de Zaher Châh, roi d'Afghanistan, a été écarté par les maîtres de la Maison Blanche.

Le salut

L'armée égyptienne est la colonne vertébrale de la Nation. La condition de son indépendance, de son existence. Pour l'humanité tout entière, l'indépendance égyptienne est une cause sacrée.

Discours du président Sadate devant la Knesset.
Jérusalem, 20 mai 1977

Puisse la paix et la miséricorde du Tout-Puissant être sur vous et puisse la paix être sur nous tous, par la volonté de Dieu. Puisse la paix être sur nous tous en terre arabe comme en Israël, comme dans toutes les parties de ce vaste monde troublé par des conflits sanglants, des contradictions si aiguës, toujours menacé de guerres destructrices que l'homme lance contre d'autres hommes. En fin de compte, parmi les ruines de ce que l'homme a édifié et les survivants des victimes humaines, nul n'est vainqueur ni vaincu. Le seul vaincu demeure l'homme, la créature la plus sublime de Dieu : l'homme que Dieu a créé, comme le disait Gandhi, l'apôtre de la paix, pour marcher dans la voie de la vie et pour adorer le Tout-Puissant.

Je viens à vous aujourd'hui sur des fondements stables pour former une vie nouvelle, pour établir la paix. Nous tous sur cette terre, la terre de Dieu, nous tous, musulmans, juifs et chrétiens adorons Dieu et nul autre que Dieu. Les enseignements et les commandements de Dieu sont : amour, sincérité, pureté et paix.

--

I R A N

L'IRAN MENACÉ

31 mai 1961

L'essor économique de l'Iran s'accompagne malheureusement d'une grave crise financière. Et l'on assiste, une fois de plus, à cette paradoxale rencontre de l'enrichissement du pays quand l'Etat s'appauvrit de plus en plus. Il y a peu de temps, instituteurs et professeurs se sont mis en grève pour revendiquer des traitements plus élevés. Mais il ne s'agit pas seulement de la corporation des enseignants : le malaise de la trésorerie gagne le pays tout entier

C'est on ne peut mieux l'heure des aventuriers, des agitateurs politiques. Et dans cette période, pour sauver l'indépendance et l'existence même de l'Iran, Mohamed Shah aura à lutter contre trois périls. Le premier, dans l'ordre, sera la jobardise américaine ; plus redoutables, plus difficiles à déjouer seront les prétentions soviétiques. Le troisième est pire que les précédents réunis puisqu'il vient de l'Iran même : il s'agit de la légèreté des Persans. Elle n'a d'égale que celle des Français qui raillent et s'attaquent à ce qui est la condition de leur vie, la possibilité de leur grandeur.

Quelques braves Américains, de services plus ou moins secrets, s'imaginent qu'un coup d'Etat militaire, à la manière pakistanaise ou turque, rajeunirait le gouvernement iranien et renforcerait sa position dans le monde libre. Sans avancer d'autres raisons, il suffit de comprendre tout ce que le régime turc a de douteux, pour inviter ces services à plus de sagesse.

Les prétentions soviétiques paraîtront plus ou moins dangereuses selon que leurs objectifs sont à court terme ou à longue échéance. Si l'Iran connaissait une crise grave, les Soviets n'hésiteraient pas à faire jouer toutes les forces centrifuges en leur pouvoir. On entendrait reparler bientôt de séparatisme azerbaïdjanais, de Kurdistan et de mille autres chimères périlleuses pour l'unité de l'Iran C'est à ce stade que l'Union soviétique établirait son protectorat sur l'Iran du Nord. En même temps, elle essaierait de capter le prestige des intellectuels persans dans les zones de civilisation iranienne, soit au Pakistan soit en Afghanistan.

Nous n'en sommes pas à ce point extrême. Pourtant l'Iran – comme la France – est en grand péril par suite de la légèreté de ses intellectuels tout aussi brillants et inconséquents que les nôtres. Puissent-ils voir à temps que leur monarchie est la seule garantie efficace et durable d'indépendance et d'unité territoriale.

Le nouveau Premier ministre de l'Iran, le Dr Ali Amini, semble parfaitement informé des réalités mondiales et des difficultés de son pays. Il a conclu un programme très judicieux de gouvernement par ces paroles pathétiques et nobles : « … s'il ne m'est pas possible de réaliser les conditions prévues (…) elles seront toujours présentes au cœur de tous les patriotes de ce pays et surtout de la nouvelle génération. Notre devoir national est de sauvegarder ce flambeau à travers tous les événements qui pourraient survenir. »

On notera aussi avec faveur l'ironie de son ministre de l'Agriculture[104] qui rappelle que « … Mossadegh n'est pas la gauche. On l'a bien vu au pouvoir s'opposer à la réforme agraire qui était pourtant réclamée par des leaders de son parti » et n'hésite pas à lui montrer les choses telles qu'elles sont : « Vous paraissez très enthousiasmé par le Front National. Ca n'a jamais été un parti organisé ni surtout une idéologie. » Cette verve, dans la répartie, cette combativité, montrent que les hommes du nouveau ministère ne cherchent pas à laisser le rôle de victime inerte à leur patrie ;

--

---

[104] M. Hassan Arsandjani est aussi porte-parole du gouvernement.

DE L'ENTHOUSIASME POUR L'IRAN

3 août 1961

Les bonnes résolutions et le programme ambitieux du Dr Amini ne se traduisent pas encore largement dans les faits. Il y a trois mois à peine que le Premier ministre iranien a commencé son office : d'aucuns voudraient déjà qu'il ait réussi, ce qui ne s'est pas encore produit dans une Egypte nassérisée et totalitaire (après neuf ans de discours vides et d'agitation en surface), pas plus que dans un pays plus riche et plus largement industrialisé comme l'Italie. Cela signifie qu'une réforme agraire ne s'improvise pas. Elle rencontre d'abord l'opposition des grands propriétaires terriens, qui ne veulent pas se dessaisir de biens considérables. En second lieu elle risque d'échouer devant l'exiguïté des parcelles que l'on vient de distribuer et l'inexpérience des paysans. Une attribution de terre arable n'aura de résultat bénéfique que dans la mesure où l'on organisera dans le même temps les cultures sur de grands ensembles et où l'on pourvoira les agriculteurs d'un enseignement technique et d'un outillage suffisants.

On a remarqué dans la presse britannique que le Dr Amini ne disposait pas d'un parti à sa dévotion pour le soutenir. On a souligné, en revanche, qu'il pouvait compter sur l'hostilité du Front National.

S'il ne peut s'appuyer sur un parti constitué, il serait pourtant difficile de dénier au Dr Amini la possession d'une large influence. A la tête d'une fortune personnelle considérable, proche parent de l'ancien Premier ministre Ghavam Soltaneh, allié à la dynastie des Kadjars, ce n'est pas du tout un « homme nouveau ».

Il est, d'autre part, intéressant de voir comment il a traité le Front National. Peu de temps après sa désignation, il a rencontré les chefs du Front National. Il leur a expliqué que si leur agitation aboutissait an renversement de son ministère, il ne pourrait être remplacé que par un gouvernement dur, qui s'emploierait à neutraliser et à liquider le Front.

Ces remarques ont causé une certaine impression. Le Front a bien tenté de provoquer de l'agitation et des troubles. Le gouvernement a tout de suit interdit un « meeting » qui devait se tenir à Kazvin, à quelque soixante kilomètres de Téhéran. Dans la capitale elle-même, il a constamment maîtrisé la situation lors des échauffourées de la semaine dernière. Il s'est également aperçu de la présence insolite du colonel Kouzmenko parmi les manifestants de vendredi. Les promenades bizarres de l'attaché militaire soviétique ont provoqué des protestations auprès de l'ambassade et du gouvernement de l'U.R.S.S. Moscou ayant affirmé qu'il souhaitait garder de bonnes relations avec l'Iran, l'attaché militaire trop exubérant n'a pas été expulsé.

Tout le monde sait que les adeptes du Front National ont envoyé une délégation pour aller chercher le Dr Mossadegh dans sa retraite. Ce que l'on sait moins, c'est la réponse désabusée du vieillard : « Non, je ne reviendrai pas, car vous êtes un peuple changeant. » On retiendra de cette formule qu'elle contient au moins autant de sagesse que de dépit et que, à tout prendre, Mossadegh vaut mieux que La Fayette ;

Le Front National s'oppose officiellement au Dr Amini. En fait, c'est une large partie de la droite qui paralyse son action. La réforme agraire n'a pas pris le départ qu'elle aurait dû par l'intervention des riches terriens et par suite de ce défaut que nous connaissons dans nos administrations, et que Mohamed Shah a stigmatisé sous le nom de « temporisation persane ».

Le parti Toudeh (procommuniste), complètement rentré dans la clandestinité et tenu en veilleuse par Moscou, le Front National, qui lui sert de compagnon de route, sans « mordant » réel sur les foules, il semblerait que les périls viennent surtout de la droite conservatrice. Cette dernière, en effet, plutôt que de consentir à la réforme agraire, est prête à s'allier avec n'importe qui et même avec l'Union soviétique.

On peut juger sévèrement cette politique de Gribouille : elle n'en existe pas moins. On a même pu lire, dans la presse de Téhéran, un conservateur, M. Ahmed Aramesk, prôner de bonnes relations avec l'U.R.S.S. Le gouvernement Amini, comme tous les patriotes iraniens, peut et doit se méfier de ces « conservateurs » à la mode du *Figaro,* qui ne visent qu'à se conserver eux-mêmes.

Une réforme agraire réussie nécessitera, bien entendu, la réunion de plusieurs conditions techniques et une prévision à long terme de ses conséquences. Mais quelle que soit sa perfection technique, elle n'aura pas d'effet profond si elle ne se fait pas dans l'enthousiasme. Il sera difficile de mobiliser l'entrain des millionnaires, qui sont gens blasés. Mais il est très possible de réveiller l'énergie latente des masses paysannes de l'Iran. Chez les paysans iraniens, les *dehqân* de toujours, le prestige impérial est deux fois millénaire et sa personne quasi-divine. S'il fait directement appel à eux, le Shah pourra susciter leur enthousiasme franc d'arrières pensées. Tandis qu'il ne rencontrera que froideur chez les gros propriétaires à courte vue, et que perplexité indifférente chez les intellectuels persans qui sont, avec les Français, les plus renchéris et les plus dangereux sceptiques du monde.

C'est un lieu commun de la gauche et de la démagogie mondiale que de tonner contre les dépenses militaires. Or, l'expérience montre que les meilleures armées du monde sont moins exposées à faire la guerre que les autres. L'époque contemporaine a montré aussi que l'armée peut assurer efficacement quantité de services nationaux.

On pourrait très bien concevoir que l'armée de l'Iran soit chargée d'une mission nationale par Mohamed Shah. Elle pourrait reprendre ce que l'armée française accomplit de façon si remarquable en Algérie, en faveur des masses paysannes : la construction effective de l'enseignement primaire à tous les centres ruraux ; elle ferait également ce que l'armée française n'a pas encore fait : la réforme agraire en question.

Devant les mille tracasseries, les mille petites oppositions apportées par des potentats et des fonctionnaires locaux, le Shah avait donné ordre à l'armée d'aider au lever des plans en 1958. Cette intervention avait permis un projet de partage rationnel. Un cadastre général de l'Iran ne pourra d'ailleurs être dressé que par des soldats-géomètres. Aujourd'hui, la mise en œuvre de la réforme, la gestion initiale des ensembles agricoles ne pourrait être conduite que par l'armée.

Si le Dr Amini s'en rend compte en temps voulu, après cette exploration préalable qu'il vient d'achever, il pourrait attacher son nom à cette réforme considérable. S'il réussit, il rencontrera toujours des mécontents : dans les contes persans des *Mille et un jours*, le vizir Atalmulk dit au roi Badreddin : « Notre cœur ne saurait jouir d'une entière satisfaction. » Mais le flot croissant des revenus pétroliers permet une certaine marge de sécurité. Elle permet aussi d'ignorer les mécontents systématiques.

La permanence de la nation iranienne sera assurée, en tout état de cause, par le dialogue entre le Shah et la paysannerie.

--

KHéY'LI MAHZOUZ CHODîM [105]

25 octobre 1961

Le voyage en France de Mohammed Shah, empereur de l'Iran, s'est poursuivi la semaine dernière dans une atmosphère empreinte d'une parfaite cordialité. Le charme de Farah a conquis le cœur des Parisiens, sensibles à toutes les marques d'intérêt et de sympathie dont

---

[105] « Nous sommes très heureux »

la jeune impératrice témoigne pour leur ville. Et d'ailleurs, les Persans ne peuvent être des étrangers à Paris ;

A propos de cette heureuse visite, il faut noter un billet d'André Wurmser dans *l'Humanité*. Ce petit texte nous procure d'abord une satisfaction sans mélange. A. Wurmser s'y couvre en effet de ridicule en se livrant à une démagogie grossière que les bons auteurs du marxisme ont toujours condamnée. Comparer le revenu du Shah à celui d'un paysan iranien a le même sens que de comparer le salaire d'un stakhanoviste à celui de l'honorable M. K. Il nous cause ensuite une joie très profonde puisque sa « lettre à Gisèle, qui acclamera l'Impératrice », pleine de colère pédante et d'impuissante hargne, montre que cinquante ans de propagande communiste n'ont pu entamer le cœur des jeunes filles de France qui palpite en suivant l'histoire des Reines.

Les jeunes filles de notre pays « envoient des baisers à l'Impératrice », même s'il leur faut pour cela se faire traiter de « pauvres filles » par ceux que Bernanos appelait des cuistres poussiéreux. Mais, sur le terrain même de la cuistrerie, comment M. Wurmser expliquera-t-il à Gisèle que le grand Staline offrit à la princesse Ashraf, sœur du Shah, un manteau de zibeline fabuleusement coûteux ? Que M. Pegov, l'ambassadeur de M. K. à Téhéran, ait tenu à accompagner le Shah à l'aérodrome avant son départ pour Paris ? Et que jusqu'en 1945 l'U.R.S.S. occupait très colonialement la moitié du territoire iranien ?

Le Monde du 19 octobre rapporte un mot du souverain, hôte à déjeuner de l'Association de la Presse Diplomatique française. A un journaliste qui lui rappelait que M. Khrouchtchev avait prédit qu'une révolution renverserait la monarchie persane pour créer une république communiste, le souverain a répondu : « Le Président de l'ancienne république arabe unie avait fait les mêmes pronostics ! Si ces vœux se réalisaient, je serais sans doute, quant à moi, plus tranquille. Mais je ne crois pas qu'on pourrait en dire autant de mon pays ! »

Il montre, par ces mots, qu'il ne manque pas d'esprit et qu'il est pleinement conscient du rôle de la monarchie dans l'indépendance et le bonheur de sa nation.

--

L'IRAN ET LE COLONIALISME SOVIÉTIQUE
31 janvier 1962

Une coalition paradoxale de très riches propriétaires et d'intellectuels de gauche en mal de prouesses entretient depuis un mois de l'agitation dans les universités iraniennes. Ce rapprochement n'et pas fait pour surprendre en France : tout le monde sait que *l'Humanité* fut soutenue à ses origines par de grandes fortunes et que *l'Express* peut manquer de tout excepté d'argent. A Téhéran, lundi dernier, une manifestation fut dispersée sans victime. Ses organisateurs désappointés recommencèrent, et le lendemain, dit-on, un provocateur tuait un lycée. Il est douteux que le « Front National » ou la « droite » d'intérêts songent à s'enorgueillir d'un aussi pitoyable résultat. Les uns et les autres ne font que jouer un rôle préparé à leur intention par les techniciens soviétiques. Car l'U.R.S.S. s'exaspère devant l'indépendance de l'Iran.

Aussi malveillant que l'on soit, il serait difficile de nier que le premier bilan du gouvernement Amini est positif. Quand le ministère lui échut, l'année dernière, le premier péril était d'ordre financier. Il l'a jugulé. Les limites qu'il a prescrites pour stabiliser le coût de la vie, l'aisance relative que la trésorerie a recouvré, ce ne sont pas là des résultats négligeables. Mais les millionnaires qui craignent la réforme agraire, le Front national qui n'entend pas qu'elle soit faite par un autre groupement que le sien, unissent leurs efforts et forment une opposition de style désuet.

Si l'on invite un partisan du Front National à rassembler ses critiques, il revendiquera sans hésiter, dans le plus pur style du XIXème siècle bourgeois, de nouvelles élections et le fonctionnement de la monarchie constitutionnelle à la mode de M. Thiers.

On voit que ce parti se présente comme très joliment suranné. De toute manière, il réclame un mouvement accéléré de l'Iran, tout en recommandant les institutions de la paralysie. Il y aurait même de quoi s'étonne qu'il trouve audience mais l'aide soviétique qu'il reçoit l'explique pour une très large part.

Les calendriers soviétiques pour la domination mondiale avaient escompté depuis longtemps la chute de l'Iran parmi les colonies de l'U.R.S.S. Chaque fois les tentatives furent déjouées, aussi avancés que soient les plans de subversion. Tout le monde sait que le poste de Téhéran n'est pas reposant pour un ambassadeur moscovite : il peut conduire à la mort, à la déportation et dans le meilleur des cas à la disgrâce sans frais.

On peut s'expliquer cette avidité quand on se représente la position stratégique exceptionnelle de l'Iran. Si en effet l'Iran perdait son indépendance, la Russie contrôlerait le golfe Persique, renforcerait son influence sur l'Afghanistan et sur l'Irak et tournerait dans la suite par le Sud les défenses de la Turquie, menacerait directement le Pakistan et l'Hindoustan.

A l'intérieur même de l'Iran, la propagande soviétique est souvent maladroite et souvent vient se briser contre les structures de l'Iran traditionnel. En revanche, elle fonctionne avec une rare perfection quand il s'agit des Iraniens qui vivent à l'étranger, en ce qui touche en particulier les étudiants. Dès le moment où un jeune Iranien débarque en Europe, le parti Toudeh dispose de son adresse et lui expédie régulièrement des tracts communistes rédigés en persan et probablement imprimés en Suisse. Les étudiants iraniens d'Allemagne et de Suisse sont parmi les plus atteints par cette propagande inlassable. Il faut ajouter à cela une revue sur papier couché et douze heures d'émissions quotidiennes en langue persane à partir du poste de Berlin-Est. Le camp de la liberté ne s'offre pas un instrument de propagande analogue. Du même coup, les esprits faibles sont tout de suite acquis à celui qu'ils tiennent pour le plus fort. Si l'on ajoute à cette propagande, la turbulence de la jeunesse, on appréciera à leurs justes proportions les manifestations de la semaine dernière.

Mais la vie et l'indépendance de l'Iran attisent la rage, non seulement des communistes, mais encore des « compagnons de route ». Au point même qu'ils en perdent toute prudence et qu'ils en viennent à faire des aveux bien involontaires. Un exemple récent et parisien peut renseigner là-dessus.

Il y a environ deux mois en effet, la *Tribune des Nations* publiait un tissu de mensonges dans un article qui s'en prenait au gouvernement iranien. Cette pure diffamation attira une réplique brillante et pertinente du Dr Parviz Adle [106] qui parut dans les mêmes colonnes. Pour ne pas en rester là, M. Pierre d'Istria tenta une filandreuse réponse à la mise au point. Le malheur veut qu'il n'ait pu rétorquer à rien de ce qu'avançait le Dr Adle. Bien pis, il se livra en cours de route à une apologie de la tyrannie soviétique, sinon la plus comique, du moins la plus maladroite. Elle vaut d'être présentée ici : « Les misères, les erreurs, les despotismes sont la monnaie courante de l'histoire et n'excluent nullement de merveilleuses réussites ; ils peuvent même être, dans un certain contexte, des qualités. » Et plus loin : « Les mécanismes de l'histoire ont l'impitoyable beauté de ce qui vit et combat. Les sociétés humaines sont heureuses tant que les nations demeurent équilibrées (même si elles sont pauvres) et les gouvernements forts (même s'ils sont cruels). Or, précisément, l'Iran se déséquilibre et son gouvernement s'affaiblit. »

---

[106] Directeur du Centre de Presse et d'Information de l'ambassade iranienne à Paris.

Or, précisément, il est passionnant d'entendre parler un esthète marxiste avec autant de légèreté. Il est rassurant de voir confirmer ce dont nous nous doutions : que la prospérité des peuples, le climat de vérité, la libéralité, s'ils ne prennent pas place dans un contexte communiste, sont d'impardonnables défauts.

Ces mêmes défauts, nous les souhaitons à l'Iran. Son jeune souverain donne plus l'image de l'efficacité qu'un « Majlis » anarchique et paralytique. S'il n'est pas entraîné dans le néant de l'histoire par l'intervention et la colonisation soviétiques, l'Iran moderne peut très bien être mis au monde par l'Iran traditionnel.

--

UNE DÉCLARATION DU PREMIER MINISTRE D'IRAN
4 avril 1962

« Le docteur Ali Amini parle si bien le français que Dauphinois et Savoyards trouvent dans son accent les inflexions de leurs provinces. » Notre confrère Maurice Delarue qui préside l'*Association de la presse diplomatique* l'a fait remarquer parmi les paroles de bienvenue qu'il a adressées l'autre mardi au Premier ministre d'Iran. Cela n'était pas un compliment gratuit puisque la clarté du magistral exposé économique que présenta le Dr Amini, l'aisance avec laquelle il répondit aux questions de la presse, le goût des formules, le sens de l'humour et des nuances qu'il a montrés justifiaient pleinement cette affirmation.

Rappelant la situation de l'Iran quand le Shah l'appela au gouvernement, le Dr Amini en évoque les données principales : le pays se trouvait dans une crise économique sans précédent ; la pénurie des devises était grave (deux semaines de réserve à la Banque centrale) ; le crédit facile avait entraîné l'endettement de plusieurs sociétés ; des industriels étaient en mauvaise position.

D'autre part, la politique de la porte ouverte avait laissé l'industrie iranienne en grave difficulté. A cela s'ajoutaient une crise sociale et une crise politique (deux élections, dont une annulée).

L'état général des affaires lui offrait donc dès le départ une tâche malaisée sinon périlleuse.

Le Dr Amini commença par restreindre la liberté des échanges ce qui ne contenta pas les commerçants mais fournit à l'Etat l'usage de cent millions de dollars, doublés d'une somme égale en réserve à la Banque Centrale.

De même, la dissolution de la Chambre et du Sénat, par mesure d'urgence, a certes causé des mécontents irréductibles parmi les gens qui veulent être réélus ; mais l'absence des Chambres permet l'accélération de la réforme agraire.

D'autre part, les mesures déflationnistes et toutes les dispositions qui prévoient une période d'austérité ne peuvent pas provoquer l'enthousiasme. Mais il fallait choisir une bonne fois pour toutes entre la révolution ou la révolution blanche. Le Premier ministre iranien estime que dans l'hostilité qu'ils lui opposent, les communistes « sont logiques avec eux-mêmes ; plus il y a de corruption, plus ils sont heureux de trouver matière à développer leur propagande subversive. » Il ne comprend pas, en revanche, l'opposition d'une partie de la gauche nationale.

Au cours de son passage en Europe, le Dr Amini a rencontré une compréhension assez grande des problèmes iraniens, surtout en France, ce qu'il tient pour très encourageant. Il estime que les fautes commises dans l'exécution du 1er et du 2ème plans informent utilement les promoteurs du troisième plan quinquennal qui bénéficie d'une participation française importante. Il déclare en outre que l'Iran n'a jamais manqué à ses engagements. Il y a eu parfois des paiements retardés mais il n'y a jamais eu défaut de paiement.

Enfin le Dr Amini constate que le voisinage de l'U.R.S.S. n'est pas un facteur d'instabilité pour l'Iran. C'est là une donnée millénaire de la politique iranienne et les conséquences en ont été tirées depuis longtemps.

Après ce compte rendu, le Dr Amini a répondu à un certain nombre de questions dont nous présentons un choix :

1) Pourquoi l'Iran n'adopte-t-il pas une position intermédiaire dans la querelle des deux blocs ? Pourquoi n'est-il pas « neutraliste ».

Au cours de la Première et de la Deuxième Guerres mondiales, l'Iran était neutre. Nous avons pourtant été envahis par ces troupes étrangères, par des troupes russes notamment et malgré les engagements et les traités nous avons eu toutes les peines du monde avant de les voir évacuer notre territoire.

On voit donc que la « neutralité » ne peut être utile en Iran. De plus, nous sommes hostiles au marchandage qui consiste à prendre à gauche et à droite ;

Cela posé, nous voulons vraiment améliorer nos relations avec l'U.R.S.S. mais nous n'acceptons pas de nous laisser détacher de nos amis d'Occident.

2) Comment pensez-vous associer à votre effort toutes les énergies de l'Iran et rendre stables des formules qui sont en ce moment des formules d'urgence ?

Il s'agit là d'une entreprise déjà commencée. Je me suis rendu dans les plus petits centres de province et là je me suis entretenu avec toute sorte de gens : paysans, ouvriers, petits commerçants. Au début on trouvait que je parlais trop, que je perdais mon temps. Depuis lors se forme une opinion publique qui n'est pas victime de démagogie. Nous tentons de lui montrer d'abord quelque chose de positif. Nous n'espérons pas avoir immédiatement d'immenses résultats mais progresser petit à petit.

On a dit que la jeunesse iranienne était réservée. En fait, si l'on excepte une poignée de jeunes gens ignorants de ce qui se passe chez eux, la masse de la jeunesse n'est pas réticente : elle est exigeante. C'est pourquoi notre code de procédure, d'ailleurs inspiré du code français, lui paraît trop lent.

3) Pensez-vous que l'armée iranienne puisse jouer un rôle important pour l'application du troisième plan quinquennal ?

Certainement. L'armée iranienne a un rôle très important à jouer dans le développement des voies de communication. Le service militaire permet à la jeunesse de travailler davantage à l'exécution du plan et de fournir ainsi une aide au progrès national.

Par ce choix de réponses et ces déclarations qui résument l'œuvre d'une année, on peut voir que le Shah a choisi un ministre qui est un homme d'Etat accompli, un économiste ennemi des formules bruyantes, mais creuses, un bon ouvrier de l'indépendance national et du progrès général de l'Iran.

--

LA RÉFORME AGRAIRE EN IRAN

4 juillet 1962

M. Hassan Arsandjani, ministre de l'Agriculture dans le cabinet Amini, s'est attaqué à une entreprise gigantesque, celle de promouvoir la réforme agraire en Iran.

Les questions foncières ne constituent pas pour lui une matière neuve et inexplorée. Bien au contraire, il a été le premier à lancer le projet de coopérative paysanne en Iran. Dès 1944, il crée le journal *Darya* dans lequel sont débattues les questions de la suppression de la féodalité et de la nécessité de la réforme agraire. Il a publié sur ces questions des études qui font autorité. On voit par là que sa présence à l'Agriculture signifie la consécration d'une doctrine longuement mûrie.

Les traits de M. Hassan Arsandjani rappellent notre meilleur Clémenceau. Energique et volontaire, ce patriote fervent est un esprit lucide qui se refuse à suivre passivement et qui ne veut pas imiter servilement l'étranger. Sa réforme agraire, partie de l'Azerbaïdjan (Maragheh) s'étend à toutes les provinces iraniennes, malgré l'opposition bruyante des gros propriétaires féodaux qui, à l'occasion, se liguent avec les communistes. Il a bien voulu répondre à quelques questions que nous lui avons posées sur son projet même et sur son voyage d'information.

Quelles impressions retirez-vous, monsieur le Ministre, de votre voyage ?

Ce voyage a été entrepris pour m'instruire, pour voir ce qui se passe à l'étranger. Je suis désillusionné par ce que j'ai vu. Rien n'est directement applicable à l'Iran. J'en conclu que ce que nous avons fait est important parce que cela correspond à nos besoins. Notre système de coopération agricole fonctionne bien. Un autre système ne conviendrait pas.

L'intérêt principal de ce voyage ? Eh bien, c'est qu'il nous invite à nous appuyer toujours sur les traditions nationales et à persévérer dans le système que nous avons choisi.

Il est certain que nous avons du retard dans le domaine des techniques et de la mécanisation agricole. Mais au lieu d'acquérir un matériel coûteux et inadapté, nous préférons nous équiper bien en peu de temps avec l'expérience que nous avons.

Dans les pays que j'ai visités, j'ai proposé une association de capital et de travail dont le bénéfice sera réparti entre l'Iran et les pays intéressés.

En France, je fais une suggestion au gouvernement français : nous sommes prêts à accueillir des réfugiés d'Algérie avec leurs capitaux et leur expérience. Ils trouveront un champ d'action très intéressant en Iran où les lois garantissent les capitaux étrangers. Ils y trouveront aussi l'hospitalité iranienne, et cette sympathie spontanée que chaque Français rencontre en Iran.

Quel est le principe essentiel de votre réforme agraire ?

Le principe de base de cette réforme consiste à rendre au paysan la terre qu'il travaille. Pour cela, nous n'allons pas faire établir un cadastre. Cela demanderait vingt-cinq années et une dépense de cent millions de dollars. Nous en faisons l'économie en prenant l'avis des exploitants agricoles que nous confrontons avec celui des propriétaires.

La terre que le paysan acquiert, il ne peut la vendre : ce qui évite les abus que l'on devine. Sa gestion est sous le contrôle de la coopérative agricole. Les dirigeants de la coopérative sont élus par les paysans. Le paysan bénéficie de quinze ans de crédit pour payer une somme qui ne représente que le quart de ce qu'il a payé jusqu'ici à son propriétaire.

La Banque agricole dispose de cinq cent millions de rials et fonctionne comme caisse de crédit. Le paysan paie chaque année 73% de sa redevance. La Banque agricole paie 27%, soit le restant. Sur le prix global, 10% sont prélevés pour les frais de développement de la zone, de connaissance du sol, etc.

Chaque zone de la réforme agraire comporte un plan pour la canalisation, les engrais, la mécanisation, la connaissance du sol. A chaque zone sont attachés un ingénieur agronome, un ingénieur chargé de l'hydraulique, un expert de la Banque agricole. Chaque zone enfin est dirigée par un chef de zone responsable dont le nom est public. Le personnel de la réforme agraire est compétent et enthousiaste. Il considère à juste titre qu'il remplit un devoir national. Il est comparable à celui des kibboustzim. Pendant mon voyage, il a fait entrer deux zones nouvelles du pays dans le cadre de la réforme.

Que pensez-vous de l'aide étrangère jusqu'ici ?

Elle s'est présentée souvent sous une forme que je n'aime pas, celle de l' « assistance technique ». Le plus souvent, elle n'aboutit à rien quand ce n'est pas, après beaucoup de dépenses et d'efforts, à l'animosité du pays assisté. Ce qui importe, ce n'est pas le placage d'une structure exportée et toute faite, mais une coopération qui est infiniment plus féconde.

Quelle opposition rencontrez-vous ?

Les possédants, qui ne sont pas très satisfaits. Mais ils ont perdu leur position devant le peuple. Et la thèse de la réforme agraire est tellement fondée qu'elle ne peut être combattue raisonnablement. Il existe différents systèmes coopératifs en Europe, en Asie, en Amérique. J'ai cherché à créer un système pour mon pays. Quand j'ai été élu député pour la première fois en 1946, les grands propriétaires m'ont expulsé du Parlement.

Ils ont récemment tenté, en colportant des calomnies auprès des gouvernements étrangers, de provoquer une intervention qui arrêterait la réforme agraire.

Pour moi, je compte sur les paysans et non sur les puissances étrangères. Les paysans veulent la réforme et personne ne les arrêtera.

Sa Majesté suit la réforme de très près et m'a appuyé constamment. Elle avait déjà tenté de la promouvoir, mais les gouvernements, contrôlés par les grands propriétaires, n'écoutaient pas.

Quels bénéfices la réforme apporte-t-elle à l'Etat ?

Si l'on tient compte du fait que 75% du peuple habitent dans les villages, on comprend l'importance décisive de l'agriculture.

La réforme apporte d'abord un bienfait économique car elle augmente le pouvoir d'chat du paysan et la production.

Elle entraîne aussi un effet politique car elle supprime les privilèges des grands propriétaires qui faisaient pression sur le gouvernement en fonction de leurs intérêts particuliers.

Où en êtes-vous de votre expérience ?

La mise en place de la réforme agraire sera probablement achevée en mars 1963 et elle aura demandé deux ans.

Il n'y a pas si longtemps, nos jeunes diplômés arrivaient de l'étranger et voulaient appliquer des formules toutes faites. L'un était libre-échangiste ; l'autre était protectionniste. On pouvait constater un véritable étourdissement des dirigeants. Aujourd'hui nous avons dépassé ce stade et je suis fier de l'équipe qui travaille avec moi.

--

L'IRAN VIENT DE QUITTER
LE XIXème SIECLE

2 octobre 1962

Les bonnes canailles sensibles de la presse internationale ont enregistré une déception cuisante en Iran. Depuis le 17 septembre, leurs pronostics « bien intentionnés » qui ne prévoyaient que plaies et bosses, s sont vus totalement déjoués par le résultat des élections, par la volonté explicite des Iraniens. On peut estimer que l'échec du Font national est extrêmement dur : il comptait sur les élections pour pêcher en eau trouble et il était persuadé qu'il tenait de bonnes formules d'agitation et de désordre.

Dès à présent les observateurs remarquent qu'il s'agit d'un important succès pour le gouvernement. Ces élections, en effet, ont vu un accroissement sensible de l'assiette électorale, ont enregistré une immense participation au vote. Pour la première fois, les masses ouvrières et paysannes ont voté. Il convient de noter en outre que les femmes iraniennes ont exercé le droit de suffrage qui leur avait été reconnu l'an dernier. Ce qui entraîne l'élection d'un *Majlis* (chambre des députés) très largement représentatif.

Un pareil succès entraîne à brève échéance le dépérissement de tous les groupements opposants de mauvaise foi. La menace électorale qu'ils avaient brandie à plusieurs reprises − et qui avait entraîné la chute de plusieurs ministères estimables − a perdu désormais toute valeur. De plus, leur langage politique est aussi démodé que celui de certains parlementaires hindous, qui veulent recommencer Gladstone en 1963. Et le *Toudeh* ne peut plus compter sur les épigones de Mossadegh. Il devra changer de cheval de Troie.

On aurait tort de ne considérer que le résultat négatif de cette consultation populaire. Il est bien pus judicieux d'y voir la ratification enthousiaste de la réforme agraire (pour laquelle le Dr Arsandjani s'est dépensé au cours de 1961 et de 1962) et de toutes les réformes entreprises par le Shah.

A Kermanshah, par exemple, une foule nombreuse a défilé portant en cortège la photographie royale et l'acclamant. Dans la même ville, un boulanger a cuit sa fournée avec une heure d'avance pour pouvoir voter. A Mehraban, la population a assuré elle-même la responsabilité du service d'ordre. Les femmes de Meched, assez belliqueuses, portaient un calicot avec l'inscription suivante : « Notre vote est un coup de poing aux hommes de la réaction. » En Azerbaïdjan, d'autres manifestants affirmaient : « Nous payons aujourd'hui notre dette de reconnaissance en votant pour la révolution du Roi. » A Rezayeh, le vote du Bazar a eu lieu sans absentions. Les ouvriers des raffineries d'Abadan ont voté massivement. Retenons enfin cette scène électorale, très significative dans sa naïveté même : une vieille à qui l'on demande pour quel député elle vote, répondra qu'elle vote pour le Shah. Et quand on la reprendra en lui disant qu'il s'agit simplement d'un député à élire, elle affirmera farouchement : « Mon député, c'est le Roi ! »

Il apparaît donc clairement que le Shah, fort de l'appui populaire peut travailler pour l'intérêt national iranien en ayant le temps pour lui. Car le temps a l'habitude de venir à l'aide des pays qui sont bien gouvernés.

Un autre élément favorable à l'Iran doit être noté dans la période actuelle : il concerne le théâtre politique mondial. Il est clair en effet que le récent partage du monde entre les deux K. tacite ou non, a pour conséquence le pouvoir d'atténuer leur antagonisme en Iran. Le *Toudeh* rendu moins virulent, les banquiers incapables de refondre l'Iran au monde américain, les forces vraiment nationales reprennent la primauté en Iran (la monarchie étant la plus importante de ces forces). Ainsi, l'indépendance de l'Iran aura trouvé ce secours inattendu et paradoxal chez les deux impérialismes ennemis.

Les élections iraniennes révèlent également un phénomène moins occidental et de portée, elle aussi mondiale : le système parlementaire à la mode du XIXème siècle a vécu. L'inefficacité criante des vieux parlements est reconnue de partout. Les temps nouveaux exigent des régimes tout différents.

--

L'IRAN SUR LA VOIE D'UNE RENAISSANCE
30 janvier 1963

Au Congrès national des paysans iraniens, devant quatre mille délégués des coopératives, le Shah d'Iran a présenté au début de janvier les projets de loi qu'il comptait soumettre au pays par voie de référendum. La consultation a eu lieu le 26 janvier. Le peuple iranien a approuvé massivement, par 5.598.711 voix contre 4.115 l'ensemble de ces dispositions. Parmi les six projets, le principal vise en effet l'application de la réforme agraire. Mais il ne faut pas négliger les autres qui prévoient le rajeunissement des lois électorales, une participation ouvrière aux bénéfices des entreprises, des moyens de répandre effectivement l'instruction à travers le pays.

Ce référendum entraîne de nombreuses suites favorables pour l'Iran. Il en est d'abord d'ordre négatif. On comprendra ainsi que le choix populaire prive les partis d'opposition de tout terrain de propagande. Le Front national, qui exploite le prestige passé du Dr Mossadegh, n'ose pas affirmer son hostilité envers l'abolition du servage. Les arguments démodés qu'il ressasse à propos des lois électorales avaient beaucoup de fraîcheur en 1830. Ils ne persuadent personne aujourd'hui. En outre, face à l'étranger le gouvernement du Shah peut se targuer d'une vaste approbation populaire. On comprendra que l'avenir politique devienne terne pour les bas bleus communisants et les richissimes talons rouges : c'est même un rude coup porté aux quelques étudiants dévoyés qui calomnient leur pays dans de dispendieuses revues imprimées à New York.

Considérons maintenant les conséquences positives du référendum. Par l'abolition du servage, du vieux rapport « arbâb-raiyati », la terre revient à celui qui la travaille, au paysan. Détail très important qui ménage la dignité de l'ancien serf : la terre n'est pas donnée, le paysan l'achète. Il bénéficie pour cela d'un long crédit. Cette terre, qu'il va payer de son travail, n'en sera que plus entièrement sa propriété. Sans démagogie, sans irréalisme, le Dr Arsandjani évite la brutalité inefficace des méthodes staliniennes, les grossières erreurs d'Abdel Nasser. Le ministre iranien de l'Agriculture applique à son pays des procédés originaux [107] qui tiennent compte des traditions et des particularités nationales.

Notre époque, plus que d'autres, ne craint pas de recourir à une inflation verbale démesurée. Ainsi la presse du Caire, à chaque fois que le bikbachi circule en automobile, déclare qu'il s'agit d'un événement historique. Gardons-nous d'imiter son emphase gratuite ; cela ne saurait nous empêcher de voir que l'Iran vient de prendre un tournant décisif et s'achemine vers un renouveau prévisible et nécessaire.

On peut constater en effet que le référendum a réglé une bonne fois tous les faux problèmes constitutionnels. Le Shah a rappelé comment les Chambres conditionnées par les grands propriétaires terriens avaient à plusieurs reprises empêché l'application des réformes. Désormais, le Shah qui, selon ses propres paroles, « ne peut rester un observateur impassible » devant la pratique des abus, peut intervenir quand cela sera nécessaire : il règne et gouverne.

D'autre part, la réforme agraire que le Dr Arsandjani applique avec fermeté a déjà trouvé son martyr : il s'agit de l'ingénieur Malek Abedi, contre qui des possédants égoïstes ont recouru au meurtre il y

---

[107] Voir l'interview accordée par le Dr Arsandjani à *La Nation française* et publiée le 4 juillet 1962.

a quelques semaines. Devant la volonté royale et l'approbation populaire, ces tentatives d'intimidation ne peuvent aboutir à rien.

En ce qui concerne l'économie iranienne, il est clair que le paysan qui accède à la propriété sera à la fois meilleur producteur et meilleur consommateur. Mais ce n'est pas encore là que réside l'essentiel. Nous le trouverons avec le Shah dans cette double constatation : il ne s'agissait pas seulement « d'acquérir un lopin de terre et un titre de propriété », il s'agit de voir « qu'une nouvelle existence commence pour les paysans. »[108]

Le Shah a constaté que la réforme agraire a donné foi, espoir et enthousiasme au paysan iranien. Le progrès économique accompli dans la paix sociale, le dynamisme monarchique remplaçant la paralysie parlementaire, tout laisse croire que l'Iran s'est engagé dans les voies d'une véritable renaissance.

--

UNE NOUVELLE ERE DE L'HISTOIRE DE L'IRAN A COMMENCE
(nous déclare le Dr Arsandjani, ministre de l'Agriculture de l'Iran)
Combat, 27 février 1963

La réforme agraire est menée de façon à la fois rationnelle et pragmatique

Après avoir mis en place l'infrastructure de la réforme agraire en Ira, le Dr Arsandjani s'est vu confirmer l'approbation royale. Il garde en effet le ministère de l'Agriculture dans le nouveau cabinet formé par M. Assadollah Alam.

De passage à Paris pour quelques heures, le Dr Hassan Arsandjani a bien voulu ignorer les fatigues du voyage et celles d'une campagne politique et sociale épuisante pour répondre à nos

---

[108] Cf le discours prononcé par le Shah le 9 janvier 1963.

questions. Ce ministre n'a d'ailleurs rien du politicien blasé : il lutte pour améliorer la condition du paysan iranien et prend les mesures pratiques qui conduisent à ce mieux-être. Au fur et à mesure de l'entretien, il s'anime : cette réforme agraire est menée de façon à la fois rationnelle et pragmatique, avec réalisme, avec enthousiasme aussi. Elle a pris un bon départ. Ses effets se répercutent dans toutes les branches de l'activité économique iranienne. Et déjà le référendum qui lui a donné le suffrage du peuple a délivré l'Iran de la paralysie parlementaire.

La liquidation de la féodalité

- Avez-vous atteint, monsieur le Ministre, les objectifs que vous vous étiez assignés ?

La première phase de la réforme agraire va s'achever comme prévu en mars 1963. Nous sommes arrivés à limiter la propriété terrienne à celle d'un village. Auparavant une famille possédait jusqu'à cent cinquante villages. Cette époque est révolue et nous avons pu liquider la féodalité même dans ses bastions les plus solides qui étaient les provinces de Fars et du Kordestan.

Il faut reconnaître que les villes n'avaient pas tout de suite compris l'importance de la réforme. C'est seulement avec le Congrès national des paysans iraniens qui a rassemblé à Téhéran plus de quatre mille délégués de coopératives agricoles que le mouvement paysan s'est imposé à la ville par sa force et son importance.

En inaugurant les travaux du Congrès, Sa Majesté a publié les six questions soumises au référendum. Les forces paysannes ont ouvert la voie. Et puis les ouvriers et les bourgeois citadins ont suivi l'intérêt public. Pour la première fois dans l'histoire de l'Iran, le peuple a pu s'exprimer sans intermédiaires.

On peut ajouter que c'est la première fois au Moyen-Orient et parmi les pays afro-asiatiques qu'une consultation populaire a lieu selon des règles de démocratie véritable.

Le référendum établit la compréhension et la collaboration entre toutes les classes utiles du pays. De profonds changements se font de manière pacifique et légale, sans verser de sang et en évitant la barbarie que nous avons pu observer chez certains voisins au cours des dernières années.

Jusqu'ici, l'Iran était un peu une agglomération de populations qui n'étaient pas liées par des intérêts économiques communs. Il s'agissait d'une structure presque entièrement politique où quelques familles profitaient des richesses du pays. Les autres étaient abandonnées par la classe gouvernante.

La naissance d'un peuple

Désormais, et c'est l'aboutissement de la première étape, nous assistons à la naissance d'un peuple au sens plein du terme.

- En quoi consistera la deuxième phase de la réforme agraire ?

Le référendum a soumis au suffrage populaire un amendement à la loi de réforme agraire. Cet amendement contient les éléments de la deuxième étape. Il vient d'être voté par le peuple.

D'après cet amendement, les propriétaires terriens possesseurs d'un village sont obligés de choisir entre trois possibilités :
1) ils peuvent vendre leurs terres aux paysans qui les travaillent selon un prix raisonnable correspondant au prix régional de la première étape de la réforme ;
2) ils peuvent aussi louer la terre au paysan qui la travaille avec un bail de trente ans (le montant du bail étant révisable tous les cinq ans avec la surveillance d'un commissaire du ministère de l'Agriculture ;
3) Ils peuvent aussi louer les terrains aux paysans selon les cinq éléments qui gouvernaient jusqu'ici le partage des récoltes. Ces éléments sont : le terrain proprement dit, l'eau, la semence, le bétail, le travail. S'ils ne fournissent que le terrain, ils gardent le cinquième pour eux et le reste va aux paysans S'ils procurent l'eau, ils peuvent garder jusqu'aux deux cinquièmes. Et les paysans payent deux cinquièmes du prix régional de la terre.

De toute façon, un maximum de superficie est fixé suivant les particularités agricoles de chaque région. Dans les rizières, une propriété ne peut dépasser 30 hectares. Cela vise la province du Guilan.

Dans la province du Mazandéran, où l'on trouve surtout des champs de coton, le maximum est de 50 hectares. En outre, signalons les dimensions limites des propriétés : 150 hectares quand le propriétaire travaille personnellement et qu'il y a des paysans sur la terre ; 500 hectares lorsqu'il s'agit d'une exploitation directe avec utilisation de tracteurs et emploi d'ouvriers agricoles.

Il y a un autre aspect de la deuxième phase qui consiste dans la liquidation des biens *vakis*[109] tout au moins sous la forme abusive qu'ils avaient pu prendre au cours des âges. Les biens vakis vont rentrer dans le circuit économique. Les gérants des vakis (touliat) les loueront pour 99 ans aux paysans. La location se fera sur la base du dernier revenu annuel des vakis et elle sera payée et garantie par les coopératives.

L'opposition des mollahs
Les mollahs se sont violemment opposés à cette mesure. Mais les paysans se sont soulevés contre eux et il a fallu l'intervention de la troupe pour les protéger contre la colère de la paysannerie. En fait, le vaki subsiste : c'est sa traduction économique qui est changée.

De même les mollahs ont condamné le droit de vote des femmes. Cependant, les Iraniennes ont voté lors du référendum et elles participeront dorénavant à toutes les élections.

La deuxième phase de la réforme agraire se déroulera de mars 1963 à mars 1964.

Dans toute la mise en œuvre de la réforme agraire, ce qui m'a été précieux et réconfortant, c'est l'appui continuel du Shah. De très grands personnages sont intervenus à plusieurs reprises pour paralyser la réforme. Mais le roi l'a maintenue. Et l'initiative du référendum a rempli de désarroi la coalition hétéroclite formée par le *Toudeh*, le Front national et les mollahs

- Dans votre expérience de deux ans, avez-vous été le témoin de scènes pittoresques ? Pourriez-vous nous en confier quelques-unes ?

---

[109] En pays musulman, les *vakis wakis* ou *habbous* sont des biens de mainmorte dont les revenus servent à entretenir des fondations pieuses.

Oui, certainement. Un premier épisode se situe dans la région de Khazvin, au cours d'une réunion de membres des coopératives. La présidence était assurée par deux vieillards : l'un de 95 ans et l'autre de 85 ans. Le plus âgé me demande : « M. le ministre, sommes-nous libres de donner des explications sur tous nos problèmes ? » Comme je réponds oui, il ajoute : « Les étrangers participent au Congrès ? » A ma réponse affirmative, il conclut : « Alors, nous ne dirons rien. Nous voulons garder notre réputation devant les étrangers. Nous refusons catégoriquement de dire ces choses en public. » Quel bel exemple de civisme !

Dans la région de l'Arak, les grands propriétaires n'avaient pas donné de semences aux paysans pour les obliger à quitter les villages. Les paysans des villages voisins se sont cotisés pour leur fournir les semences nécessaires. Le jour, ils travaillaient dans leurs champs et, le soir, ils travaillaient avec leurs lampes dans les villages déshérités, fournissant gratuitement semence et travail. Avec cela, tous les villages pauvres furent cultivés.

Au nord de l'Iran, un village de *vakis* était destiné à fournir de quoi accomplir les cérémonies commémorant l'Iman Hussein. Les paysans ont proposé de se charger des cérémonies et de donner à manger à dix fois plus de personnes que ne fait le titulaire du *vaki*.

Les paysans et le Shah

Pendant le Congrès, Sa Majesté a visité Soltanatabad. Là, nous avons dîné avec les paysans. Au cours du dîner, un paysan de 80 ans s'approche de moi en désignant le microphone et me demande ce que c'est. Comme je le lui explique, il demande également s'il peut parler et diffuser à la radio un message pour son fils. Il s'exprime ainsi : « O mon fils, sais-tu qui parle ? C'est ton père. Je dîne avec Sa Majesté et avec Arsandjani. Dites à notre propriétaire – qui déclarait qu'il n'y avait plus de Shah et que Arsandjani était mort – dites-lui que Sa Majesté existe et que Arsandjani est bien vivant et que nous dînons ensemble. » Dit avec l'accent des Lours, la formule en était d'autant plus savoureuse.

- Quelle conclusion peut-on déjà formuler ?

Eh bien ! J'estime qu'après le référendum et la démonstration collective de force nationale, le choix de structures sociales et économiques, nous avons commencé une ère nouvelle de l'histoire de l'Iran. Toutes les activités économiques du gouvernement doivent s'harmoniser pour la réalisation des réformes votées par le peuple. Le roi est bien décidé et il soutient énergiquement chaque mouvement vers le progrès. Il s'agit de tirer parti de la bienveillance et de la protection unanimes du peuple et du roi.

--

RÉFORME AGRAIRE EN IRAN

12 juin 1963

Les émeutes, d'origine apparemment religieuse, qui viennent d'avoir lieu en Iran, prouvent la ferme volonté royale d'appliquer la réforme agraire et de promouvoir la condition des femmes. L'opposition violente de quelques privilégiés ne change rien !

Cela étant posé, le gouvernement du Shah est loin de donner dans l'anticléricalisme : une part éminente du haut clergé chiite est acquise aux réformes royales. L'ayatollah Khomeiny prétendait se désigner lui-même, pour remplacer, à la tête du clergé chiite, l'ayatollah Borouberdji mort il y a deux ans. Ses ambitions très personnelles ont été épaulées par le pourvoyeur ordinaire de tous les candidats assassins du Moyen-Orient : l'illustre Nasser.

--

LE GÉNÉRAL ZAHEDI

11 septembre 1963

Le général Fazlollah Zahedi a été une figure remarquable de l'Iran actuel. Sa chance – et aussi ses mérites – lui ont permis d'être un général Monk iranien. En trois jours, soutenu par les manifestations du petit peuple de Téhéran, il a su rétablir le règne de la loi et de la monarchie nationale.

Né en 1895 à Hamadan, le général Zahedi appartenait à une famille traditionnellement militaire. Entré en 1916 à l'académie militaire de Téhéran, il participe, dès 1921, avec Reza Shah, aux opérations de sécurité intérieure menées dans le nord et le sud de l'Iran. En 1929, il est nommé chez de la gendarmerie nationale et en 1930 il dirige la préfecture de police. Il est nommé ensuite général et aide de camp principal de feu Reza Shah.

Pendant la Deuxième guerre mondiale, il est arrêté par les forces qui occupaient alors l'Iran. Après la guerre, il entre dans la vie politique. Il participe au cabinet Mossadegh dont il sera quelque temps le ministre de l'Intérieur. Mais il démissionne en raison de l'orientation politique de Mossadegh qu'il juge désastreuse. Puis ce sont les journées d'août 1953, au cours desquelles il est nommé Premier ministre. Il triomphe de la coalition de Mossadegh et du Toudeh (communiste).

Dix ans ont passé et chaque année, on célèbre en Iran l'anniversaire de l'événement historique du 19 août. De belle prestance, le général Zahedi avait un caractère de grand seigneur et pratiquait la générosité. Il pardonnait facilement ce qui lui a nui a plusieurs reprises. Mais ses ennemis eux-mêmes l'estimaient. Il était souffrant au cours des trois dernières années, à Genève, et cependant personne ne lui donnait son âge, tellement il était resté jeune d'allure.

L'Iran et le Shah perdent en lui un grand serviteur

L'IRAN ET L'ENTENTE ISLAMIQUE
14 juillet 1966

Au cours de ces derniers mois, l'Iran a attiré l'attention internationale par des projets et des actes tels que les journaux les plus maussades des Etats les plus indifférents ont reconnu leur valeur. Rappelons d'abord la conférence mondiale pour la lutte contre l'analphabétisme, tenue à Téhéran en septembre dernier. Dans le même esprit, à la fois généreux et positif, il convient de noter la décision du Shah de consacrer une journée des dépenses militaires de l'Iran à l'œuvre universelle d'enseignement des plus déshérités des hommes. Mais il est un projet qui n'a pas eu l'Iran pour origine et dont les effets et l'influence n'ont cessé de grandir depuis que la diplomatie iranienne lui apporte approbation et soutien, soit depuis décembre 1965.

Il s'agit simplement d'une proposition émise par le président de la république de Somalie. Elle s'exprime en peu de mots : réunion à La Mecque d'une conférence des chefs d'Etats musulmans qui établiraient une entente islamique contre l'athéisme, le communisme, le sionisme et l'impérialisme. Cette suggestion a été patronnée par le roi Fayçal d'Arabie qui s'en est fait le prestigieux avocat à travers le monde musulman et, tout d'abord, auprès du roi Hussein et du Shah d'Iran.

Tout surpris d'une pareille audace, les journalistes demandèrent au roi Fayçal, lors de son séjour à Amman : « Et Nasser ? » Imperturbable le roi répondit : « Il figure en tête de liste des invités comme son pays est à l'avant-garde des Etats musulmans. » Or, M. Nasser qui s'est arrogé un droit à commander ou à terroriser les Arabes se sent perdu dans l'immensité du monde islamique où il retrouve sa taille réelle. Comme le Judas de l'Ecriture sainte, il s'est empressé de s'exclure lui-même de la future conférence de La Mecque en flétrissant avec rage ce qu'il appelle improprement le « pacte » islamique.

A une date toute récente, dans la première semaine de juin, son porte-parole et porte-plume Mohamed Hassanein Heïkal, dans l'*Ahram*, s'en prenait aux auteurs du « pacte » en termes parfaitement rocambolesques. Le vice de son « raisonnement » tenait à deux comparaisons tout à fait inadaptées entre le « pacte » imaginaire et deux pactes réels : le trop fameux Pacte de Bagdad et le Front de l'Action arabe unifiée.

Du Pacte de Bagdad

On se souvient que le Pacte de Bagdad fut une lourde construction mise en place par M. Dulles. Ce barrage théorique contre le communisme ne servit en définitive qu'à compromettre jusqu'à la mort inclusivement, des hommes d'Etats orientaux sans que le gouvernement de Washington prenne des engagements à la mesure de ses responsabilités. Heïkal et Nasser tentent aujourd'hui de se rassurer par une analogie dont nous allons voir l'absurdité.

Quant au « Front de l'Action » arabe unifiée, il avait été décidé lors de la conférence arabe du Caire, en date du 13 janvier 1964. La formation du Front, qui groupait les chefs des Etats arabes nassériens ou non, visait à la lutte militaire contre Israël et à la destruction de l'Etat hébreu.

Que s'est-il passé en deux de « Front » ? Eh bien, sans tenter quoi que ce soit contre l'armée israélienne, Abdel Nasser et ses agents ont continué à semer le trouble en Syrie, au Liban et en Irak[110], sans parler de la sale guerre du Yémen où ils s'évertuent à imposer le fantoche Sallal au peuple yéménite qui résiste farouchement. Heïkal lui-même, dans un lyrisme un peu facile écrit dans *Al Ahram* : « Sur le sol du Yémen, le choc atteignit le degré de chaleur des flammes rouges. »

Personne n'ignore d'autre part que l'organisme créé par M. Choukeiri, dont la mission est de « libérer la Palestine » trouve plus facile de s'attaquer à l'armée arabe de Jordanie. Aussi bien, quand Heïkal écrit : « La réaction arabe déteste Israël, mais elle déteste davantage la révolution arabe », il travestit les faits avec impudence. L'observation de ce qui s'est passé permet de remarquer plus

---

[110] Les « progressistes » d'Iran et de Turquie ne professent qu'un mépris amusé pour les pays aux « coups d'Etat » endémiques.

exactement : « La révolution arabe déteste peut-être Israël, mais elle hait sans aucun doute la tradition arabe. »

Pour comprendre tout à fait la portée de l'entente islamique, il n'est pas mauvais de se reporter au *Mein Kampf* de Nasser, cette « Philosophie de la révolution » que l'*Express* reproduisit naguère intégralement. Ce texte primaire contenait un passage qui n'a pas été assez souvent commenté comme il le méritait : « Notre conception du pèlerinage doit changer. La visite de la Kasba ne doit plus être un billet d'entrée au Paradis (…) Le pèlerin peut avoir une force politique énorme. La presse mondiale devrait s'y intéresser, non sous l'angle des rites et des traditions, mais en le considérant comme un congrès politique périodique. »

On voit clairement dans ces lignes que le propos d'Abdel Nasser consiste à faire revenir La Mecque à ce qu'elle était « avant » la prédication de Mahomet, soit le siège d'une foire commerciale saisonnière et celui de rencontres politiques entre les Koraïchites et leurs alliés.

Il faut être un ennemi juré de l'Islam et de toute religion pour échafauder un tel plan de régression spirituelle. C'est dans une perspective strictement opposée que se situe le projet d'entente islamique.

Le rôle de l'Iran

Le rôle Fayçal et le Shah d'Iran ont en effet pour dessein de mettre leurs forces politiques au service de ce qu'il faut bien appeler un œcuménisme musulman. Dans cette grandiose entreprise, l'apport effectif de l'Iran est immense. Puissance non-arabe, sa participation entraîne la bienveillance de la Turquie et du Pakistan ; puissance musulmane, son prestige s'étend sur les Chiites de l'Irak et du Liban et sur les Indes ; pays béni de la tolérance religieuse, la présence de l'Iran indique que l'entente ne sera pas négative. La récente visite du Shah d'Iran au Roi du Maroc démontre enfin que l'Occident musulman est invité à se joindre aux puissances orientales.

Sous l'égide du Shah d'Iran, il a été reproduit cette année un des plus beaux et des plus anciens manuscrits du Coran (en calligraphie *naskh*). Un exemplaire de ce Coran a été offert aux principaux sanctuaires musulmans de l'Iran. Signalons en outre, dans ce très bref relevé de ces actes et de ces paroles spirituels, la création, depuis quelques mois, d'une chaire de théologie sunnite à l'Institut de la Mosquée Sépah Sélar de Téhéran.[111] D'autre part, la *Nation Française* du 23 juin relevait ces paroles du Roi Fayçal en Espagne : « Si le peuple d'Arabie représente l'esprit de la démocratie islamique que le prophète Mahomet a transmise au monde, le peuple espagnol incarne la vertu séculaire de la foi en Dieu, et les œuvres bonnes et les doctrines de l'amour devant les forces destructrices du monde d'aujourd'hui… »

Cette perspective spirituelle nous éloigne de la meute criaillante de Nasser et de ses sbires. Cette meute s'augmentera facilement des maîtres actuels de l'Inde, absurdes et haineux. Elle jouira aussi de la protection jalouse des deux impérialismes pratiquement athées dont elle est le résidu.

Nous ne doutons pas en revanche que l'entente islamique trouvera en cours de route des ennemis et des amis à la mesure de son immense et généreux dessein.

--

ENTRETIEN AVEC UN
AMOUREUX DE L'IRAN

22 juin 1969
Le Journal de Téhéran

M. Santa-Croce, vous quittez l'Iran après avoir été pendant quatre années professeur à la section française de la Faculté des Lettres de l'Université de Téhéran, que vous a apporté ce séjour ?

- Oh, beaucoup de choses et sur divers plans. En tant qu'expérience humaine tout d'abord, je peux dire que ce séjour a été très enrichissant. De plus, les contacts que j'ai eus comme

---

[111] Si l'on risquait une comparaison, ce serait comme la création d'une chaire de théologie orthodoxe ou calviniste à l'Institut Catholique de Paris.

professeur de littérature m'ont ouvert des horizons insoupçonnés. Ma découverte de l'Iran est effective et c'est pour moi une joie. J'aime ce pays, je sais pourquoi et à la veille de le quitter, je souhaite de tout cœur y revenir.

« J'aime ce pays. Je sais exactement pourquoi ». Voilà une phrase que l'on n'en pas dire par tous les étrangers qui quittent l'Iran. Il faut savoir que M. Joseph Santa-Croce se situe exactement à l'opposé des Français du genre « parlez-vous l'iranien ? » et qu'il a nourri pendant onze années l'espoir de venir en Iran, sans savoir comment il lui serait possible de réaliser ce projet.

Comment est né en vous ce désir de connaître l'Iran ?
- Eh bien, cela s'est passé en deux temps : d'abord, quand j'étais étudiant, j'avais rencontré des Iraniens dans le pavillon que j'habitais à la Cité Universitaire et il m'avait alors semblé que j'avais affaire à des « civilisés ».

-

- C'est-à-dire des gens qui savent vivre, ce « savoir vivre » n'ayant rien à voir avec la vague notion de politesse qu'a cette expression pour les Occidentaux. Non, mais cette « courtoisie profonde » m'avait intrigué.

-

Le coup de foudre s'est produit en 1953, quand j'ai lu « La Chouette aveugle » de Sadegh Hedayat, dans sa traduction de Roger Lescot. J'ai découvert ici l'atmosphère de l'Iran traditionnel et populaire, un caractère, un genre de vie qui m'ont profondément marqué.

Un poste pour Téhéran
Ces deux rencontres avec l'Iran ont suffi à provoquer une attirance qui s'est depuis transformée en un profond attachement.

M. Santa-Croce a d'abord étudié le persan à l'Ecole des Langues Orientales, puis il a dû faire son service militaire et au retour « gagner sa vie ».

« Faire du persan était à cette époque un « luxe coûteux », mais l'idée de venir en Iran était toujours aussi vivace. C'est alors que j'ai soumis ma candidature pour un poste à l'université de Téhéran. »

On a demandé au jeune professeur « Et que choisirez-vous s'il n'y a pas de place à Téhéran ?

« Un pays où l'on parle persan, de toute façon. Kaboul peut-être... »
Et sinon ?

« Sinon, je n'irai nulle part. »
Comme tous les amoureux de l'Iran, du moins ceux dont l'amour est sincère, c'est l'angle humain, d'abord et littéraire, ensuite qui ont attiré M. Santa-Croce, lequel se déclare « comblé à tous les points de vue. »

« Amoureux de l'Iran, oui et il y a de quoi. Comment ne pas tomber amoureux d'un pays plein de beautés et de noblesse dans un monde où elles se raréfient ? »

Pour ce professeur français, les beautés de l'Iran sont là, devant nous et leur énumération serait fastidieuse. Prenons l'archéologie : « Il y aurait dans ce domaine plusieurs vies à vivre en Iran ; les arts, les langues, l'histoire des religions, la géographie, la géologie... L'Iran est sans doute le plus grand réservoir de beautés du monde. »

La noblesse : « Elle est incomparable chez les Iraniens pourvu qu'ils n'aient pas été atteint par l'influence étrangère. » *M Santa-Croce se déclare à ce sujet tout à fait d'accord avec Gobineau qui écrit de l'Asie, mais faisant allusion à l'Iran :* « En Asie, je n'ai jamais rien trouvé de vulgaire. »

Des titres remarquables
Sur le plan de l'enseignement du français, le professeur a constaté, contrairement à ce qu'on lui avait laissé entendre avant son départ, que les étudiants iraniens pouvaient atteindre un niveau tout à fait égal à celui des

universités françaises. Me citant quelques sujets de mémoires de licence développés par des étudiants de son cours, il en extrayait les plus remarquables et m'affirma qu'ils lui avaient beaucoup appris.

Parmi ceux-ci, notons celui qui s'intitule « L'Esthétique de Baudelaire », qu'il a fait refaire trois fois à son auteur ; auteur dont il tait le nom par superstition « puisqu'elle n'a pas fini ses études » ; cette étudiante prépare actuellement un doctorat de 3ème cycle sous la direction du professeur Etiemble.

Signalons aussi l'excellent ouvrage de Mlle Sarah Levian « Malraux, écrivain tragique » qui a été lu par Mme Clara Malraux lors de son séjour en Iran ; ou le sujet développé par Mlle Raadi Aderakchi : « Le dandysme de Baudelaire » ; ou encore la thèse remarquable d'une autre étudiante : « Passion et liberté chez les héroïnes de Flaubert », dans laquelle l'auteur a remarqué que toutes les héroïnes de Flaubert avaient les yeux noirs. Détail pittoresque.

Parmi les activités du professeur, rappelons qu'il collabore, depuis leur création en 1967, à l'organisation et au travail des « groupes de maîtrise », qui réunissent des étudiants licenciés désireux d'effectuer des recherches littéraires approfondies.

Le nouveau roman

« Deux ans après leur organisation, ces groupes de maîtrise ont déjà permis la sélection d'un petit nombre de diplômés d'un très haut niveau.

Dès la fin de la première année, j'ai tenté une initiation au Nouveau Roman face à laquelle j'étais inquiet de connaître les réactions des étudiants. Or il s'avère qu'elle est excellente ; j'avais parié en les mettant en contact avec ce qu'il y a de plus neuf en littérature et le bilan est enthousiaste. Ils sont ravis d'entrer de plain pied dans ce genre littéraire encore adolescent. »

M. Santa-Croce tient à remercier les professeurs de la section de français pour leur collaboration, et tout particulièrement Mme le Dr. Naficy qui dirige cette section : « Un grand professeur, une grande Dame qui a toujours accordé à l'humain une place prépondérante, malgré ses charges administratives. »

Il loue également la générosité du Dr Nasr, le doyen de la Faculté des Lettres qui, comme son prédécesseur, le Dr Safa : « n'a manqué aucun effort pour encourager les travaux de la section »

Laissons enfin M. Santa-Croce nous dire que « la formation française n'enlève pas aux Iraniens leur caractère original, leur réalité intrinsèque », *à la différence d'autres enseignements qui* « déforment de façon déconcertante par des simplifications abusives ».

« Le souci français d'universalité, joint aux affinités qui existent entre les caractères des deux peuples et leur culture respective font que chez les Iraniens », *nous dit le professeur de littérature,* « la formation française est une fenêtre de plus dans un palais qui demeure intact ».

Notons qu'à son arrivée en France, M. Santa-Croce va reprendre des études qu'il avait momentanément interrompues : il prépare un doctorat d'Etat.

--

LES ATTARDÉS DU XIXè SIECLE
ET LE ROI MODERNE
Les festivités de Persépolis

24 novembre 1971
Le Monde

Selon l'humeur ou les circonstances, on peut sourire ou s'indigner en observant une étrange collection de conseillers de morale, de prédicateurs improvisés, de professionnels en vertu, tous ministres sans mandat : ils prodiguent avec largesse, depuis quelques semaines, des leçons d'austérité à la monarchie et au peuple iranien. Il

315

ne semble pas qu'il faille accorder trop d'importance à ces homélies. Elles rappellent beaucoup dans la tradition française, le Tartuffe au teint prospère qui prêche la pauvreté aux autres et qui aménage ses plaisirs et son luxe, tout en affectant un dénuement ostentatoire. On ne saurait ignorer, d'autre part, que le noble peuple iranien aime à traiter ses hôtes avec générosité et que, comme les autres peuples du monde, il aime les fêtes sans doute beaucoup plus que l'internationale des blasés. Au demeurant, les dépenses de Persépolis ont assuré à la nation iranienne un prestige dont tout annonce qu'il ne fait que grandir.

Mais de très honnêtes gens – qui admettent le bien-fondé de ces réceptions fastueuses où l'Iran a reçu le monde entier sous un signe tout autre que la haine, le mépris ou quelque discrimination abusive – de très honnêtes gens s'interrogent : « ... il s'agit donc de célébrer le 25ème siècle d'une monarchie qui s'est renforcée malgré toutes les vicissitudes de l'histoire, qui reconstitue l'identité et l'indépendance nationale et qui restitue sa splendeur à l'une des plus grandes cultures de l'humanité. Tout cela est bien, mais enfin, en plein 20ème siècle ? Un roi ? Et d'abord, est-il démocrate ? Et surtout, se contente-t-il de « régner sans gouverner ? » Eh bien ! La scandaleuse vérité c'est que Mohamed Reza Shah règne et gouverne. Plus étonnant encore, c'est que depuis la révolution du 27 janvier 1963 (6 Bahman 1341 dans le calendrier iranien), dont il a pris l'initiative, il s'agit d'un roi vainqueur des féodalités.

En premier lieu, ce roi a su persuader une minorité réactionnaire du clergé chi'ite, qui intervenait sans cesse dans l'ordre temporel, de revenir à la mission spirituelle qui est la sienne à l'intérieur de l'islam iranien.

D'ailleurs, si l'on aime les devinettes, on peut chercher à loisir comment trouver l'équivalent, en persan contemporain, des intrigues politiques du cardinal de Retz. Avec une application, on en découvrirait bien deux ou trois de « cardinaux » installés dans un pays ennemi de l'Iran, qui prennent séance dans quelques Sacrés Collèges et qui fulminent périodiquement l'anathème avec l'amertume des appétits matériels inconsolables et des ambitions mondaines déçues.

Mais la plus puissante des féodalités consistait certainement dans la féodalité des grands propriétaires terriens, qui narguait du fond des provinces, tant le peuple que le roi. Cette féodalité riche, brillante aussi, acceptait sans grandes souffrances morales que sa richesse et son éclat reposassent sur les privations ou la détresse d'une paysannerie en servage. Dès son avènement, Mohamed Reza Shah voulait une réforme agraire. Au Parlement, les représentants des grands féodaux déclaraient « vouloir la réforme agraire ». Et, de commission en sous-commission, de 1941 à 1962, les différents projets iront rejoindre la poussière des archives, selon le rite désuet qui eût fait les délices de M. Thiers. Il était clair que, pour briser la féodalité terrienne, le roi n'avait d'autre ressource que de surmonter la féodalité parlementaire ; Cette dernière fédérait toutes les ambitions rétrogrades et la plupart des menées anti-iraniennes. Pour ce faire, le roi décide en 1963 de substituer à une démocratie verbale attardée dans le premier tiers du 19ème siècle européen la démocratie véritable, l'appel direct au suffrage du peuple, sans recourir aux offices de courtiers plus ou moins désintéressés. Le peuple iranien s'exprime par voie de référendum sur la réforme agraire,[112] qu'il approuve alors d'enthousiasme, en même temps que le droit de vote des femmes et la création de l'armée du savoir.[113]

Devant les résultats obtenus en huit ans, on peut dire que le roi d'Iran n'est pas seulement un roi moderne, mais aussi – ce qui compte de nos jours – un démocrate moderne. Devant les progrès rapides et importants (le produit national brut a augmenté de 10% par an depuis 1967), devant l'ampleur de l'assentiment des masses, les groupuscules

---

[112] Mise en place par le Dr Arsandjani.
[113] Alphabétisation de tous les villages par emploi des conscrits titulaires de diplômes universitaires.

réactionnaires et antinationaux ont compris qu'ils n'avaient aucune perspective de s'emparer du pouvoir par des voies démocratiques. Leur désespoir se traduit par des actes de violence : ils se livrent, bien maladroitement, à tous les agissements déshonorants qui caractérisent les factieux. Des puissances ennemies leur fournissent de l'argent, quelques armes pour assassiner les villageois. On voit bien que l'action directe ne leur donne que l'occasion de se salir les mains sans grand profit.

Il convient de reconnaître, en revanche, que les féodaux anti-iraniens sont parvenus à monter une gigantesque campagne de mensonges, assurément une des plus munificentes de notre époque qui paraissait saturée. Les fausses nouvelles largement diffusées – que l'on dément avec lenteur et rancune – les journaux, fondés sur des rumeurs sans lieu ni date, et même l'astrologie sont combinés aux commérages pour ternir dans le monde la renommée de l'Iran.

Il sera d'autant plus permis de regretter le crédit parfois consenti à des ombres de rumeurs que, si les Iraniens ont un roi responsable de justes réformes, les communautés internationales trouvent en lui un roi ouvrier de paix.

En effet, quand Proche et Moyen-Orient entendent passer bien des traîneurs de sabre, force est de constater que la diplomatie iranienne n'a pas pris une seule initiative de guerre.

Il est certain, d'autre part, que l'armée iranienne est forte, entraînée, efficace. Elle décourage évidemment toute agression contre le territoire de l'Iran. Mais il convient d'ajouter qu'elle est disciplinée et directement soumise à l'autorité royale. Pour ce qui est des dépenses militaires, Mohamed Reza Pahlavi a consacré une partie du budget de la défense nationale à créer un fonds mondial pour la lutte contre l'analphabétisme. Cette initiative a été très généralement approuvée et très peu suivie.

Ouvrier de paix, ce roi montre une volonté systématique de travailler avec tous les services de coopération internationale, même quand ceux-ci rencontrent de vives contestations. A l'ONU, à l'UNESCO, à la FAO, à l'OMS, l'Iran ouvre largement et généreusement ses portes.

En définitive, peuple et roi d'Iran apparaissent comme fortement associés dans le noble parti pris d'une civilisation humaine. Le peuple et le roi ont entrepris une gigantesque réforme sociale sans procéder – comme cela s'est fait ailleurs – au massacre de plusieurs millions de personnes.

Le roi et ses ministres s'efforcent avec une anxieuse vigilance de mettre en route l'industrialisation de leur pays sans passer par les phases abjectes du 19ème siècle européen, où les Parlements usurpaient tous les pouvoirs, où les travailleurs devenaient prolétariat.

Il serait parfaitement navrant que l'opinion française ne reconnaisse la réalité des changements sociaux que dans la mesure où ils s'accompagnent de l'horreur sanglante et baroques des hécatombes.

Un grand féodal (dont la plupart des terres ont été données aux paysans et qui a dû renoncer à une part de son luxe), un jeune étudiant riche (très conscient de ses appétits, de ses prétentions, qui tire son « chic » vestimentaire du monde occidental et son « chic » intellectuel du monde socialiste), un aimable fossile (qui préfère au Coran le journal officiel des Parlements surannés), ne sauraient approuver le gouvernement efficace d'un roi moderne oeuvrant pour son pays.

Les uns et les autres rêvent de la restauration de leurs privilèges, les délices des universités transformées en cirque où des minorités actives détruisent rapidement les matériels scientifiques dont ils dépouillent le peuple d'aujourd'hui et le peuple de l'avenir. Les uns et les autres, qui ne peuvent s'accorder sur rien, sinon sur le retour à l'ancien régime d'un Parlement antidémocratique, s'opposent aux réformes voulues par le peuple et décidées par le roi.

On attendra cependant d'un honnête homme, quelle que soit son origine, qu'il tienne ces avis intéressés pour ce qu'ils valent : en somme, qu'il veuille et qu'il sache examiner sans préjugés.

--

A PROPOS DE L'IRAN

10 juillet 1974

A un excellent article d'Arnaud Fabre sur l'Iran[114], qui appelle une large approbation de tout public raisonnable, il conviendrait d'ajouter quelques informations et commentaires, quelques esquisses de réponse à certaines questions posées.

À propos de la réforme agraire iranienne, force est de constater qu'il s'agit non seulement de l'une des plus grandes, mais probablement d'une expérience unique au XXe siècle. La terre a été effectivement distribuée aux paysans sans que l'on assiste à cette occasion au double phénomène que ce partage a si souvent entraîné : la terreur sanglante et la destruction de l'économie. Il y a plus : cette réforme n'a pas été importée de l'étranger. Elle a été conçue et exécutée par des Iraniens. Pour la mettre en place, le Shah avait choisi un homme d'un rare mérite, le Dr Arasandjani. Nous nous souvenons très bien de son sourire amusé quand il évoquait, pour les lecteurs de la *Nation Française*, le passage des experts « internationaux », aussi pédants et aussi ruineux que des médecins de Molière. Fort de l'appui du Shah, le Dr Arsandjani appliqua un plan pragmatique, utilisant spontanément l'empirisme organisateur.

---

[114] N.A.F. du 3 juillet 1974

Pareille réforme ne put   être entreprise qu'en bafouant le pouvoir tyrannique du Majlis (parlement) qui était alors la citadelle des grands féodaux et des représentants des grands intérêts étrangers plus ou moins colonialistes et impérialistes (qu'il s'agisse   des intérêts russes, anglais, américains, voire même nassériens et allemands). La procédure du référendum de recours direct à l'ensemble du peuple iranien, permit au Shah d'être un roi moderne, c'est-à-dire un roi qui règne et qui gouverne. Un roi moderne, dépositaire des richesses de la tradition, agit dans le présent selon les perspectives qui s'ouvrent pour l'avenir. C'est pourquoi il paraît inexact de dire qu'il est méprisant pour l'intelligentsia. Mohamed Reza Shah a encouragé avec une vigilante insistance l'ouverture de nombreuses universités. Il se fait présenter chaque année les diplômés de toutes les disciplines qu'il tient à saluer personnellement. Les postes de responsabilité dans l'enseignement public, l'administration et l'Etat sont très souvent dévolus à des hommes très jeunes et très compétents. En revanche, il est certain qu'il ne manifeste aucune admiration pour les « blousons dorés » qui vivent dans la nostalgie des désordres passés. Pour lui les jeunes traîtres doivent trouver le sort que méritent les traîtres. Il ne compose guère avec les criminels d'Etat.[115] Les admirateurs de Louis XI, de Richelieu, de Louis XIV, pourraient-ils contester semblable règle de gouvernement ?

Pour ce qui est du « modèle de développement américain », l'imitation iranienne n'est pas aveugle. Elle se veut, dans l'élite de la nation, critique et éclectique. Sous la pulsion de la Reine, le pays redécouvre sa tradition vivante en architecture, en peinture comme dans les arts d'ornementation. Il est sûr toutefois que la « manière de vivre américaine »[116] demeure une très grave menace pour la

---

[115] Le Shah a cependant gracié les promoteurs d'attentats dirigés contre sa vie, en particulier les conjurés du Palais de Marbre en 1966.

[116] Une revue de luxe, édition iranienne, imprimée sur papier glacé, recrutant parmi les féodaux émigrés, est publiée « librement » aux Etats-Unis sous le titre de *Iran Free Press* (sic). Elle jouit des faveurs de la C.I.A. et du gauchisme international.

civilisation iranienne comme pour la française. Il reste qu'en Iran comme en France la monarchie représente seule l'espoir d'en triompher.

--

LES INTÉRETS CONTRADICTOIRES
DES ENNEMIS DE L'IRAN

Janvier 1979

L'essor économique de l'Iran, l'expression de son influence politique, la prodigieuse réussite de l'ensemble des réformes voulues par le Shah est approuvé par le peuple iranien (justement désigné sous le nom de *Révolution blanche* [117] ne laissaient pas de faire bien des envieux. L'armée puissante bien entraînée, loyale, les frontières bien défendues d'un pays cependant pacifique, ce n'était guère un tableau réconfortant pour les systèmes républicains qui offraient en repoussoir leurs collections de putsch et de coup d'Etats sanglants, à Bagdad, à Lisbonne, à Kaboul, la perfection demeurant à la malheureuse Prague, dotée, malgré elle, des splendeurs marxistes, « grâce » à la présence d'une armée permanente d'occupation. Depuis 1962, la fortune du Shah et de la nation iranienne avait quelque chose d'insolent. Il convient d'ailleurs de reconnaître que hargne et jalousie ne s'exprimaient pas seulement du côté communiste. Les Etats-Unis s'inquiétaient, selon leur bienveillance traditionnelle, à l'égard de leurs alliés, de la trop bonne santé de l'Empire iranien. En outre, la Grande-Bretagne s'inquiétait – et s'inquiète toujours - de la volonté patriotique du Shah. Ce dernier veut en effet, réintégrer progressivement dans le patrimoine iranien les richesses accaparées par le *Consortium* (quatorze compagnies pétrolières dominées par la British Petroleum)[118]. C'est dire que la crise actuelle apparaît comme

---

[117] Les principales têtes de chapitre étant : la réforme agraire, l'armée du savoir, l'armée de l'hygiène, la nationalisation des eaux et forêts, l'émancipation des femmes.

[118] Selon le ministre de l'Information Tehrani, cité par *Keyhan*, c'est la

« *un orage longuement désiré* » par les ennemis de l'Iran au nombre desquels l'exactitude impose de compter quelques-uns de ses « alliés ».

Cette crise si attendue a des causes intérieures assez minimes et qui paraissent faciles à surmonter. Elle trouve aussi des causes extérieures permanentes et redoutables. Elle connaît enfin des causes immédiates, elles aussi extérieures, que les Iraniens pourraient aisément neutraliser.

Parmi les causes intérieures, il convient de noter le changement de calendrier. Intervenu sur le conseil des plus ardents nationalistes, il renonçait à l'emploi du comput de l'Hégire solaire. Il le remplaçait par un autre, celui qui prend pour origine la fondation de l'Empire perse par Cyrus II le Grand (1978 correspondant à 2536). C'était prendre de la sorte une mesure objectivement révolutionnaire, bousculer les références de la vie privée. Par une heureuse réaction, le Premier ministre du Shah, M. Shérif Emami, a restauré le calendrier de l'Hégire solaire, celui qui convient le mieux aux Iraniens (1978 correspond à 1356).

Des censeurs aussi malveillants que peu informés ont reproché au gouvernement du Shah des importations alimentaires massives. Il est exact que l'Iran exportait, avant la réforme agraire, ses denrées en excédent. On oublie simplement de dire que le système antérieur organisait la famine – constitutionnelle, féodale, démocratique et parlementaire. A l'opposé, la Révolution blanche – bridant le Parlement et méprisant la démocratie verbale comme la « liberté » de mourir de faim, organisait l'abondance pour l'ensemble de la population. Il est donc scandaleux de lire, sous des plumes occidentales, l'éloge intempestif de la pénurie, de l'austérité, voire de l'ascèse – pour les autres, bien entendu.

B.B.C. qui a déclenché et soutenu la grève des travailleurs iraniens du pétrole pour forcer le Shah à reconduire le traité avec le *Consortium*.

Il faut bien parler de la corruption. Il y en a en Iran – et c'est regrettable – comme dans le reste du monde. Mais quand on constate le niveau gigantesque qu'elle atteint dans les démocraties occidentales, aux Etats-Unis (police de la drogue et des mœurs, financement des syndicats et des élections), en Grande-Bretagne (affaire Thorpe), aux Pays-Bas (pots-de-vin dans un pays sans vigne), dans tous les pays dits socialistes, dans les républiques françaises (des Grands Ancêtres jusqu'à nos jours) etc., il convient d'être modeste dans nos prétentions à enseigner la morale. Autrement, selon le mot de Léon Bloy, il y aurait de quoi faire « hennir les constellations ».

Bien plus graves sont les causes extérieures qui constituent une menace de toujours. La principale vient de la volonté de conquête soviétique qui entend terrasser l'Occident en le coupant de ses sources d'énergie. Pour le communisme international, la chute de l'Iran est un jalon indispensable dans sa route vers l'hégémonie universelle.

Jusqu'à présent, toutefois, cela ne paraissait guère possible, ni même vraisemblable. Les communistes iraniens (Hezb-é-Toudeh) ne forment qu'un très petit nombre de fanatiques sans audience populaire : le marxisme athée se brise sur le roc de la foi musulmane. D'autre part, les communistes russes se souviennent avec amertume, que – après l'échec du coup d'Etat prosoviétique, l'ambassadeur Lavrentiev avait tenté de se tuer, à Téhéran, le 31 août 1953. Mais, le communisme a compris dès lors que l'attaque frontale ne servait à rien, qu'il fallait miner la religion de l'intérieur. De là, l'invention du « marxisme musulman » et du « christianisme communiste », monstres intellectuels destinés à intoxiquer les âmes par des mensonges inlassablement répétés. De là, aussi le noyautage des théologiens chi'ites iraniens, analogue à celui du clergé catholique français. L'œuvre de l'écrivain fantaisiste Ali Shariati (1934-1977), par ses erreurs, ses omissions, ou ses mensonges volontaires, allait fournir aux communistes une arme suffisante pour confondre le politique avec le religieux « pour opposer à Dieu l'intérêt de Dieu même » comme le fait dire superbement Corneille à son Polyeucte et comme font partout et toujours les chrétiens progressistes.

Mais dans les causes immédiates de la crise iranienne, il importe de citer le « libéralisme » imbécile, la « démocratisation » exigés par l'allié américain. On n'a jamais vu une troupe promise à la victoire élire ses officiers avant le combat : nous n'avons pas connaissance de passagers de l'aviation civile qui auraient élu leurs commandants de bord. Avec l'obstination propre aux débiles, c'est bien ce que le président Carter a exigé et obtenu de l'Iran. Et comme les leçons ne servent de rien à certains êtres, la « libéralisation » reste l'insistant et stupide conseil américain devant une nation en péril de mort. Une vraie libéralisation pouvait certes intervenir pourvu que fussent remplies certaines conditions : que le péril fût moindre ; que le Shah eût pris cette décision à son heure, en toute indépendance et non selon la pression indécente de l'étranger.

L'orage iranien a un sorcier. Comme beaucoup de sorciers, il porte un nom rassurant et exerce un métier respectable ; cependant, malgré ses titres de théologien, M. l'ayatollah Rouhollah Khomeiny ne saurait être tenu pour un homme de foi. Il venge en effet des injures personnelles, il n'accepte pas que son pays prospère malgré lui et contre ses amis. Hôte abusif de la France, il s'est très vite révélé sous son atroce réalité : fabricant de cadavres, vendeur et exploiteur de morts, organisateur des pompes funèbres et dictateur des cérémonies du deuil de son pays. Dans sa magnanimité, il est prêt à résister au Shah, de loin, et jusqu'au sang du dernier Iranien. Pour quelle cause ? Pour l'instauration du cléricalisme en Iran, ce dont les musulmans iraniens n'ont jamais voulu. Après avoir dit au Shah, il redit à certains Français soucieux de l'honneur national, les fortes paroles d'un Tartuffe en turban :

> « *C'est à vous d'en sortir, vous qui parlez en maître,*
> *La maison m'appartient, je le ferai connaître.* »

Il menace et déclare :

« … j'ai de quoi…
Venger le ciel qu'on blesse, et faire repentir
Ceux qui parlent ici de me faire sortir. »

La France a connu, au cours des guerres de religion, pareilles ambitions frénétiques et cléricales. Pour barrer la route à Henri IV, le cardinal Charles de Lorraine s'était même fait sacrer roi dans une église de Paris, sous le nom de Charles X. C'était, comme à Téhéran, le détournement ambitieux et cynique d'une foi populaire fervente mais aveuglée.

Considérons maintenant le projet de « république islamique » dont parle M. Khomeiny. On ne saurait dire qu'elle est impossible – les monstruosités nazies, celles des goulags ont été et demeurent possibles. Mais elle récuserait en un instant vingt-cinq siècles d'histoire de l'Iran qui montrent à l'évidence une relation organique entre la Religion et la Monarchie. Nous n'insisterons pas, ce serait cruel, sur ces deux républiques qui ont déjà existé en Iran, en 1946. Il s'agissait de deux Etats fantoches, la République de Tabriz et celle de Mahabad qui s'effondrèrent dès le départ des troupes d'occupation soviétiques. Examinons plutôt les grandes phases de l'histoire iranienne et, sans accabler nos lecteurs d'une masse de détails, retenons cependant l'essentiel.

C'est la monarchie achéménide qui a fait l'Iran, premier empire « moderne », première nation « moderne » de l'histoire universelle. Les Achéménides, de religion mazdéennes, croyaient en un Dieu unique qu'ils évoquaient et invoquaient dans leur palais. Ils ont régné du Vè au IVè siècle avant Jésus-Christ.

Pour ce qui est de l'Islam chi'ite (c'est-à-dire légitimiste, partisan de la descendance légitime de Mahomet), il devient religion d'Etat en 1501, l'année même où Shah Ismaïl se proclame Roi de Perse et fonde la dynastie safavide qui durera jusqu'en 1738. Shah Ismaïl descendait du Sheikh Safi-od-dîn, du XIVème siècle qui se rattachait directement au septième imam chi'ite, Moussa Kazem. C'est ici qu'il convient de parler du providentiel Ali Shariati « musulman marxiste » ou mieux « musulman » fait sur mesure pour les marxistes. Pour M. Yann Richard qui s'en fait l'hagiographe dans les *Nouvelles Littéraires* [119] : « De nouvelles formes de dévotion, jugées aberrantes par Shariati, auraient été, du temps des Safavides, selon lui, empruntées au christianisme, par exemple la commémoration du martyre de Hussein (*taziyé*), copiée des mystères de la chrétienté médiévale. »

Plus loin, page 25, col. 2, M. Yann Richard nous avoue à propos de son grand homme : « Shariati semble négliger d'autre part l'histoire de son propre pays ; il fait la confidence qu'il n'aimait pas cette discipline (…) au cours de ses études. » Cet aveu paraît à peu près inutile quand on constate le fait historique suivant : dès le Xème siècle, les princes iraniens Bouïdes faisaient commémorer le martyre de Hussein et de sa famille à Kerbela. On voit donc que cette prétendue déviation du chiisme primitif n'est autre que la fidélité au chiisme véritable et profond. On voit aussi que l'ignorance de Shariati sert parfaitement sa mauvaise foi et lui permet à côté du chiisme réel, celui des Safavides, d'en fabriquer un autre, imaginaire celui-ci, qu'il nomme *chiisme alavite* – et qui n'est doté que d'un nom.

Ce que personne ne saurait contester, c'est que sous la dynastie Pahlavi, le chiisme est toujours religion d'Etat. L'Empereur, la famille impériale sont musulmans chi'ites et observent les commandements religieux. En revanche, la dynastie a toujours refusé tous les empiètements cléricaux. A côté de l'Islam chi'ite, la dynastie reconnaît officiellement l'Islam sunnite, le zoroastrisme, le judaïsme, le christianisme. Seul le béhaïsme (ou babisme), sans être interdit, se voit invité à une certaine discrétion.

---

[119] Numéro du 7 décembre 1978.

L'orage de destruction qui paralyse momentanément l'Iran trouve une caisse de résonance dans ce qu'il est convenu d'appeler la presse internationale. Ce que ne saurait faire la seule ignorance, la malveillance, le truquage et la fraude le font au besoin. Les « télex » des agences de presse, câblent d'Iran de nombreuses favorables au Shah et à son régime. Elles ne sont presque jamais répercutées dans la presse écrite, et la radio ne les mentionne pas. Il y a décidément beaucoup de monde pour inviter l'Iran à mourir.

Dans une première phase, les ennemis de la nation iranienne ont masqué les féroces contradictions de leurs intérêts. Ils veulent abattre la monarchie, instrument des l'indépendance et moyen de la pérennité de l'Iran. Pour cela les alliances les plus monstrueuses sont déclarées « saintes » et ces ventriloques prêtent au peuple leur propre voix.

Dès lors que leurs agissements criminels leur sembleraient en passe de l'emporter, une discorde ouverte éclaterait entre eux – Florence, sur la place de la Seigneurie, a marqué l'emplacement du bûcher de Savonarole. Il se peut que l'histoire ne retienne même pas le nom de M. Khomeiny. Quant aux petits et aux grands Messieurs du *Front National,* nostalgiques des échecs et de l'impuissance de Mossadegh, leur succès apparent ne les laisserait pas longtemps « nombriliser » et « bombiciner » ; les marxistes les mettraient bien rapidement au pas et sous la férule barbare de leurs « délicieux compagnons de route », ces cabotins pathologiques disparaîtraient de la scène peu de temps après le sabordage de leur nation.

Il reste que le pire n'est pas toujours sûr. L'orage pourrait s'écarter et l'épreuve aurait, une fois les plaies pansées, des effets salutaires.

Dans cet espoir – et ne possédant pas le don de prophétie – deux choses nous paraissent certaines car elles s'inscrivent dans les faits. En premier lieu, c'est que la monarchie impériale gêne les vautours qui veulent dépecer l'Iran. L'Iran est riche. C'est intéressant. Il a été, dans l'ensemble – et en tenant comte de toutes les erreurs, les imprudences, les fausses manœuvres – un des pays les mieux gouvernés du monde. D'autre part, l'esprit d'indépendance du Shah embarrasse les Américains : s'il leur achète des armes, c'est que ce sont les meilleures, mais c'est à des entreprises françaises qu'il commande la construction du métro de Téhéran, à des ingénieurs français, la construction de centrales atomiques. C'est peut-être ce dernier fait qui aurait poussé l'excellent M. Kissinger à jurer sa perte comme il a décidé celle de M. Zulficar Ali Butho, du Pakistan voisin. Nous pouvons dire de Mohamed Reza Shah Pahlavi que c'est un grand homme, un grand roi, qui a fait de grandes choses *en régnant et en gouvernant*. Au moment où il reçoit des coups de pied de l'âne de ceux-là qui le craignaient, nous ne saurions être, semble-t-il, suspects de flagornerie.

Il est évident, en second lieu, que la *cambodgisation* menace Téhéran. « Etrangers, allez-vous en, laissez-nous assassiner en paix », disent à peu près des tracts en langue anglaise distribués dans les boîtes aux lettres de la capitale. Comme à Phnom Penh et à Saïgon, les héritiers de Caïn ne veulent pas être vus en train de massacrer. Si l'Iran s'effondrait, les bourgeois repus de Londres, Paris ou Francfort, qui lisent et restent à gauche, qui refusent de comprendre même quand l'événement s'impose à leurs yeux, prendraient, comme les bourgeois du Cambodge et le peuple vietnamien le chemin des catacombes qu'ils ont eux-mêmes creusées. Si l'Iran résiste, il faudra rendre grâce à Dieu. Il faudra aussi, en résistant nous-mêmes, faire en sorte que la résistance de l'Iran et la nôtre triomphent de tous les assauts qui redoubleront.

--

LES « PRINCIPES » STUPÉFIANTS

DU DICTATEUR « IRANIEN »

Octobre 1979
La Revue Universelle

Depuis quelques semaines le grand public français peut lire des écrits divers de M. Khomeiny traduits, choisis, réunis et présentés par Jean-Marie Xavière.[120] Le bourreau de l'Iran apparaît ainsi comme un homme de principes. Il y a en effet une même logique qui préside à ses textes comme à ses actions : la « raison » frénétique d'un assassin pressé. Un examen un peu approfondi nous montrera cependant s'il s'agit ou non de préceptes authentiquement musulmans.

Il est bien entendu que nous ne traiterons pas des prescriptions rituelles dont la crudité de formulation a pu effaroucher une partie des commentateurs occidentaux. Il ne s'agit de rien d'autre que d'une obscure compilation de règles dans l'ensemble orthodoxes. Là notre « Ayatollah » ne s'éloigne pas de la tradition islamique elle-même très voisine de la loi mosaïque comme des manuels des confesseurs dans le catholicisme. L'emploi du persan, de l'hébreu ou du latin peut voiler sans escamoter l'aspect protéiforme des péchés. Sur ces textes, il ne semble pas qu'il y ait lieu d'être scandalisé ou étonné. Mais il en va tout autrement dans la partie personnelle, « riche » des innovations de cet étrange théologien : tout y est marqué du sceau de la haine qui s'accompagne du terreau ignoble qui la produit et des crimes qu'elle provoque.

Dans *Valayaté-faqîh* [121] M. Khomeiny donne libre cours à sa haine. Elle porte contre l'Occident, contre les Juifs, contre la science orientaliste. Cette haine s'accompagne d'une ignorance épaisse qui pourra surprendre les plus blasés.

---

[120] *Principes politiques, philosophiques, sociaux et religieux de l'ayatollah Khomeiny* aux Editions Libres-Hallier.

[121] Le domaine du juge religieux ; M. Xavière préfère traduire par le *Royaume des doctes.*

Notons d'abord le couplet qui concerne l'Occident.

« L'Europe (l'Occident) n'est qu'un ensemble de dictatures pleines d'injustices ; l'humanité entière doit frapper d'une poigne de fer ces fauteurs de troubles si elle veut retrouver sa tranquillité. Si la civilisation islamique avait dirigé l'Occident, on ne serait plus contraints d'assister à ces agissements sauvages indignes même des animaux féroces. »

On appréciera au passage le creux de la pensée et la violence du ton.

L'antisémitisme se manifeste plus loin : « Nous constatons aujourd'hui que les juifs – Que Dieu les abaisse ! – ont manipulé les éditions du Coran publiées dans leurs zones d'occupation. Il nous faut protester, attirer toutes les attentions, pour enfin faire comprendre au monde que ces juifs et leurs souteneurs ont pour dessein de détruire l'Islam et d'établir un gouvernement universel juif ; et comme il s'agit d'un peuple rusé et actif, je crains – que Dieu nous en garde à tout jamais ! – que tôt ou tard ils n'arrivent à atteindre ce but, que par la faiblesse de certains d'entre nous, nous nous retrouvions avec un gouvernant juif – que Dieu nous en préserve ! » Pareille diatribe se passe de commentaires qui ne pourraient que l'édulcorer.

Ailleurs la haine s'exerce contre l'orientalisme : « Des savants orientalistes, agents à la solde de l'impérialisme, oeuvrent pour transformer les vérités islamiques. » On constatera ici combien cette haine s'accompagne d'ignorance ou de mensonge par omission : nombreux sont en effet les orientalistes qui éprouvent de la passion pour l'objet de leur étude. Mais il ne manque vraiment rien à ce nouvel obscurantisme : «… Vous, les jeunes de la nouvelle génération, tâchez de réfléchir mieux. Cessez de vous orienter vers la science et ses lois qui ont conduit beaucoup d'entre vous à négliger leurs responsabilités majeures ! » (sic) On le voit, la science elle-même est suspecte : la

République « iranienne », comme la République « française » du 18ᵉᵐᵉ siècle, n'a pas besoin de savants.

Une conclusion s'impose après la prédication de tant de haine : l'appel à la « guerre sainte ». Entendons-nous bien, il ne s'agit pas d'une guerre de légitime défense, encore moins de la *jihàd* suprême exaltée par les plus grands théologiens de l'Islam (celle que l'on mène contre soi-même et contre ses péchés), il n'est question que de la guerre de conquête, la guerre picrocholine :

« La guerre sainte signifie la conquête des territoires non musulmans. Il se peut qu'elle soit déclarée après la formation d'un gouvernement islamique digne de ce nom, sous la direction de l'Imam ou sur son ordre (…) »

Cette guerre a d'ailleurs déjà commencé sous la forme économique, religieuse, mais « intellectuelle » serait trop dire quand il s'agit de M. Khomeiny.

Si les Chrétiens et les Juifs sont si maltraités par ces coreligionnaires, on pourrait attendre de meilleures manières en ce qui concerne les nations et les chefs d'Etats musulmans. Il n'en est rien. Musulmans, ils n'en sont que plus suspects de vouloir trahir la « sainte » cause de M. l'Ayatollah.

« La foi et la justice islamique exigent de ne pas laisser survivre, dans le monde musulman, les gouvernements anti-islamiques ou ceux qui ne se conforment pas entièrement aux lois islamiques… Pour ce faire nous n'avons d'autre solution que de renverser tous les gouvernements qui ne reposent pas sur les purs principes islamiques et sont donc corrompus et corrupteurs ; de démanteler les systèmes administratifs traîtres et pourris, tyranniques et injustes qui les servent. C'est non seulement notre devoir en Iran, mais c'est aussi le devoir de tous les musulmans, de mener la Révolution Politique Islamique à la victoire finale. »

Un adoucissement à ce projet belliqueux et fratricide : c'est le cas de la soumission, celui où les monarques et présidents des républiques du monde musulman reconnaîtraient « enfin la justesse de notre cause » et par là même se soumettraient « à nous ». Ceux-là, « bien entendu, nous n'avons pas l'intention de les destituer de leurs fonctions ; nous leur laisserons le pouvoir s'ils se montrent obéissants et dignes de confiance. » A de telles conditions le maintien au « pouvoir » est parfaitement déshonorant. Il apparaît avec clarté que M. l'Ayatollah offre à ses coreligionnaires des pays amis l'ingérence et la subversion perpétuelles en témoignage d'entente et de paix.

Cette haine cordiale et permanente à l'égard des Chrétiens et des Juifs, ce mépris à l'égard des Zoroastriens (en somme tous ceux que la *Sunna* nomme les gens du Livre : *ahl el kitâb*), cette fraternité hargneuse à l'égard des Musulmans, un seul principe de M. Khomeiny en rend compte : il s'agit d'un péché capital, du plus grave des péchés. Ce « péché » s'accompagne très bien de l'ignorance aggravée par l'obscurantisme.

L'ignorance de M. Khomeiny lui fait situer Empédocle à la Cour du roi David (et l'étourderie de M. Xavière le pousse à placer Agrigente en Grèce). De même pour M. l'Ayatollah, Pythagore est un contemporain de Salomon.

L'obscurantisme de M. Khomeiny lui fait condamner la musique :

« Nous affirmons que la musique engendre l'immoralité, la luxure, la dévergondage, et étouffe le courage, la bravoure, l'esprit chevaleresque ; elle est interdite par les lois coraniques et ne doit pas être enseignée dans les écoles. »

Son obscurantisme le pousse à ensevelir vivantes les femmes iraniennes en imposant le port du voile : « Nous affirmons avec force que le comportement honteux qui consiste à refuser le port du voile est contre la loi de Dieu et du prophète et est une atteinte matérielle et morale pour le pays entier. » Les lois impériales qui avaient rendu la sécurité et la dignité aux femmes iraniennes sont abrogées selon une double illégalité puisque M. l'Ayatollah donne à cette abrogation un effet rétroactif :

« La loi dite de protection de la famille, en vigueur depuis quelque temps en Iran, est radicalement opposée à l'esprit islamique. Elle a été votée par les deux Chambres illégales et toute femme qui au terme de cette loi a pu obtenir le divorce est considérée comme étant toujours mariée. »

C'est avec l'erreur et même la monstruosité que se combine l'obscurantisme quand M. Khomeiny fait part au lecteur de ses opinions sur les délits et les crimes. Tout se rassemble dans un paragraphe très significatif.

« On prétend que flageller un coupable, donner 80 coups de fouet à un buveur de vin ou 100 coups de fouet à l'homme ou la femme adultère, lapider la femme adultère si elle est mariée, revient à commettre un acte barbare ; mais que condamner à mort un trafiquant d'héroïne n'est que justice. »

Ainsi donc, dans l'échelle des valeurs de M. L'Ayatollah, la consommation du vin et l'adultère sont des péchés de gravité analogue. C'est oublier que le Coran exalte le vin comme une faveur divine (XVI, 69), que le théologien musulman Djelal-Eddine pense que le prophète défend seulement l'excès du vin. En tout état de cause, le vin est interdit, ou plus exactement déconseillé (V, 92), mais il n'est pas « impur » ainsi que l'affirme M. Khomeiny.

Incapable de comprendre l'esprit d'une loi religieuse, M. l'Ayatollah ne saisit pas que si le vin est désapprouvé, un poison mortel comme l'héroïne doit être interdit avec la dernière rigueur.

Toute la bonté de cet étrange théologien stupéfiant, de ce théologien des stupéfiants (« l'opium et le haschich ne sont pas impurs ») se limite à s'apitoyer sur le sort des trafiquants d'héroïne justement condamnés par la justice du Shah.

La conception obscurantiste de la justice mérite elle aussi une citation étendue :

« La justice islamique est basée sur la simplicité et la facilité. Elle résout tous les différends d'ordre pénal ou civil de la façon la plus commode, la plus élémentaire et la plus rapide qui soit. Il suffit d'un seul juge islamique se rendant dans une ville accompagnée de deux ou trois exécuteurs, d'une plume et d'un encrier pour rendre son jugement sur n'importe quel cas et le faire mettre immédiatement à exécution. Voyez ce qu'il en coûte actuellement comme temps et comme argent à la société occidentale avec toutes ces procédures judiciaires qui entourent un jugement, au nom des principes étrangers à l'Islam. »

Nous avons connu en France une justice analogue : celle des athées de 1793 ; et nous avons une illustration littéraire – si terriblement prémonitoire, dans la justice du Père Ubu.

Selon une perspective strictement musulmane et dans la tradition de l'Islam chi'ite, M. Khomeiny commet une usurpation blasphématoire quand il prétend avec arrogance « qu'il est investi par le Tout-Puissant du même mandat que le Saint Prophète, pour guide le peuple » et quand il ajoute « c'est alors le devoir absolu du peuple de lui obéir »

En vérité, M. Tartuffe, chez Molière et en Iran, trompe encore mieux les bourgeois que le peuple. Ce sont les bourgeois du Bazar de Téhéran – et leurs confréries – qui ont porté Khomeiny à son pouvoir usurpé. La sinistre expérience a été faite corroborée par des écrits qui paraissent authentiques : M. Khomeiny présente à l'Iran et au monde une caricature mensongère de l'Islam. Destructeur de la nation iranienne, son usurpation blasphématoire est pire que tout aux yeux d'un vrai musulman. C'est un Anti-Mahomet.

--

MOHAMMED REZA PAHLAVI,
Grand Roi de patriotisme absolu

décembre 1979

Si des devins avaient voulu dresser l'horoscope de Mohammed Reza, fils aîné de Reza Shah le Grand, ils auraient pu se fonder sur l'histoire de la Perse millénaire. Dans son *Discours sur l'Histoire Universelle*, rédigé pour l'instruction du Dauphin, Bossuet rappelle que la manière dont on élevait les enfants des rois est admirée par Platon : dès l'âge de sept ans, on les faisait monter à cheval et on les exerçait à la chasse. A l'âge de quatorze ans, on leur donnait quatre précepteurs. Le premier leur apprenait la religion de Zoroastre ; le second les accoutumait *à dire la vérité* et *à rendre la justice* ; le troisième leur enseignait à ne pas se laisser vaincre par les voluptés afin *d'être toujours libres et vraiment rois* : maîtres d'eux-mêmes ; le quatrième fortifiait leur courage contre la crainte qui en eût fait des esclaves et leur eût ôté la confiance si nécessaire au commandement.

Le fondateur de la dynastie Pahlavi a veillé à la formation de son héritier, à l'exemple de l'Empire perse. A vingt cinq siècles de distance, il l'initie à l'équitation ; il lui communique l'horreur du mensonge, il lui donne l'exemple de la vénération de l'Imam Reza à Méched ; il obtient qu'il reçoive une formation militaire qui lui servira tout au long de son règne ; il insiste sur la nécessité de rendre la justice ; il l'invite à rester toujours libre et à sacrifier ses sentiments privés à l'intérêt supérieur de l'Etat. Forcé à abdiquer en 1941 par la Grande-Bretagne, il laisse au Prince un message essentiel, enregistré sur un disque : *Mon fils, n'ayez peur de rien.*

Mohammed Reza, Shah d'Iran, a commencé son règne dans la tristesse. En 1941, son pays était occupé et son père déporté. Mais son courage fut immense et ses trente-huit années de règne furent celles d'accomplissements prodigieux pour une renaissance. Il ne fit célébrer son couronnement qu'en 1967, après vingt-six ans de règne, l'indépendance politique et économique vraiment recouvrées.

Sa manière de gouverner correspond sur un autre point à celle des Perses. Aucune xénophobie, aucune servilité. On pourrait encore citer Bossuet : *Les Perses étaient honnêtes, civils, libéraux envers les étrangers et ils savaient s'en servir. Les gens de mérite étaient connus parmi eux et ils n'épargnaient rien pour les gagner...*

Nous disposons d'un volume d'entretiens accordés par le Shah au journaliste Olivier Varin, en 1976.[122] Ce document paraît infiniment précieux car le lecteur ressent la même impression que devant les *Essais* de Montaigne : la franchise extrême du Roi fait que nous le connaissons à la fois dans sa vérité et dans sa légende. On découvre toutes les nuances de ce qu'on pourrait appeler son *patriotisme absolu*, c'est-à-dire *parfait*. Si on le compare aux autres souverains qui ont régné au XXè siècle, il est assurément le plus grand, le fameux grand Roi dont parlaient les cités grecques au temps de Cyrus.

Comme Louis XIV, il était intraitable avec les *importants* de ce monde et d'un dévouement extrême à l'égard des humbles. Un sinistre coup d'Etat aura mis fin à son règne effectif en 1979 et des puissances ennemies ont littéralement assassiné un Iran en plein essor, gouverné avec justice et gloire.

Cependant, à mes yeux d'étranger à l'Iran, son projet de grande civilisation reste à jamais valide dans l'histoire des nations. Son nom, sa gloire, son Iran, héritage de l'humanité ne périront pas.

---

[122] Mohammed Reza Pahlavi, Shah d'Iran *Le Lion et le Soleil*. Entretiens avec Olivier Varin. Editions Stock, 1976

A son actif de grand réformateur notamment : Pour le peuple : la Réforme Agraire qui redistribua aux paysans (ils ne rejoindront pas la révolution islamique en 1979) les terres du clergé (dédommagé mais qui ne lui pardonnera pas) ; une alphabétisation généralisée. Pour les femmes : droit de vote et accès à toutes les fonctions de l'Etat ; pleine capacité juridique ; abolition de la polygamie. En économie : reboisement, industries florissantes (aciéries, pétrochimie…) : d'une nation endettée, il fait un pays capable de traiter et de prêter aux plus grands, le seul à proposer une aide aux pays en voie de développement. En politique : la fermeté face à l'Angleterre et aux Etats-Unis pour la nationalisation du pétrole iranien (s'aliénant les deux grandes puissances). A son passif sans doute : l'établissement d'un parti politique unique.

--

M. BANISADR, PRÉSIDENT INTÉRIMAIRE DU TERRORISME EN IRAN

Mars-avril 1980
La Revue Universelle

La révolution prétendument iranienne, comme beaucoup d'autres coups d'Etat, représente tout ce qu'on veut excepté un mouvement populaire, national et spontané. Elle a été préparée de longue date par une infime minorité de grands bourgeois, de féodaux arrogants qui ont su intéresser à leur sinistre cause quelques ayatollahs bornés, mais avides de biens temporels et brûlés par l'ambition d'exercer le pouvoir politique. Ne parlons pas des services secrets étrangers : contentons-nous en fait d'influences extérieures publiques et identifiables de noter celles d'écrivains et de sociologues de nationalité française. Ces derniers ont exercé, à l'égard de certains étudiants et émigrés iraniens, une sorte de colonialisme intellectuel ; ils les ont dévoyés par la plus artificielle des inséminations en leur imposant la pensée marxiste, la plus éloignée qui fût de la tradition et de la réalité vivante de l'Iran. Ce serait le cas, en particulier, de M. Paul Vieille.[123] Chez M. Sartre, ce serait pire encore : porteur de guerre civile rentrée, frustré jusqu'ici d'une grande victoire sanglante de l'Union de la Gauche, l'auteur du *Mur* pratiquait une sorte de voyeurisme abject, tuant d'abord par FLN interposé, tuant encore de la même manière en s'associant aux conspirations menées contre un Iran si amical et si digne d'être aimé.

Avec la presse américaine, la presse mondiale découvre émerveillée Abol Hassan Banisadr et lui prête généreusement – et de façon tout à fait gratuite – un état d'esprit libéral et une volonté d'apaisement. C'est là faire preuve de distraction ou d'ignorance coupables. Tout le bouillon de culture, la peste propre à empoisonner un grand pays renaissant, était contenu dans un petit livre intitulé *Pétrole et violence*, « terreur blanche et résistance en Iran »[124] La fine équipe actuellement en place s'y trouve au grand complet, cornaquée par M. Paul Vieille, sociologue marxiste. Sous ce nom tutélaire figurent rien moins qu'Abol Hassan Banisadr (auteur d'un long pensum aux résonances communistes : *Développement de la consommation du futur et misère*. Après l'économiste amateur, le « bourreau barbouilleur de lois », Sadegh Ghotzadeh qui joue au juriste et au fidèle de Montesquieu (sic) avec *Institutions et Pratique de la Répression*, le lecteur vigilant a droit à une déclaration de « S.E. (sic) Ayatollah Khomeiny » - il est touchant de noter au passage les attentions et l'exquise courtoisie de matérialistes athées à l'égard d'un personnage religieux - ; enfin, l'inévitable Serge Rezvani, russo-iranien (d'ailleurs bien plus Russe qu'Iranien), pornographe réputé, un des chefs spirituels du coup d'État khomeiniste spécialement accrédité auprès de la grande presse parisienne. Ce petit livre est bien précieux car il invite à une vigilance égale à l'égard de tous les maîtres-chanteurs du

---

[123] Ses efforts d'analyse marxiste, à la grande joie malicieuse de ses collègues iraniens, se heurtaient vainement à la réalité économique et humaine du Bazar de Téhéran.

[124] Aux Editions Anthropos, Paris, 1974

terrorisme iranien. Banisadr ne vaut pas mieux que Ghotzadeh qui ne le cède en rien à Khomeiny. Tous ces braves gens ne font aucune peine, même légère, au marxisme international Il y a pour cela une raison déterminante : ils en viennent. Leur docilité est telle que leurs protestations furent discrètes après l'invasion de l'Afghanistan.

C'est dire combien les illusions de M. Carter sur M. Banisadr sont dangereuses et combien ses concessions pourraient entraîner les Etats-Unis dans un engrenage mortel. Après la crise pétrolière, la clique au « pouvoir » à Téhéran polarise l'attention mondiale sur la prise d'otages américains. En admettant la « prise d'otages », en ne réagissant que de façon molle, intermittente, après des délais marquant davantage l'irrésolution que la réflexion, le président actuel des Etats-Unis mène les observateurs du monde libre – et du monde enchaîné – à un certain nombre de conclusions.

Tout d'abord, n'importe qui sait désormais qu'il peut, à travers le monde, se saisir de diplomates américains sans qu'il en coûte les moindres représailles, dans le silence gêné de leurs protecteurs naturels.

Que le chef de l'exécutif américain réunit avec une perfection rarement atteinte jusqu'ici toutes les propriétés caractérielles qui invitent les personnes sensées à décliner les charges du pouvoir.

Que sans ces conditions – et puisque le tonnerre américain s'enroue facilement – un précédent est constitué et qu'il expose les diplomates des Etats-Unis aux pires avanies tout en minant l'ordre diplomatique du monde civilisé. Et sur ce point précis même l'horreur hitlérienne est dépassée.

En imaginant un Banisadr libéral, M. Carter tombe dans ce que Bossuet appelle : « le plus grand dérèglement de l'esprit » qui consiste « à voir les choses comme nous voudrions qu'elles fussent ». Mais il n'y a pas que de la naïveté chez cet être faible. Il y a aussi de répugnantes tentations. Donnons la parole à Félix, gouverneur romain d'Arménie dans le *Polyeucte* de Corneille :

> « ... *Te dirais-je un penser indigne, bas et lâche ?*
> *Je l'étouffe, il renaît ; il me flatte et me fâche.*
> *L'ambition toujours me le vient présenter.*
> *Et tout ce que je puis, c'est de le détester.* »

Le « penser » indigne, bas et lâche, c'est la conduite à l'égard du Shah d'Iran, patriote et allié exemplaire. La presse de langue anglaise s'est faite l'écho de sordides – et vaines – tractations par lesquelles les Etats-Unis auraient demandé au Shah d'abdiquer. En effet, le gang d'assassins en place à Téhéran cherche en vain une légitimité. Ce vol perpétré par Washington mériterait salaire et l'on s'entendrait enfin entre bons démocrates et libéraux.

Il y a plus grave. Les rumeurs d' « extradition » du Shah, qui n'auraient pas la moindre base juridique, sont entretenues sournoisement par d'officieux milieux américains. Ils évoquent la fin de la tirade de Félix. Le crime de trahison commis envers un allié, un ami :

> « *J'acquerrai bien par là de plus puissants appuis*
> *Qui me mettraient plus haut cent fois que je ne suis.*
> *Mon cœur en prend par force une maligne joie.* » (III,5)

Quel beau tableau d'Apocalypse ce serait : M. Carter, livrant un allié, déshonoré aux yeux du monde et devant l'Eternel, acceptant la condamnation de trente années de politique américaine par une assemblée « internationale » de personnalités privées strictement incompétentes, récupérant presque tous les otages, triomphalement réélu pour être pendant quelques mois le dernier président des Etats-Unis. Nous ne souhaitons ni à l'Amérique, ni au monde de voir M. Carter jouer les castrats d'un opéra sanglant.

Si l'on renonce aux illusions – et à des crimes que la réalité châtierait impitoyablement – il convient de résister sans relâche. Il convient de dénonce l'illégalité, l'illégitimité de l'association de malfaiteurs encombrant et souillant l'Iran asservi. Il importe de montrer l'esclavage où l'on enchaîne à nouveau les femmes dans ce pays et de stigmatiser la fin des libertés religieuses disparues avec l'exil du Shah. Il est utile de voir que la « république » fantoche ne peut subsister avec l'aide des seuls pays marxises. Comme il a fallu le blé américain pour sauver le régime de Lénine, il faut aux tueurs de l'Iran l'aide et la considération du monde occidental. Il devient urgent de comprendre qu'il n'y a pas pour l'Iran de troisième voie. Tout se résume en une seule alternative : ou bien la république terroriste, la ruine, la subversion, le danger de conflit mondial, ou alors la monarchie retrouvée et avec elle l'indépendance, la dignité, l'unité, la paix internationale et un grandiose facteur de civilisation.

--

L'AVENIR DE L'IRAN
Messages de Reza II Pahlavi

3 juin 2004

Viennent de paraître des entretiens de Reza Pahlavi avec le journaliste Ahmad Ahrar. Pour en rendre compte, on ne saurait mieux faire que de donner la parole au roi *de jure* de l'Iran et d'inviter nos lecteurs à se reporter au livre publié.[125]

Du 27 juillet, date de la mort de Mohamed Reza Shah, au 31 octobre 1980, l'impératrice Farah aura exercé la régence. Au 31 octobre, Reza Pahlavi atteint ses vingt ans, âge de sa majorité et la constitution iranienne le fait roi. Il devient désormais Reza Shah II. En exil au Caire, depuis le palais de Koubbeh, il prête serment.

---

[125] Reza Pahlavi : *Pour l'Iran, entretiens avec Ahmad Ahrar*. Ed. Flammarion, Paris 2004.

« En raison de l'état d'exception qui existe à l'heure actuelle, la cérémonie constitutionnelle (…) est reportée au jour où, avec la bénédiction de Dieu, les conditions requises à son déroulement auront été remplies (…) Dès aujourd'hui cependant, je jure solennellement face au glorieux drapeau iranien ainsi que sur le saint Coran que, dans mes hautes fonctions, je consacrerai toute ma vie à la souveraineté nationale et à la protection des droits légitimes du peuple iranien. »

Reza II commente ainsi l'événement : « A l'époque, Jimmy Carter avait demandé à Anouar el Sadate de me dissuader de faire ma déclaration. Le président Sadate nous transmit le message sans insister pour que nous nous y conformions.

<u>Après ma déclaration, il montra son contentement à travers un sourire significatif.</u> »[126]

Le Roi en exil esquisse les grandes lignes d'un programme d'action et de salut : « Nos forces devraient être organisées pour déloger l'ennemi commun qui occupe notre maison, pour aider notre peuple à se libérer, pour faire entendre sa voix au monde, pour attirer le soutien international, pour nous allier l'opinion publique et mettre la pression sur les pays qui ne pensent qu'à leurs intérêts économiques immédiats. »

--

MÉMOIRES D'IRAN

Juillet 2016

---

[126] Souligné par nous.

Amir Aslan Afshar nous propose une histoire de son pays, l'Iran qui éclaire celle de notre propre nation et tout un pan de l'histoire mondiale contemporaine.

Construire l'histoire véritable n'est vraiment possible que si on dispose de riches documents et de témoignages véridiques. *Mémoires d'Iran*, d'Amir Aslan Afshar correspond parfaitement à cette double exigence.

Ces *Mémoires* traitent de l'Iran depuis 1935, année de l'avènement d'Hitler qui fut, rappelons-le, démocratiquement élu (M. Afshar, âgé de quinze ans, se trouvait alors à Berlin)... à la sinistre installation de M. Khomeiny, résultat des intrigues de la C.I.A. et des menées soviétiques. Il convient malheureusement d'ajouter l'aveuglement et les erreurs de quelques gouvernants français.

Amir Aslan Afshar fut député au Parlement iranien, député au Parlement iranien, aide de camp civil de Mohammed Reza Shah Pahlavi et diplomate de carrière, Amir Aslan Afshar a été délégué de l'Iran au Comité économique de l'Assemblée générale des Nations Unies (1958 à 1961), puis ambassadeur d'Iran en Autriche (1967-1969), président du Conseil des gouverneurs de l'Agence internationale de l'Energie atomique à Vienne (1968-1969), ambassadeur d'Iran aux Etats-Unis, puis au Mexique (1969-1973), en Allemagne (1973-1977) et finalement, chef du protocole de la Cour impériale et confident du Shah d'Iran jusqu'à la veille de la « révolution » islamique (1977-1979).

Il se trouvait de ce fait au cœur même de l'Histoire et la position privilégiée qu'il occupait au moment de la « révolution » islamique en 1979 en fait un témoin irrécusable du drame qui s'est joué en Iran. Avec les répercussions que l'on sait jusqu'à nos jours, non seulement dans tout le Proche-Orient et le Moyen-Orient, mais encore dans notre Europe, en butte aujourd'hui aux exactions d'un islamisme déchaîné.

Il nous offre ainsi un témoignage pourrait-on dire de première main et son analyse des faits invalide fermement l'opinion communément admise des responsabilités qui conduisirent le pays vers la « révolution ». Amir Aslan Afshar n'est assurément pas la seule personnalité proche du pouvoir et du Shah à avoir plaidé en faveur d'une réhabilitation du souverain, à avoir souligné les avancées et, à tout le moins les efforts considérables entrepris sous son règne pour accélérer la modernisation et l'indépendance du pays.

Certes, la nationalisation du pétrole (et de ses revenus) a permis un extraordinaire bond en avant, mais Mohammed Reza Shah fut un souverain à la fois courageux et tolérant. Il eut toujours les intérêts de sa patrie à cœur, veillant sur l'intégralité et la sécurité de ses frontières face, notamment, à son tentaculaire voisin soviétique au Nord, mais aussi sachant imposer sa volonté face à celle, encore colonialiste des États-Unis et de la Grande-Bretagne. Il n'eut jamais lui-même de vues expansionnistes.

À un bilan extérieur extrêmement positif, il convient d'ajouter une politique économique et sociale intérieure que pourraient bien lui envier, ou pourraient bien s'inspirer les gouvernements occidentaux : il distribua les terres agricoles aux paysans, encouragea l'instruction, libéra les femmes.

On peut rappeler que le jeune Shah avait été placé sur le trône après l'éviction de son père, Reza Shah le Grand, par les Britanniques qui voyaient en ce tout jeune homme un prince facile à manipuler. Il les surprit assurément, comme l'avait fait le jeune Louis XIV en son temps, décidant de régner par lui-même sans demander aucunement l'aval de Londres et prenant rapidement toute l'autorité qui convient à la direction d'une grande nation.

Amir Aslan Afshar détaille aussi les prémices et raisons des événements qui forcèrent le Shah à quitter Téhéran et son pays ; qui entraînèrent la chute de la monarchie et la prise du pouvoir par un régime théocratique. Il souligne la part que les Américains et, hélas le gouvernement de la France de Giscard d'Estaing ont pris dans le renversement du régime.

Les journées de 1979 sont décrites, la personnalité des acteurs dépeinte avec autant d'honnêteté que de précision : Amir Aslan Afshar a vécu ces journées, a connu les personnes dont il évoque la participation, amicale ou adverse.

Son « attachement indéfectible » au Shah est à mettre à son crédit. Amir Aslan Afshar a bien servi son souverain et, par là-même, l'Iran éternel. Il est malgré tout sans complaisance, abordant quelques sujets douloureux.

L'Iran a été depuis tant de temps l'ami et l'allié de notre pays ! Le frère cadet du Shah d'Iran, le prince impérial Ali Reza Pahlavi, qui avait d'ailleurs épousé une française, n'a-t-il pas servi comme volontaire dans l'armée française de libération ?

Comment ne pas souhaiter, ne pas favoriser tout ce qui reste de forces vives, la libération, l'indépendance, la renaissance de l'Iran. Le passé nous rapporte que le macédonien Alexandre s'était mis à l'école des Perses qu'il avait temporairement vaincus ; il nous rappelle que l'envahisseur arabe s'est mis à l'école d'un grand peuple qui ne s'est jamais soumis ; le passé nous signale aussi qu'après la guerre de 1939-45, les prédateurs anglais et soviétiques ont dû lâcher prise devant l'action conjuguée des peuples et des souverains pahlavis.

Voici ce qu'Amir Aslan écrit :

J'ai vu briller la France pour la première fois à l'étalage d'un comptoir qui portait son nom : toutes les grâces de ce pays de rêve emplissait mon regard d'enfant...
Les relations diplomatiques furent nouées à une époque où les deux pays traversaient, l'un et l'autre, un âge d'or, à Ispahan comme à Versailles. Dans cette ville, l'Astre royal jeta ses derniers feux pour accueillir dans la Galerie des Glaces

Mohammed Beg, l'émissaire du Shah Soltan Hossein. Un siècle plus tard, Napoléon qui, comme Alexandre, est fasciné par l'Orient, propose une alliance à la Perse...

Tout au long du XIXème siècle, les Shahs de la dynastie des Kadjars (entretinrent d'étroites relations avec la France...) Le second Pahlavi, Sa Majesté Mohammad Reza Shah qui parlait le français aussi bien que le persan, éprouvait une admiration toute particulière pour le général De Gaulle.

Plus encore que sur le plan politique, les relations franco-iraniennes s'exaltent dans le domaine culturel. Les plus grands archéologues ont fouillé les immenses richesses du plus vieil empire du monde. C'est de cette terre qu'ils ont extrait le Code d'Hammourabi conservé au Musée du Louvre avec d'autres merveilles de la culture de l'Iran...

Plus près de nous, l'inoubliable récit que fit le chevalier Chardin de son séjour en Perse inspira toute la littérature de son temps. Charles Perrault imagina son « chat botté » en pensant à Shah Abbas devenu marquis de Carabas.

« Comment peut-on être persan ? » En posant cette question, Montesquieu constatait que, débarrassé de son turban, Usbek ressemblait à n'importe quel Français !

Charmés à leur tour par le « Golestan », ce jardin de fleurs aux couleurs de paradis terrestre, les Français ont fait de Sadi un prénom qui fut celui de l'un de leurs présidents de la République (...)

Les deux cultures n'ont cessé de se féconder. (Chez nous), le Larousse est « farci » de mots d'origine iranienne. On dénombre dans le persan moderne plus de 2.000 mots français. En Iran, on dit « merci » et certaines locutions, en regroupant les mots qui les composent, sont devenues des éléments courants du vocabulaire des Iraniens, tels que « robe de chambre » ou « carte de visite ».

Sadegh Hedayat, le plus célèbre écrivain iranien des temps contemporains, a écrit directement en français certaines de ses œuvres, (...) repose au cimetière du Père Lachaise. Cependant, mêmes les plus belles histoires ont leurs ombres. Khomeiny, l'hôte abusif de Neauphle-le-Château et ses acolytes, n'eurent de cesse une fois rentrés au pays, de faire disparaître cette langue jusqu'ici tant célébrée en Iran et qui fut pour moi, comme pour tant d'autres, la première langue étrangère, en la chassant du timbre poste, des billets de banque, en arrêtant les rotatives du

« Journal de Téhéran », *en fermant les portes des écoles françaises. Les mêmes individus assassineront à Suresnes le dernier Premier ministre du Shah, Chapour Bakhtiar, un homme dont le cœur vibrait pour la France, qui s'était dans sa jeunesse engagé dans la Résistance française et dont la fille s'appelait... France.*

À scruter l'histoire, au-delà des apparences, il semblerait qu'il existe une véritable « gémellité » entre l'Iran et la France aujourd'hui devenus des proies passives d'alliés abusifs. La langue française est trahie par de fausses élites, remplacée par le « globish English ».

Amir Aslan Afshar rappelle la parenté de nos deux langues et leur résurrection possible. C'est le moment de ranimer la conclusion célèbre de Jacques Bainville lors de son discours de réception à l'Académie française : « Pour les renaissances, il est encore de la foi ».

--

www.ingramcontent.com/pod-product-compliance
Lightning Source LLC
Chambersburg PA
CBHW060234290526
45789CB00001B/39